# 공자, 플라톤을 만나다

공자와 플라톤! 동서양의 두 거성이 만난 상상 속의 대화방

| 심 훈 |

파워북

## 머리말

「논어」를 완독하고 싶다는 작은 생각이 시발始發이었다. 동양인, 아니 한국인이라면 누구나 한 번쯤은 읽어보고 싶은 고전 중의 고전, 「논어」는 독서를 좋아하는 필자에게도 결코 쉽사리 넘볼 수 없는 태산泰山이었다.

혈기 왕성하던 20대 시절에는 세상의 온갖 윤리 규범이 거추장스럽기만 했다. 욕도 마음껏 하고 길거리에 침도 탁탁 뱉어가며 기성세대의 권위에 도전하고픈 마음이 가슴을 지배했다. 그러다 짧은 직장 생활 이후, 공부를 더 하고 싶다는 생각에 미국에서 사회과학을 공부하게 되었다. 7년간의 수학修學 속에 어느덧 몸도 마음도 미국적 합리주의에 젖어 들었다. 그리고 귀국한 30대 중반, 직장 생활을 하면서 두 아이를 키우고 아등바등 살다 보니 유수流水처럼 흘러가는 세월 속에 삶의 진정한 의미를 찾고 싶은 생각이 스멀스멀 올라오기 시작했다. 20대에는 고리타분하게, 30대에는 배부른 소리로 치부하던 「논어」에 대한 갈증이 해를 거듭할수록 강렬해졌다. 40대에 이르자 생활은 안정되고 아이들도 10대에 접어들었다. 하지만 사회과학 논문들을 읽고 쓰며 비판하는 직업 속에 살아야 하는 필자에게 2,500여 년 전의 도덕 책은 여전히 멀게만 느껴졌다.

세상은 갈수록 혼란스러워졌다. 약육강식의 무한 경쟁을 조장하는 신자유주의의 거센 파고 속에 많은 이들이 벼랑 끝으로 내몰렸다. 생존을 위한 투쟁과 기득권 수호를 위한 탄압이 되풀이되는 가운데 가진 자는 한층 부유해지고, 못 가진 자는 더욱 가난해졌다. 대학 강단에도 신자유주의의 경쟁 바람이 세차게 불며 모든 이들을 '성과'라는 단일 기준으로 줄 세웠다. 비록, 공자의 시대에 비할 바는 아닐진대, 어지러운 세상 속에서 나 자신을 다잡을 수 있는 어른의 말씀이 필요했다.

벼르고 벼른 끝에 2012년 여름, 「논어」를 읽기 시작했다. 당시 나이 44세. 공자가 불혹不惑을 넘기고 지천명知天命을 향해 나아갔을 시기였다. 책은 '교수신문'에서 추천한 여러 「논어」 풀이 가운데 한글 주석이 잘 달려 있다고 소개된 영산대학교 배병삼 교수의 「한글세대가 읽는 논어」였다. 상·하 양 권이었지만 한 권의 분량이 500쪽을 훌쩍 넘어 일단 상권만 구입했다. 더불어, 한 가지 모험을 추가로 감행했다.

동양 최고最古이자 최고最高의 고전을 읽어 나가는 동시에 서양 최고最古이자 최고最高의 고전인 플라톤의 「국가론」을 병행해 읽기로 한 것이다. 이전에 한 번 읽은 적은 있었지만 「논어」를 염두에 두지 않았기에 그저 서양 고전으로 대하며 읽었을 뿐이었다. 기왕 큰 맘 먹고 읽는 「논어」에 「국가론」도 다시 한 번 얹어 보기로 했다. 각각의 세계에서 철학이라는 학문을 연 두 태두泰斗의 작품을 비교해 보자는 발칙함은 그렇게 시작됐다.

한데, 「논어」와 함께 두 번째 읽는 「국가론」은 달라도 너무 달랐다. 동시대에 동격의 지성이 제기하는 길항拮抗 철학은 이전과 다른 차원의 인식을 요구했다. 이후, 홀린 듯 두 사람, 아니 두 세계의 윤리학과 정치 담론에 급격히 빠져들었다. 보다 정확히 말하자면 2,500년 인류 역사상 동서양의 철학사에 가장 큰 영향을 미친 두 거성의 고담준론高談峻論에 흠뻑 젖어 버렸다. 그럼에도 여름방학이면 「논어」와 「국가론」을 충분히 정복할 수 있으리란 당초의 계획은 철저히 뒤틀렸다. 하루에 10쪽씩 읽을 경우, 방학 동안 「국가론」은 다 읽고, 「논어」는 가을 학기에 끝마칠 수 있을 것으로 보았지만, 일에 치이고 예상과는 달리 전개되는 삶 속에서 결국 이듬해 봄이 끝날 무렵에서야 「국가론」과 「논어」를 완독할 수 있었다.

비록, 지지부진한 독서 속에 예상을 훌쩍 뛰어넘는 1년여의 세월이 흘렀지만, 「논어」와 「국가론」의 병행 독서는 늘 가슴 설레는 지적 희열감을 안겨 주었다. 「논어」에서는 공자의 자부심과 안타까움, 절제와 울분의 오만 가지 감정들이 가슴을 울렸다. 「국가론」에서는 인류 최고의 정치 체제를 기필코 찾고야 말겠다는 플라톤의 사명감과 의지가 경이롭게 다가왔다. 공자에게서는 평생 실천하며 살아가는 성인이자 군자로서의 삶이, 플라톤에게서는 뇌세포의 마지막 한 개까지 쥐어짜낸 최고의 지성미가 알알이 느껴졌다. 공자는 인仁에 근거한 도덕 국가의 재현을, 플라톤은 법률에 기초한 철인 통치의 구현을 소리치고 있었다.

그럼에도 불구하고 처음에는 공자가 돌올하게 앞섰다. 추종 인구로 보나 출간 서적으로 보나, 동양 아니 적어도 한국에선 공자가 위에 있었다. 플라톤과 공자의 이름으로 인터넷 서점을 뒤져보니, 플라톤은 275권, 공자는 2,369권의 관련 서적이 검색되었다. 그러고 보니, 동양에선 성인으로까지 추앙받는 인물이 공자가 아니던가? 반면, 플라톤이 성인이라는 얘기는 아직까지 접해보지 못했다. 더군다나 유교를 종교로 받아들인다면 공자는 그야말로 종교의 창시자나 다름없을 터.

하지만, 시간이 흐를수록, 또 여러 관련 서적을 뒤적이며 곰곰이 사색할수록 플라톤의 위대함이 시나브로 빛을 발했다. 학자로서 의당 지녀야 할 '왜?'라는 물음을 통해 평생에 걸친 지적 호기심을 방대한 원고로 고스란히 남긴 이가 플라톤이었던 까닭에서다. 굳이 비교하자면, '윤리학의 신'과 '학문의 신' 사이에서 처음에 도덕에 마음이 쏠렸다가 나중엔 학문으로 마음이 넘어갔다고나 할까? 우주의 어느 혹성에 불시착한 공자와 플라톤 가운데 한 명은 황량한 불모지에서조차 인간으로서 마땅히 지녀야 할 도리에 인생 최대의 관심을 기울인 반면, 다른 이는 눈앞에 보이는 환경에 의구심을 지닌 채 인간이 내리는 판단 하나 하나에 끝없는 회의를 던져가며 최선의 답을 찾고자 했다. 그렇게 동양과 서양에서 인류를 구원하기 위해 서로 다른 길을 두드려 걸어간 공자와 플라톤은 주변의 무관심과 냉대 속에서도 한평생 자신들만의 길을 묵묵히 걸어갔다.

목적지가 상이한 두 사람을 중간 지점에 불러들여 상대방의 행로에 대해 알게 해 주면 얼마나 좋을까 하는 생각이 들었다. 이후, 무능 속의 당돌함과 천학淺學 속의 발칙함은 감히 두 거성의 만남을 책으로나마 주선하며 상상 속의 대화방을 개설하게 만들었다. 2013년 6월의 일이었다.

일단 중뿔난 구상을 끝내고 10장으로 구성된 색인을 작성하자, 그야말로 뭔가에 홀린 듯이 써 내려갔다. 여름이 시작할 때만 해도 두 거성의 만남과 헤어짐을 가을 전에 완성시킬 듯한 기세였다. 하지만, 「공자, 플라톤을 만나다」의 집필이 중반으로 접어들수록 뚜렷한 지적 피로와 함께 태생적인 깜냥 부족, 그리고 고질적인 체력 저하로 원고 완성은 한없이 늘어져 갔다. 그런 가운데 다시 겨울이 지나고 월드컵이 한창 막바지에 다다르던 2014년 여름, 어렵사리 졸작의 끝을 보았다.

본서는 「논어」와 「국가론」을 통해 두 거두가 공통 소재로 삼을 만한 주제를 8개로 정리한 다음, 이들 주제를 놓고 공자와 플라톤이 자신의 사상을 번갈아 소개하며 상대방의 설명에 질문을 던지는 방식을 택하고 있다. 물론, 이를 위해 필자는 1인 2역의 고군분투 속에 나름대로 최선의 빙의를 시도하려 노력하였다. 그럼에도 천학淺學, 우학愚學, 졸학拙學과 빈학貧學에 따른 비판과 질정叱正 모두 기꺼이 감수하고자 한다. 200여 권의 플라톤과 2,000여 권의 공자 서적에 또 하나의 숫자만 가미한 것은 아닐까 홀로 자책하고 힐난하면서 독자 여러분의 하해河海와 같은 아량에 기댈 뿐이다.

# 차 례

# 공자, 플라톤을 만나다

# 一

# 만남 I

**공 자** 만나 뵙게 돼서 반갑습니다.

**플라톤** 저 역시 만나 뵙게 돼서 영광입니다.

**공 자** 선생께서 쓰신 「국가론」은 꼼꼼하게 잘 읽어 보았습니다.

**플라톤** 저도 선생께서 쓰신 「논어」를 잘 읽어 보았습니다.

**공 자** 읽다 보니 책 전체를 문답 형식의 대화체로 진행하신 점이 상당히 인상 깊었습니다.

**플라톤** 네, 그렇습니다. 선생께서는 경구처럼 한 문장씩 언급하시면서 강의를 하신 것으로 돼 있습니다.

**공 자** 맞습니다. 그래서인지 후대 사람들은 제 강연에 '논어'—논한 말씀들—라는 제목을 붙여주었죠.

**플라톤** 저의 경우는 스승님으로부터 배웠던 '대화법'을 이용해 제 사상을 표현했습니다.

제 스승이신 소크라테스 선생님께서는 상대방과 문답을 주고받으며 '산파술'이라는 수사법을 통해 대화하는 이들 스스로가 자신의 무지함을 깨닫는 동시에 자신들

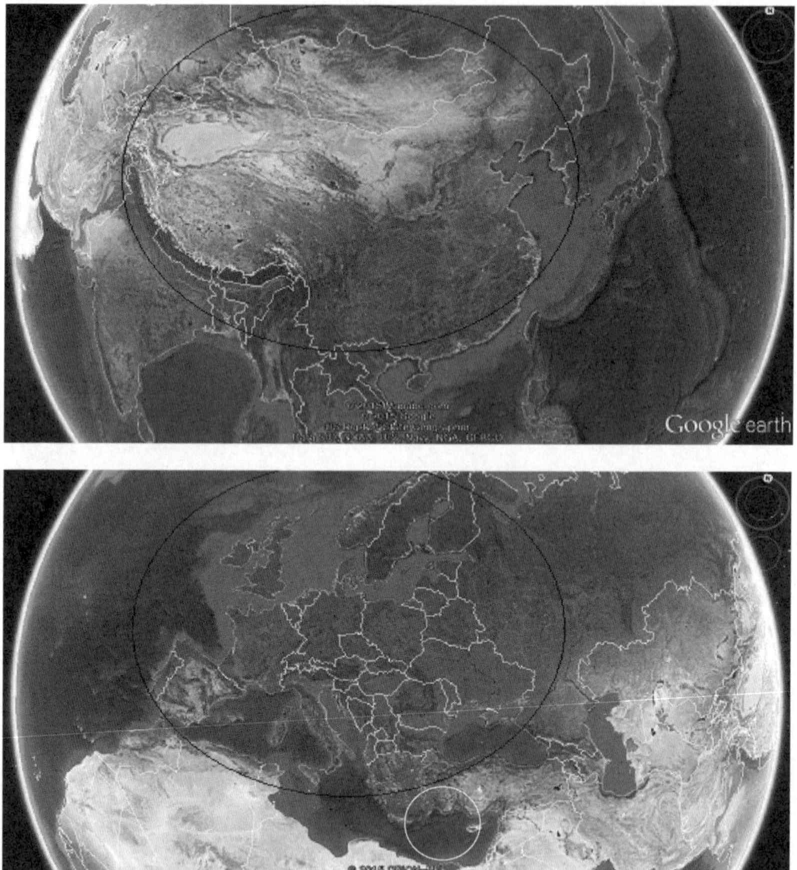


중국은 유럽 전체를 합친 것보다도 더 큰 거대국가다. 더불어서 그리스는 한반도의 북한 정도 크기에 해당하는 소국이다. 사진은 '구글 어스'를 통해 동일 비율로 비교해 본 중국과 유럽, 그리고 그리스의 크기. 유럽의 하단부에 하얀 동그라미로 표시한 부분이 그리스이다.

이 알고 있는 사실은 무엇인지, 그리고 알고 있는 사실들을 통해 제2, 제3의 사실들은 어떻게 유추해 낼 수 있는지를 일깨워주려고 노력하셨습니다. 산모가 아이를 낳는 주체이지만, 산파의 도움으로 보다 수월하게 해산할 수 있는 것처럼 스승님께서도 상대방이 종국에는 대화를 통해 스스로가 깨달음을 얻도록 유도하고자 하셨던 것입니다.

**공 자** 벌써 2,500여 년 전에 그와 같은 교육 방식을 개발하셨다니 그저 놀라울 따름입니다.

**플라톤** 소크라테스 스승님께서 이러한 교육 방식을 택하시게 된 이유는 번지르르한 말로써 상대방을 설득시키려는 소피스트들의 화술을 경계하고자 하셨기 때문이지요. 21세기의 한국으로 따지자면, 학부모들을 홀리는 서울 목동이나 대치동의 학원 원장 또는 종합편성채널에 등장하는 수많은 B급 논객들이 제 시대의 소피스트들이라고나 할까요? 참, 그러고 보니 공자 선생께서도 「논어」에서 비슷한 말씀을 하셨더군요. '교언영색巧言令色이면 선의인鮮矣仁'이라고……. 정확히 몇 편 몇 장이었는지 기억나지는 않습니다만, '번지르르한 말과 알랑대는 표정에는 사람다움이 적다'는 말씀은 정확히 기억납니다.

**공 자** 그리스와 마찬가지로 중국 역시 비슷한 상황이 벌어졌었지요. 당시 제자백가諸子百家라 불릴 만큼 다양한 학파의 이론가들이 저마다의 주장을 설파하고 다녔지요. 물론, 저 역시 그 가운데 한 명이었습니다만. 그리스의 소피스트에 해당하는 이들은 세 치[1] 혀 하나만 믿고 궤변을 일삼으며 왕의 신임과 총애를 얻고자 온갖 아첨을 일삼았죠.

**플라톤** 동서양을 막론하고 인간 사회의 행태는 비슷비슷했군요.

**공 자** 그러게나 말입니다. 그런데 풍문風聞[2]에 듣자 하니 21세기의 한국에서도 비슷한 일이 있었다지요. 어느 언론인이 강력한 대통령 후보였던 P씨를 향해 인터넷 칼럼 등으로 온갖 아첨을 일삼고 나서 결국, 해당 정치인이 대통령으로 당선되자 수석 대변인에 임명된 사건이었지요. 그 언론인은 공직에 머무르는 동안 온갖 구설수를 몰고 다니다가 대통령의 미국 순방길에서 자신을 도와주던 여성 인턴을 성추행하더니 도망치듯 한국으로 돌아와선 온갖 궤변으로 오히려 자신은 잘못이 없다는 기자회견까지 열었다고 합니다. 바로, 그러한 아첨과 궤변들은 이미 2500여 년 전인 우리 시대 때부터 시작된 인류의 역사죠. 참, 말씀해 주신 '교언영색巧言令色이면 선의인鮮矣仁'이라는 문구는 「논어」의 1장인 '학이學而'편에 있습니다. (웃음)

**플라톤** 이런. 바로 「논어」의 첫머리에 있었군요. 워낙 좋은 말씀들을 방대한 분량으로 해주신 통에 제가 그만 결례를 범하고 말았습니다. 그럼, 염치 불고하고 계속 여쭤보도록

---

1 한 치는 3cm 정도 하는 길이의 단위다. 세 치는 약 10cm를 일컫는다.
2 바람처럼 떠도는 소문.

하겠습니다. '교언영색巧言令色이면 선의인鮮矣仁'이라는 경구를 들으니 문득 생각이 난 것입니다만, 어찌하여 선생께서는 저와 달리 그렇게 짧고 축약적인 문구와 경어들을 남기신 것인지요?

**공 자** 그것에 대해서는 저 역시 생각해 보지 않았습니다. 하지만 선생의 저서와 비교해 보니 저뿐만 아니라 중국의 다른 선학先學과 후학後學들의 가르침도 상대적으로 간결하고 함축적이긴 마찬가지라는 생각이 드네요.

**플라톤** 그렇다면 그것은 중국 전반에 걸친 특성이라고 보아도 될지요?

**공 자** 꼭 그런 것은 아닙니다만, 어느 정도 일리는 있는 말씀입니다. 모르긴 해도, 중국어 자체의 성격이 「논어」의 그와 같은 특성에 크게 영향을 미치지 않았을까 생각합니다.

**플라톤** 정확히 무슨 말씀이신지…….

**공 자** 아시다시피 중국어는 그리스어나 라틴어 같은 굴절어[3]가 아닙니다. 한 글자 한 글자가 독립된 의미를 지니고 있는 고립어죠. 영어로 '주다'를 뜻하는 '기브give'라는 단어는 네 개의 알파벳 철자인 'g,' 'i,' 'v,' 'e'가 모여서

3 단어의 끝이 굴절돼서 변하는 언어. '공부' 또는 '공부하다'라는 단어인 'study'가 'studied'(공부했다), 'studying'(공부 중), 'studies' 등으로 조금씩 어미 변화를 하는 언어를 일컫는다. 언어학자들은 이러한 언어의 특징이 말꼬리가 조금씩 변하는 데 있다고 보고 언어의 꼬리가 굴절된다고 의미에서 '굴절어'(inflectional language)라 부른다. 참고로 한글은 명사에 주격 조사나 목적격 조사 등이 달라붙음으로써 문법 관계를 형성하는 '교착어'(agglutinative language)에 속한다.

하나의 낱말을 형성하게 됩니다. 하지만, 중국어로 '주다'라는 뜻은 '여與'란 단 한 글자로 표현됩니다. 문제는 그러한 글자 한 개가 문장의 위치에 따라 다양한 의미로 해석될 수 있다는 것입니다. '여與'라는 단어는 비단 '주다'라는 의미 외에도 '더불다,' '같이하다,' '참여하다,' '베풀다,' '허락하다' 등 무려 20여 가지의 의미를 내포하고 있으며, 문장 앞뒤에 배치된 단어들과의 관계에 따라 품사 자체가 동사, 명사, 부사, 접속사, 어조사 등으로 폭넓게 쓰일 수 있다는 겁니다. 때문에 단어의 쓰임새 역시 주어, 목적어, 보어 등으로 변화무쌍하게 달라집니다.

**플라톤** 말씀만 들어도 머리가 아파 오려고 하네요. 그럼, 같은 한자어를 놓고도 여러 해석이 나올 수 있겠군요.

**공 자** 네, 사실 한자어의 이러한 특색은 후대 학자들로 하여금 과거의 한자 쓰임새를 정확히 알기 힘들게 하는 어려움을 주기도 합니다. 이런 중국어는 단어 하나하나를 통해 수많은 의미를 생성하고 전달하게 할 수 있으니 반대로 생각해 보면 말 자체를 압축시키는 특성을 부여하기도 합니다.

**플라톤** 이제 이해가 됐습니다. 언어 특성이 압축적이고 중의重意적이다 보니 말이 간결해졌다는 말씀이군요. 마치, 몇 마디 하지 않아도 의사가 충분히 전달되는 아메리카 인디언의 말과 같은 언어 체계가 중국어인 모양이네요. 생각해 보니, 「논어」에서 행동거지를 조신하게 함은 물론,

말을 아끼는 것 또한 군자의 도리라며 언급하신 '군자부중君子不重 즉불위則不威 학즉불고學則不固'[4]라는 경구가 생각납니다. 그렇지 않아도 간결하고 압축적인 한자어의 특색에, 가벼우면 위엄이 없어질 뿐만 아니라 학문 자체도 견고해지지 못한다'는 공자 선생의 사상이 얹혀져 「논어」는 더욱 간결한 형태로 전승이 된 것 같습니다. 단순함과 간결함으로 미적 아름다움을 추구하는 '미니멀리즘'[5]의 교과서 같다고나 할까요?

**공 자** 그렇게 말씀해 주시니 몸 둘 바를 모르겠습니다.

**플라톤** (정색을 하며) 아닙니다. 공자 선생의 저서를 읽으면서 느낀 것이지만 함축적인 동시에 시적인 표현으로 인해, 「논어」에 나오는 여러 경구들은 개별적으로 끄집어내서 취해도 하나하나가 다 생명이 있는 유기체 같습니다. 그래서 후대의 사람들은 공자 선생의 말씀 가운데 마음에 드는 구절들을 마음속에 새기거나 액자에 담아 집안에 걸어 놓으며 자신들의 마음을 다잡을 듯합니다. 하지만, 저의 경우는 「국가론」 전체가 하나의 문학작품과 같은 완성체를 형성하고 있다 보니 부분 부분을 취하기도 어렵거니와 부분만 취할 경우에는 전체 맥락을 따라가지

4 '學而'(학이)편 8장 1절. '군자가 무겁지 아니하면 위세가 없고, 배워도 단단하지 않느니.'

5 제2차 세계대전을 전후로 서양에서 나타났던 예술적 경향. 예술적인 기교나 각색을 최소화하고 사물의 본질만 표현함으로써 실생활로부터 유리된 예술 작품의 현실성을 구현할 수 있다는 믿음에 근거하고 있다.

못하는 어려움에 직면하게 됩니다. 제 제자 가운데 가장 뛰어난 아리스토텔레스가 늘 되뇌었던 말처럼 "형식이 내용을 결정한다"는 말의 의미를 이제야 비로소 실감하네요.

**공 자** '꿈보다 해몽이 좋다'고 제 졸저에 탁월한 해석을 얹어 주시는 플라톤 선생의 지성에 그저 감탄할 따름입니다. 돌이켜보니, 제 제자 가운데 언변이 뛰어났던 자공子貢이란 친구가 군자에 대해 물어왔을 때 "먼저 실천한 다음에 말이 따라와야 한다"[6]며 그의 능변能辯[7]을 경계한 일화가 기억납니다. 그런데 플라톤 선생의 저작들은 왜 대화체로 작성돼 있는지 여쭤봐도 될까요? 비단, 「국가론」뿐만 아니라, 「고르기아스」, 「향연」, 「파이돈」 등 30여 편에 이르는 저서가 대부분 대화체로 구성돼 있는 것으로 알고 있습니다만. 이 역시, 소크라테스 스승님의 영향 때문인지요?

**플라톤** 이번엔 제 차례군요. (웃음) 사실, 공자께서도 「논어」에 대화체가 종종 나오는 것을 기억하실 겁니다. 제자들이 공자 선생께 여쭙기도 하고 또 당신께서 제자들에게 역으로 묻기도 하셨죠. 때로는 제삼자가 공자 선생이나 제자들에게 묻고 답하는 형식도 봤던 것 같습니다.

---

6 爲政(위정)편 13장. 子貢問君子(자공문군자) 子曰 先行其言 而後從之(자왈 선행기언 이후종지).

7 말을 능숙하게 잘 함. 능할 '능', 말씀 '변'.

공 자 네, 그렇습니다.

플라톤 물론, 「국가론」 전체에 걸쳐 사용되고 있는 대화체가 소크라테스 선생님의 교육 방법으로부터 가장 많은 영향을 받았다는 것은 부인할 수 없는 사실입니다. 저의 영원한 스승이신 소크라테스의 교육 방식이 가장 우수하다고 생각했기에 부지불식不知不識간에 그분의 교육 방식을 차용借用했던 것이니까요. 읽는 이들 역시, 등장인물들의 대화를 옆에서 듣는 듯한 생동감을 느낄 수 있고요. 개인적으로는 인류의 서사 능력을 가장 극대화한 서술 방식이 대화체라고 봅니다.

공 자 전적으로 공감하는 바입니다.

플라톤 하지만, 제가 대화체 형식을 통해 전달하고자 한 더욱 중요한 사실은 "왜?"라는 물음을 제기함과 동시에 이에 대한 답을 구해 나가는 '과정'에 있다는 것입니다. "왜 정의롭게 살아야 하는가?" "왜 철학자가 통치해야 하는가?" "왜 시인을 추방해야 하는가?" 등 나름대로 중요하다고 생각되는 질문들을 던지고 그 답을 구하기 위해 채택한 대화체적 전개 방식이 제 책의 서사 구도를 형성하기 때문이죠.

공 자 이제야 선생의 저작이 지니는 의미를 제대로 알 것 같습니다. 어찌 보면 플라톤 선생께서는 명제를 구축하고 이에 대한 증명을 시도하신 최초의 서양학자이시군요. 이를테면, '인간은 정의롭게 살아야 한다'라는 도덕적 명제의 당위성을 설명하기 위해 '왜 정의롭게 살아야 하는

가?'라는 질문을 제기하신 후, 이에 대한 답을 도출하심으로써 자연스럽게 윤리적인 증명 작업을 수행하셨으니까요.

플라톤 그렇습니다. 도덕적 명제에 대한 저의 이러한 증명 방식을 대화체 형식으로 따라가다 보면 독자들은 소크라테스 스승님의 입을 빌린 제 의견에 동의하기도 하고 반발하기도 할 겁니다. 동의하면 더 이상 바랄 것이 없겠지만, 반발을 한다 해도 제 사상에 대한 반박인 셈이니 결국, 제 생각의 허점을 고민하는 과정에서 철학이라는 숭고한 학문이 꼬리를 물며 계승되는 것 아니겠습니까? 모르긴 해도, 제 이후의 철학자들 역시 제 사상에 대해 보완하고 가다듬거나, 지적하고 비판하며 인간이 보여줄 수 있는 이성의 한계까지 노력하리라 믿습니다. 만일, 그렇지 않고 아무도 읽지 않는 저서로 전락한다면 그 이상 슬픈 일이 없겠죠.

공 자 그럴 리야 있겠습니까? 제 단견으로 적어도 현인들—철학자들—사이에서는 가장 많이 읽혀지고 또 가장 많이 언급되는 책이 될 것이란 예감이 듭니다.

플라톤 그렇게 말씀해 주시니 감사드립니다. 솔직히 책 곳곳에서는 소크라테스 스승님의 대화 상대를 통해 사람들의 본능적인 반발 심리를 언급함으로써 제 사후의 일들에 대해 예견해보았습니다. 따라서 대화체로 읽는 이들의 흥미를 자극해 한 명에게라도 더 제 작품을 읽히려 했다면 너무 직설적으로 영업 비밀을 드러내는 것일까요?

(웃음)

**공 자** 아, 그렇습니까? (맞웃음) 그런데 선생께서 저술하신 「국가론」은 명쾌하게 흐르다가 어떤 부분에서는 말이 좀 어렵게 기술돼 있습니다. 부정에 다시 부정을 더하는 이중 부정이라든지, 아니면 여러 가지 조건들이 붙어서 전개되는 구절이라든지, 또는 제가 이해하지 못하는 수많은 신화적 예제 등은 언뜻 쉽게 읽혀지지가 않는 측면이 있습니다. 그래서 그런지 장시간 집중해서 「국가론」을 들여다보기가 쉽지 않았습니다.

**플라톤** 저런. 제가 가장 부담스러워 하는 부분을 짚어 주셨군요. (웃음) 공자 선생께서 지적하신 대로 제 글이 간결하게 전개되는 것도 아니요, 그렇다고 쉽게 이해되도록 기술된 것도 아닙니다. 특히 공자 선생의 「논어」와 비교하면 그러한 차이가 더욱 극명하게 드러나죠. 제 책은 널리 읽히기보다 깊게 읽히기에 좀 더 적합한 것 같습니다.

**공 자** 계속하시지요.

**플라톤** 사실, 「국가론」에 기술된 문체는 제 시대에 크게 유행했던 수사법을 바탕으로 하고 있습니다. 좀 더 설명을 드리자면, 제가 살던 아테네에서는 상대방을 설득시키기 위해—아니 보다 정확하게 말씀 드려서 청중으로부터 많은 박수갈채와 함께 동의를 받기 위해—수많은 역사적, 신화적인 예시와 함께 상대방의 반박에 대비한 여러 명제를 자신의 말에 주렁주렁 붙이는 변증술이 주류를 이루었습니다. 저 역시, 이러한 흐름에 영향 받다 보니 자연스레 긴 문장을 장황하게 전개시켰고요. 이 자리를 빌려 솔직히 말씀 드리자면, 로마의 유명한 정치가이자 웅변가였던 키케로는 제가 소피스트들의 수사학에 대단히 부정적인 시각을 지니고 있음에도 불구하고 정작 저의 저서인 「국가론」에서는 이들의 수사학을 대거 차용하고 있다고 지적했습니다.[8]

**공 자** 정말, 진솔한 답변을 들려주셨습니다. 한데, 플라톤 선생의 설명을 들으니 궁금해지는 것이 있습니다.

**플라톤** 여쭤 보시지요.

**공 자** 네, 플라톤 선생의 말씀을 듣자 하니 아테네에서는 시민들이 모여 있는 곳에서 토론을 벌이는 일이 상당히 자주 벌어졌던 것 같습니다만…….

**플라톤** 네. 아테네에는 '아고라'라고 불리는 광장이 있는데, 여기에서 국가의 중요 안건에 대한 토론과 논쟁이 비교적 자유롭고 활발하게 벌어지곤 했습니다. 당대의 유명한 정치가들과 소피스트들은 모두 '아고라'에서 자신의 명성을 쌓았고요.

**공 자** 그러고 보니, 한국에서도 '다음'이라고 하는 포털 사이트에서 '아고라'란 이름의 토론방을 개설해 네티즌들의 열띤 토론을 유도하고 있다는 사실이 생각납니다. 지금 돌이켜 보건대, 이곳 토론방에서 전개되는 논쟁들도 자

8 마이클 듀스, 메리 브라운, 「플라톤의 그림자」(2012), 20쪽.

신의 논리를 뒷받침하기 위해 수많은 전문용어와 함께 역사적인 예시들을 끊임없이 제시하는 것이 플라톤 선생께서 말씀하신 아테네에서의 논쟁 상황과 매우 유사하다는 생각입니다.

**플라톤** 역시, 동서양을 막론하고 끝장 토론, 막장 토론에 임하게 되면 사람들은 다 비슷비슷하게 행동하는가 봅니다.

**공 자** 말씀을 듣고 보니 아테네는 제가 몸담고 있는 중국과는 완전히 다른 정치적, 사회적 배경을 지니고 있는 듯합니다.

**플라톤** 공자 선생께서 몸담고 계신 중국 사회에서는 자유로운 토론이 벌어지지 않았습니까?

**공 자** 네, 아무래도 영토가 워낙 넓다 보니 어느 특정 지역에 모여서 토론을 하는 것 자체가 물리적으로 불가능했습니다. 이와 함께, 당대의 사상가들은 주로 왕과 귀족 앞에서 자신들의 철학을 피력했지, 아테네에서처럼 공공장소에 모여 자유롭게 토론을 벌이지는 않았습니다. 사실, 인류의 역사를 살펴보아도 그리스, 그중에서도 아테네의 경우는 대단히 예외적인 경우에 속한다고 봅니다.

**플라톤** 말씀하신 그대로입니다. 사실, 고대 서양 역사에 있어 자유로운 토론은 그리스의 수많은 도시국가 가운데에서도 유독 아테네에서 성행했습니다. 하지만, 이러한 아테네의 민주주의가 막을 내리게 되면서부터 서양에서의 자유로운 토론은 프랑스 혁명 이전까지 완전히 자취를 감추게 되죠. 물론, 로마 공화정 때 잠깐 민주적인 토론이 선보이긴 했지만 이마저도 로마의 정치체제가 제정帝政으로 바뀌면서 사라져 버렸지요. 그렇게 보면, 집회의 자유, 표현의 자유라는 측면에서 그리스의 아테네는 앞서가도 너무 앞서간 사회였다고 보면 될 겁니다.

**공 자** 조금 전에 플라톤 선생께서는 서양 역사상 자유로운 토론이 프랑스 혁명 이후에나 다시 선보였다고 말씀하셨습니다만, 이를 인류 전체의 역사로 확장해도 별 무리가 없을 것 같습니다. 오히려 동양에서는 시민들의 자유로운 토론이 서양 문물의 전파 이후에 가능해졌으니까요. 시대가 영웅을 낳는다고 하더니 역시, 범상치 않은 아테네의 민주주의가 플라톤 선생을 낳게 됐네요.

**플라톤** 좋은 말씀, 감사드립니다.

**공 자** 그나저나 저 같은 눌변訥辯[9]은 '아고라' 같은 공공장소에서의 토론이 대단히 부담스러울 것 같습니다. 더불어서, 말 주변이 좋은 이들이 이러한 환경에서는 쉽게 인기를 얻을 것 같고요.

**플라톤** 맞습니다. 분명, 자유민들이 저마다의 의견을 스스럼없이 피력할 수 있다는 사실은 토론하는 이들에게 많은 심적 부담을 안겨 주었습니다. 비록 노예들이 있긴 했지만 기본적으로 아테네는 시민들이 정치적인 한 표를 동등하게 행사할 수 있는 민주 사회였기에 자유민들 앞에서

9 말 더듬을 '눌', 말 잘할 '변'.

벌어진 토론은 상대방을 조리 있고 빈틈없는 논리로 압도하기 위해 길고 장황하게 전개되곤 했습니다.

공 자 그렇다 하더라도 일반 저자 거리에서의 논쟁 방식을 책에서 재연해 내신 플라톤 선생의 저술 방법도 인상적입니다. 책에서는 선생께서 쓰시고 싶은 말씀들만 나열하실 수도 있었을 텐데, 현실에 바탕을 둔 서사 전개 방식을 적용하셨으니까요.

플라톤 저 역시, 제가 공부하고 경험하며 깨달은 바들을 교과서와 같은 양식의 철학 서적으로 남기고 싶었습니다. 하지만, 소크라테스 스승님께서 애용하셨던 대화 방식을 스승님의 유지처럼 받들다 보니 다소 장황하고 형이상학적인 논의가 된 듯합니다. 바라건대, 저의 이러한 신념이 훗날 여러 교육기관에서 하나의 수업 방식으로 인정받고 채택되었으면 하는 바람입니다.

공 자 듣고 보니, 저 역시 일방적으로 강의를 진행하기보다 제자들과 이야기를 나누는 가운데 대화에 동참하는 이 스스로가 깨달을 수 있도록 교육 방식을 바꿔야 할 것 같습니다. (웃음) 모르긴 해도 선생의 논의 전개 방식은 1,000년, 2,000년 뒤의 서양 학풍에 지대한 영향을 미치지 않을까 생각합니다. 먼저 질문을 던지고 그에 대한 답을 찾아나가는 방식 말입니다.

플라톤 제가 알기론 「논어」 역시, 문답 형식의 말씀이 대단히 많은데요. 그렇지 않습니까?

공 자 물론, 저 역시 제자들의 물음에 답해가며 제가 원하는 도道를 제시하고자 했습니다. 하지만, 저는 제자들이 묻는 질문에 단답형의 정답만을 제시했을 뿐이죠. 반면, 플라톤 선생께서는 소크라테스 스승님의 입을 빌려 질문을 던지고 상대방의 동의 속에 소크라테스 선생님의 답까지 제시하는 1인 2역을 맡고 계시죠. 참, 하나가 더 있네요. 플라톤 선생의 「국가론」과 달리 「논어」는 제가 죽고 난 이후에 만들어졌으니까요.

**플라톤** 그렇다면 「논어」는 공자 선생의 저서는 아니군요.

**공 자** 부끄럽지만 그렇습니다. 덧붙여 말씀 드리면, 「논어」는 제가 죽은 이후, 오랜 세월을 거치는 동안, 수많은 제자들이 가다듬고 보완해서 오늘날까지 전해주고 있는 편집 작품이랍니다.

**플라톤** 부끄럽다니, 무슨 말씀이십니까? 예수, 석가모니, 마호메트 모두 말씀들을 남겨 놓으셨고 후대의 제자와 사도들이 그분들의 말씀을 모아 책으로 편찬한 것이 아니겠습니까?

**공 자** 감히 비할 바도 못 되는 성인들의 이름을 「논어」와 함께 거론해 주시니 오히려 몸 둘 바를 모르겠습니다.

**플라톤** 그래야 공자 선생과 말씀을 나누기 위해 오늘 이 자리에 나온 저 역시 자연스럽게 성인의 반열에 오르는 것 아니겠습니까? 하하.

**공 자** (의아하다는 듯이) 예? (이윽고 플라톤의 뜻을 깨닫고는) 아, 그렇게 되는 것인가요? (웃음) 원, 플라톤 선생의 재치에는 못 당하겠습니다. 정말, 상대방을 민망하지 않게 칭찬해 주시는 수사적 감각은 최고입니다. 저 역시 플라톤 선생이 서양 철학에서 독보적인 현자賢者로 추앙받는 이유를 이제야 십분 이해하겠습니다.

플라톤 감사합니다. 그럼, 다시 본론으로 돌아가서 아까 나누던 이야기를 이어볼까요? 조금 전까지 「논어」와 「국가론」의 이야기 전개 방식을 둘러싼 주제로 대화를 주고받았는데요, 어찌 보면 양쪽 저서의 문체 차이는 중국어의 특성 이외에 저희들 사이의 인생 차이에서 비롯됐는지도 모르겠습니다.

공 자 무슨 말씀이신지……?

플라톤 공자 선생께서는 제자 수십, 수백을 거느리시고—이 점에 있어서는 다른 성인들도 모두 마찬가지였지만—천하를 주유하면서 가르침을 널리 퍼뜨리고자 하셨습니다. 제가 전해 듣기로는 무려 14년간이나 고국을 떠나 여러 나라에서 가르침을 펼치셨다고 들었습니다. 그러다 보니 한곳에 오랫동안 머문 채 일신一身의 안녕을 구하기보다 끊임없이 이동을 하면서 대륙 전체에 사람의 도를 세우고자 하셨던 것이지요.

공 자 알아주시니 감사합니다.

플라톤 '군자는 배불리 먹지 아니하고 편안한 거처에 몸을 눕히지 않는다'[10]고 들었습니다. 학이學而편이던가요? (웃음)

10 14장. 子曰 君子食無求飽 居無求安(자왈 군자식무구포 거무구안).

반면, 저는 주로 아테네에 머물면서 학교를 세우며 후학들을 양성하고자 했지요. 적절한 비유일지는 모르겠습니다만 저는 보부상을 택하기보다 시장에서 좌판을 깔아 놓고 영업하는 방식을 골랐다는 것입니다.

**공 자** 무척 재미있는 비유를 하시네요.

**플라톤** 물론, 저 역시 남부 이탈리아와 시칠리아에서 몇 년을 지낸 적이 있습니다만, 14년간 드넓은 중국 대륙을 주유하신 공자 선생께 견줄 바는 못 되죠. 공자 선생께서 보부상이나 행상처럼 여러 곳을 돌아다니며 당신의 지혜를 필요로 하는 이들에게 아낌없이 나눠 주셨던 반면, 저는 시장에서 제 가게로 찾아온 이들에게 가르침을 건네주었다는 것입니다. 사정이 그렇다 보니 저의 경우에는 가게에 앉아 짬짬이 저작 활동에 전념할 수 있었고, 다소 시간이 오래 걸리는 대화체의 서술 방식도 구가할 수 있었던 겁니다.

**공 자** 하면 플라톤 선생께서는 왜 주로 아테네에 머물면서 세상과 접촉하지 않으셨는지요?

**플라톤** 물론 스승님께서 억울하게 독살당하고 나서 아테네의 정치 체제에 회의를 느껴 세상 밖으로 나간 적이 있습니다.

**공 자** 오호…….

**플라톤** 지금의 시칠리아에 해당하는 '시켈리아'도 세 번이나 방문했었지요. 거기에서 제 철학을 펼치려고 했습니다만, 뜻하지 않은 정쟁政爭에 휘말리면서 결국 실패하고 말았지요.

공 자 그랬군요. 한데, 어찌하여 다른 나라에서 다시 시도를 해보시지 않고 고향으로 돌아와 후학 양성에 전념하시게 됐는지요?

플라톤 모르긴 해도 시켈리아에서의 정치적 실패가 저로 하여금 현실과 이상의 냉엄한 차이를 뼈저리게 느끼게 하지 않았나 생각됩니다. 더불어서, 어딜 가나 피할 수 없는 권력 암투가 제 사상을 전파하는 데 큰 걸림돌로 작용했고요. 시켈리아에 머물렀던 당시에는 제 주관이 가다듬어지지 않았었기에 차분하게 생각을 정리할 필요도 있었습니다. 결국, 책을 통해 제 사상을 전달하는 것이 가장 현명하다는 생각에 학교를 세우고 제자들을 양성하기 시작했지요. 그러한 저의 생각은 '아리스토텔레스'라는 제자를 낳음으로써 어느 정도 성과를 보았고요.

공 자 어느 정도 성과를 보았다니, 과찬의 말씀입니다. 인류 역사를 통틀어 스승과 제자 모두, 한 문명을 여는 동반자로 자리매김한 예는 동서고금東西古今을 막론하고 없을 겁니다. 그런 면에서, 플라톤 선생께서는 정말 위대한 일을 하셨습니다. 제 개인적인 견해로는 정신에 있어 플라톤 선생께서, 물질에 있어서는 아리스토텔레스가 오늘날의 서양 문명을 찬란하게 일으켜 세운 쌍두마차라고 봅니다.

플라톤 하면, 공자 선생께서도 맹자를 배출하셨으니 마찬가지 아닌가요? (웃음)

**공 자** 물론, 맹자가 제 사상을 계승하고 발전시킨 것은 맞지만 맹자는 제가 죽은 지 100년이 지나 태어났으니 플라톤 선생의 경우와 같다고는 볼 수 없죠.

**플라톤** 그렇군요. 공자 선생 말씀대로 제가 정치적으로는 성공하지 못했지만 교육자로서는 어느 정도 성공한 것 같군요. 공자 선생께서 말씀하셨나요? '군자에게는 세 가지 기쁨이 있고 그 가운데 하나가 바로 천하의 영재를 얻어 교육시키는 것'이라고요. (웃음)

**공 자** 말씀 도중에 죄송합니다만, '군자삼락'君子三樂은 제가 아니라 맹자의 말[11]입니다. (웃음)

**플라톤** 바로잡아 주셔서 감사합니다. (웃음) 「논어」를 읽고 느낀 것입니다만, 서술 방식 이외에도 공자 선생의 저서를 경전經典의 경지로까지 끌어올려 놓은 원동력 가운데 하나가 바로 독자와의 성공적인 공감대 형성이라고 생각합니다. 저 역시, 공자 선생과 대화를 나누는 동안 당신의 말씀을 적재적소에 활용하는 것이 공감하기 때문이 아니고 무엇이겠습니까? 물론 거기에는 앞서 말씀해 주신 한자 특유의 절제미도 곁들여져 공감의 도를 더욱 깊게

11 맹자 盡心(진심)편. 君子有三樂(군자유삼락) 而王天下不與存焉(이왕천하불여존언) 父母俱存 兄弟無故 一樂也(부모구존 형제무고 일락야) 仰不愧於天 俯不怍於人 二樂也(앙불괴어천 부부작어인 이락야) 得天下英才 而教育之 三樂也(득천하영재이교육지 삼락야). 군자에게는 세 가지 즐거움이 있으니 천하의 왕이 되는 것은 여기에 넣지 않는다. 부모님께서 다 살아계시고 형제가 무고한 것이 첫 번째 즐거움이요, 우러러 하늘에 부끄럽지 않고 굽어 보아도 사람들에게 부끄럽지 않은 것이 두 번째 즐거움이요, 천하의 영재를 얻어 교육하는 것이 세 번째 즐거움이다.

하고 있지만요. 반면, 「국가론」의 경우는 경전이라기보다 후학들의 수학修學을 위한 초석礎石에 해당한다는 비유가 더욱 적절한 것 같습니다.

**공　자** 무슨 말씀이신지…….

**플라톤** 먼저, 「논어」를 보면 이해가 되지 않는 부분들도 가끔 눈에 띄기는 하지만 고개를 끄덕이게 하는 부분들이 무척 많습니다. 그 가운데에서도 학이學而편은 공감을 불러일으키는 백미白眉에 해당합니다. "배우고 때때로 익히면 즐겁지 아니한가? 멀리서 친구가 찾아오면 이 또한 기쁘지 아니한가? 남들이 알아주지 않아도 성내지 아니하니 바로 군자가 아니더냐?"[12]와 같은 말씀들은 그야말로 명언名言 중의 명언입니다.

**공　자** 부끄럽습니다.

**플라톤** 그러한 공감들의 면면을 살펴보면 학문하는 즐거움, 친구와 교우하는 기쁨, 더불어 자신의 마음가짐에 대한 다스림 등과 같은 보편적인 주제들이 망라돼 있으니 같은 인간으로서 어찌 깊은 유대감을 느끼지 않을 수 있겠습니다. 그러한 공감들이 당대 최고의 지성들을 제자로 맞아들이는 원동력이 됐을 테고 그분들의 입소문을 통해 공자 선생의 명성이 전 중국에 퍼졌을 겁니다.

**공　자** 이제야 플라톤 선생께서 말씀하신 바를 이해하겠습니다.

---

12 1장. 學而時習之 不亦說乎(학이시습지 불역열호) 有朋自遠方來 不亦樂乎(유붕자원방래 불역낙호) 人不知不慍 不亦君子乎(인부지불온 불역군자호).

언급해 주신 대로 저는 인간이라면 누구나 공감할 수 있는, 또 공감해야만 하는 인간의 도道를 '적자생존,' '약육강식'의 법칙이 판치는 중국 대륙에 널리 전파하고 싶었답니다.

**플라톤** 바로 그것입니다. 한데 저는 남들의 공감을 살 만한 내용보다 제 머릿속 이상향의 국가에 대해서만 신경을 쓴 나머지 자칫 공상으로 치부될 수 있는 철학을 전개했던 것입니다. 물론, 이러한 시도는 비단 저로부터 시작해서 저만으로 끝난 것이 아니라, 다른 후학들에 의해서도 반복될 가능성이 높습니다.[13] 잘 모르겠습니다만, 천하를 주유하며 청자聽者들의 공감대를 일으킬 환경 역시, 저의 경우에는 공자 선생과 조금 달랐던 것 같습니다.

**공 자** 좀 더 자세한 말씀 부탁드리겠습니다.

**플라톤** 제가 태어나고 자란 아테네는 항구도시입니다. 아테네가 있는 그리스는 국토의 대부분이 산과 언덕이고요. 해서, 그리스에서는 옛날부터 항구를 중심으로 경제 활동을 전개하는 중계 무역이 활발히 이뤄졌습니다. 사정이 그렇다 보니 이웃나라라 하면, 바로 옆에 붙어 있는 국가가 아니라 배로 통교通交해야 하는 바다 너머의 국가들이 그 대상이었습니다. 공자께서 소나 말을 타고 이곳저곳으로 비교적 쉽게 이동하셨던 것과 달리, 저는 해로海

13 「유토피아」를 쓴 토마스 모어, 「군주론」을 쓴 마키아벨리 모두 플라톤처럼 자신들의 저서를 통해 이상향을 구축한 이들이다.

路로 움직여야 했던 까닭에 여러 조건이 잘 들어맞아야만 움직임이 원활히 이뤄지곤 했습니다. 마치 해외여행과 국토 순례여행의 차이라고나 할까요? (웃음) 비행기 값에 해당하는 뱃삯을 지불하는 동시에 여행 국가의 풍토와 기후 등은 물론, 정정政情까지 고려해야 했으니까요.

**공 자** 비유가 아주 적절합니다. 계속하시지요.

**플라톤** 제 활동의 가장 큰 한계점은 그리스어가 당시 널리 통용되지 못했다는 것이었습니다. 반면, 세계 최다의 인구가 공통적인 언어를 가지고 드넓은 대륙 여기저기에 퍼져 있다 보니 아무래도 공자 선생의 경우에는 한 나라에서 이웃 나라로 옮기시며 강연을 펼치기가 좀 더 수월했으리라 생각됩니다.

**공 자** 아하. 그런 지리적, 언어적, 인구학적 속성도 천하 주유의 조건과 관련이 있었군요. 말씀을 듣고 보니 아까 언급했던 제 제자 자공子貢이 생각납니다. 워낙 달변達辯[14]이라 춘추시대, 각국 간의 외교적 중재가 필요할 때마다 내보냈던 녀석입니다만, 그런 그의 행로에 관해 사마천司馬遷이 저술한 「사기史記」의 '중니제자열전仲尼弟子列傳'에서는 "그가 한 번 나서자 노魯나라는 국체를 보전하고, 제齊나라는 위기에 봉착했으며, 오吳나라는 파국에 직면

14 능숙하여 막힘이 없는 말. 통달할 '달,' 말씀 '변.'

하고, 진晉나라는 강국으로 부상하고, 월越나라는 우두머리覇者가 되었다. 자공이 한 번 순회하면서 세력들을 서로 부딪치게 만들어 십 년간 다섯 나라에 각기 다른 변화를 초래하였다"라고 평했을 정도입니다.[15]

**플라톤** 드넓은 중국의 스케일을 감안하면 노나라, 제나라, 오나라, 진나라 등은 모두 그리스보다는 컸을 테지요?

**공 자** 네. 참고로 플라톤 선생의 이해를 돕기 위해 말씀 드리면, 아테네에서부터 시칠리아까지의 거리는 800km가 채 되지 않으며 그리스 자체의 면적은 중국 옆에 붙어 있는 한반도의 북한보다 약간 큽니다. 더불어 춘추시대의 중국 면적은 어림잡아 한반도의 열 배, 그리스의 20배가 넘습니다. 이는 스페인, 프랑스, 독일, 이탈리아, 영국 등 서유럽 국가들의 영토를 전부 합친 것보다 더 넓은 면적입니다. 말씀을 듣고 보니, 플라톤 선생께서는 자신의 사상을 전파하는 데 있어 저보다 지리적, 언어적인 제약을 더 많이 받을 수밖에 없었겠군요. 제가 대륙을 돌아다니며 동선動線을 확장하는 개념으로 제 행보를 넓히는 동안, 선생께서는 항구에서 항구로 점과 점 사이를 건너뛰는 개념으로 움직이셨으니 운신의 폭은 물론, 이동에 따른 파급 효과 역시 훨씬 좁았을 테고요.

**플라톤** 맞습니다. 때문에, 제 상상이 쉽게 공감 가지도 않지만

---

15 배병삼, 『한글세대가 본 논어 1』(2002), 94쪽.

그러한 상상을 전달하기조차 쉽지 않았기에 다리품 팔아가며 이윤도 별로 남지 않는 고생을 하느니 차라리 좌판을 벌려 놓고 '내 물건이 필요한 사람만 오시오' 하는 심정으로 '아카데미아'라는 사설 학원을 차린 겁니다. 물론, 「국가론」은 그러한 사설 학원의 여러 교재 가운데 하나였고요. (웃음)

**공 자** 사설 학원 교재라고 겸손하게 말씀하셨지만, 결국 플라톤 선생의 「국가론」은 수많은 후학들에게 국가의 통치체제 및 운영에 관해 이루 말할 수조차 없는 철학적 영감을 건네주지 않으셨습니까? 그런 면에서 볼 때, 어느 유명한 현대 철학자가 "서양 철학은 플라톤의 철학에 주석註釋[16]을 다는 것에 불과하다"[17]고까지 언급했다는 말을 얼핏 들었습니다. 반면, 저의 글은 그 정도의 지위를 부여받진 못했죠. 분명, 「논어」는 제 말이지, 제 글은 아니니까요. 더군다나, 「논어」에는 제 말뿐 아니라 제자들의 말도 같이 실려 있기에 지금의 「논어」는 제 견해와 제자들의 시각이 총체적으로 정리된 종합서라고 보면 무난할 겁니다.

**플라톤** 겸손의 말씀입니다. 중요한 사실은 공자께서 유가儒家라는 학파를 세우셨다는 데 있습니다. 제가 읽어본 「논어」는 공자 선생의 말씀을 기초로 세워진 건축물의 토대이

16 낱말이나 단어의 뜻을 쉽게 풀이함. 글 뜻 풀 '주', 풀 '석'.
17 20세기의 저명한 영국 철학자, 알프레드 노스 화이트헤드(Whitehead)의 명언이다.

자 골격이니까요. 그럼, 이쯤에서 서로의 책에 대한 대략적인 소개를 마치고 책의 내용에 관해 대화를 나눠보도록 할까요?

**공 자** 좋습니다. 저 역시 묻고 싶은 것들이 많이 있으니까요. (웃음)

**플라톤** 동감입니다. (웃음) 그럼, 요 앞에 있는 식당이 콩국수를 시원하게 잘한다는데 같이 식사하면서 이야기를 나눠보면 어떨까요?

**공 자** 좋습니다. 금강산도 식후경食後景이라지요!

**플라톤** 무슨 말씀인지요?

**공 자** 아, 천하제일의 절경絶景이라는 한국의 금강산도 밥을 먹은 후에라야 그 경치가 눈에 들어온다는 말입니다. (웃음)

**플라톤** 역시, 한자어는 간결하게 메시지를 전달하는군요. 물론, 제삼자에게는 반드시 해석을 요하는 안타까움이 있지만 말입니다. (웃음)

**공 자** 맞습니다. 어찌 보면 이제까지 나눴던 이야기의 가장 중요한 핵심이라고도 할 수 있겠네요. 그럼, 시장한데 콩국수로 허기를 달래 볼까요?

**플라톤** 그러시죠. 벌써부터 기대가 됩니다. (웃음)

二

# 예禮 II

공 자 자, 식사를 맛있게 마쳤으니, 본격적인 토론으로 들어가 볼까요? 참, 아까는 말씀을 드리지 못했지만 우리의 대화를 속기록으로 남겨 헤어질 때 각자의 몸에 지니는 것은 어떻겠습니까?

플라톤 탁월하신 발상입니다. 비록, 제 입에서 양질의 이야기가 나올지는 장담 드리지 못하겠지만, 나중에 공자 선생을 포함해 저의 미래 연구에 커다란 도움이 될 수 있을 터이니까요.

공 자 그럼, 제가 사람 하나를 시켜 우리의 대화를 기록하도록 하겠습니다. 참, 오늘 오전 중의 대화는 제가 대략적으로 떠올려가며 추가하도록 하겠습니다.

플라톤 그렇게 해 주신다면 감사하겠습니다. 그나저나 식사는 맛있게 잘 했습니다. 아직 입 안에 콩국수의 맛이 남아 있으니 그 여운을 오래도록 음미하면서 말씀을 나눠보도록 할까요? (웃음)

**공 자** 그러시지요. 한데 양이 좀 부족하지는 않으셨는지요? 플라톤 선생께서는 몸집이 크셔서 콩국수로는 식사량이 모자라 보이는데요.

**플라톤** 무슨 말씀을요. 양보다 질이 먼저 아니겠습니까? 더불어 적당히 먹으니 속도 편안하고 무엇보다 머리가 최상의 컨디션을 유지하는 것 같습니다. 아까도 말씀 드렸지만 "군자는 먹어도 배부름을 구하지 아니한다"[1]라고 「논어」에서 말씀하지 않으셨나요?

**공 자** 이거, 참. 오히려 제 제자들보다 나으신 것 같습니다. 제가 한평생을 가르친 제자들 가운데에서도 플라톤 선생처럼 「논어」를 적재적소에 활용하는 이들은 손으로 꼽을 정도인데 말씀입니다.

**플라톤** 부끄럽습니다. 기왕 말이 나왔으니 말인데, 제가 '국가'와 '정의'라는 주제에 천착穿鑿[2]하고 정치 체제에 대해 고민하는 동안, 선생께서는 우리 주변의 소소한 일상들에 의미를 부여하시며 완성된 인격체로서의 인간에 대해 많이 말씀을 하셨더군요. 예를 들어, 제가 「국가론」에

---

1 學而(학이)편 14장. 君子 食無求飽(군자 식무구포).

2 어떤 원인이나 내용 따위를 따지고 파고들어 알려고 하거나 연구함. 뚫을 '천,' 뚫을 '착.'

서는 결코 다룬 적이 없었던 부모에 대한 효도에서부터 친구와 맺는 교우, 상대방을 공경하는 예절, 자신의 말을 살필 줄 아는 신중함 등과 관련해서는 그야말로 주옥 같은 문구들이 머릿속을 스쳐 지나갑니다.

**공 자** 플라톤 선생께서 말씀하신 대로 「논어」는 인간의 도리에 관한 책입니다. 인간이 인간답기 위해서 행해야 할 수기修己[3] 지침서라고나 할까요?

**플라톤** 그러면, 먼저 선생께서는 어찌하여 인간, 아니 인간의 '도리'에 대해 그토록 지대한 관심을 가지게 됐는지 말씀을 들어보고자 합니다. 저는 정치 체제, 특히 국가의 운영 체제에 관심을 가졌기에 '인간사'가 주된 관심사였습니다만, 그에 대한 이유는 선생의 말씀 이후에 알려드리도록 하겠습니다.

**공 자** 그럼, 저부터 말씀을 드리겠습니다. 먼저, 제가 살던 시대의 역사적 상황에 대해 간략하게 설명을 드려야 할 것 같습니다. 중국 역사를 살펴보면 선사시대 이후에, 가장 먼저 등장하는 나라가 하夏와 은殷입니다. 하지만 이들 두 나라에 대해서는 그다지 많은 것이 알려져 있지 않습니다. 은나라를 이은 나라가 바로 주周인데 여기에서부터 중국 역사가 본격적으로 시작됩니다. 주나라는 은나라보다 두 배 이상 넓어진 영토로, 오늘날 한반도의 7~8

3 자신의 몸과 마음을 닦음. 닦을 '수,' 몸 '기.'

배에 달하는 중국 본토 대부분을 다스린 국가입니다. 은나라가 황허黃河 지역만을 다스린 지역 국가였던 데 반해, 주나라는 양쯔揚子강까지 영토를 넓힌, 명실상부한 대륙 국가였습니다.

**플라톤** 마치, 그리스와 로마의 차이 같군요. 그리스가 주로 항구 주변에 도시를 건설하며 인구 5,000명 안팎의 폴리스(도시국가)들을 지중해 곳곳에 세운, 도시국가 연합체였다면,[4] 로마는 그야말로 영토를 기반으로 한 대제국이었으니까요.

**공 자** 그렇습니다. 문제는 B.C. 1046년에 들어선 주나라가 중국이라는 대륙을 다스릴 정도로 인구도 많지 않고 교통수단 역시 원활하지 못했다는 겁니다. 앞에서 말씀드린 바와 같이 서유럽보다 광대한 중국 지역을 실질적으로 다스릴 만한 여건이 되지 못했다는 것입니다. 도시 사이의 간격도 대단히 넓었고 사람들의 왕래도 잦지 못하다 보니, 주 왕실에서 정복한 땅들을 다스리기 위해 생각해 낸 제도가 봉건제였습니다. 주로 왕의 친척들과 공이 많은 신하들을 제후로 삼아 수도 이외의 나머지 지역은 전부 이들에게 맡겼던 것이지요.

**플라톤** 무슨 말씀인지 이해가 됩니다. 하지만 비단, 땅이 넓고 교통수단이 원활하지 않다고 봉건제도가 등장하는 것은

4 미야자키 마사카츠, 「지도로 보는 세계사」(2005), 56~58쪽.

아닌 것 같습니다. 유럽의 경우에는 오히려 로마가 멸망한 이후, 중세시대에 봉건제도가 등장했으니까요. 아마, 강력한 왕권의 부재 역시 봉건제도의 형성에 영향을 미치는 것 같습니다. 왕권이 약하기에 해당 지역의 토호나 지배 계층에 일정 수준의 자치권을 부여할 수밖에 없었을 테니까요.

**공 자** 아, 말씀을 듣고 보니 상당히 일리가 있는 것 같습니다. 제가 미처 생각하지 못한 바를 일깨워주셔서 감사합니다.

**플라톤** 무슨 말씀을요. 계속하시지요.

**공 자** 어쨌거나 그런 주나라로부터 영토를 물려받은 여러 제후국들은 처음에 주 왕실을 큰집으로 모시며 오손도손 잘 지냈습니다. 하지만, 세월이 흘러, 주 왕실의 힘이 점점 더 약해지고 주변 제후국들 가운데 몇몇의 힘이 강성해지기 시작하면서 더 이상 주 왕실을 집안의 큰 어른으로 모시지 않는 풍토가 만연해졌습니다. 이러한 가운데 봉건 제후들 중 강자強者로 등장하기 시작한 다섯 국가들을 중심으로 본격적인 영토 전쟁이 시작되면서 인간들의 어두운 욕망들이 서서히 고개를 들게 됩니다.

**플라톤** 저희 그리스와 상황이 비슷했군요. 제가 태어나기 직전에 스파르타 동맹시들과 아테네 동맹시들 간에 시작된 펠로폰네소스 전쟁은 제가 23살이 되던 해까지 계속됐습니다. 스파르타를 필두로 하는 과두정치와 아테네가 이끄는 민주정치 간의 체제 싸움으로 일컬어지는 이 전쟁은 결국, 그리스 도시 연합 전체의 몰락을 가져오고 맙니다. 무려 28년간의 전쟁 속에서 그리스 동맹시들은 국력을 깡그리 소진했을 뿐 아니라, 승자와 패자 모두 극심한 내홍內訌[5]에 휘말리게 되죠. 제가 존경해 마지않던 스승, 소크라테스께서는 이런 상황 속에서 펠로폰네소스 전쟁이 끝난 지 5년 뒤에 사형을 당하셨고요.

**공 자** 그렇게 된 것이었군요. 결국, 전쟁이 항상 문제네요. 인류가 일궈낸 문명과 도덕을 한순간에 바닥으로 내동댕이치니까요. 중국도 주 왕실의 몰락 이후, 웃어른과 연장자를 존대하던 미풍양속이 연기처럼 사라져 버립니다. 출세와 성공을 위해서라면 자신의 능력을 인정해 주는 적국敵國으로라도 서슴지 않고 발길을 돌리는 행태는 이 시대의 당연지사當然之事가 됩니다. 대륙은 약육강식이 판치는 동물의 왕국으로 변하고요. 사정이 이렇다 보니, 자신의 출세를 위해 아내를 살해하거나,[6] 영토 분쟁의 와중에서 적으로 갈라서 버린 아들의 인육人肉을 먹는 등,[7] 차마 입에 담기조차 힘든 참상慘狀들이 비일비재하게 벌어집니다. 그러고 보니, 춘추시대의 오패五覇라 일컬어지는 다섯 제후국 가운데 가장 강력한 국력을 자랑

---

5 집단이나 조직 내부에서 자기들끼리 일으킨 분쟁. 어지러울 '홍.'

6 전국시대 위(衛)나라 사람 오기(吳起)의 이야기이다. 노(魯)나라에서 벼슬살이를 하고 있는 동안, 제(齊)나라에서 침입해오자 제나라 출신의 부인을 죽인 후 노나라 왕의 신임을 얻어 제나라의 군대를 물리친다.

7 위(魏)나라의 악양(樂羊). 적국인 중산국을 공격하는 과정에서 중산국의 벼슬을 지니고 있던 아들 악서(樂舒)를 죽음에 이르게 한 뒤, 그의 시체로 만든 국을 마셨다.

했던 제齊나라 환공桓公의 경우는 역아易牙라는 이름의 요리사가 모든 요리에 식상해진 제환공에게 자신의 자식을 삶아 바쳤다는 기록도 있습니다.[8]

**플라톤** 저런. 대단했군요. 그 정도까지인 줄은 상상도 못했습니다. 정말, 사람들이 많으면 별의별 일이 다 일어난다고 하지만, 선생 시대의 중국 대륙에서 발생했던 상황들은 끔찍했군요.

**공 자** 국가가 통제력을 상실하고 황금만능주의와 출세지상주의가 판을 치기 시작하면 인간 사회에서는 상상도 못할 일이 벌어집니다. 저는 그래서, 사람들이 인간다운 심성을 되찾기 위해서는 먼저 주 왕실을 비롯해 웃어른, 연장자에 대한 예를 다시 갖춰야 한다는 데서 도덕성 회복의 문제를 최우선 당면 과제로 풀어가야 한다고 보았던 것입니다.

**플라톤** 이제야 공자 선생께서 왜 그리 예를 강조하셨는지 이해하겠습니다. 말씀을 듣고 보니 '학이學而'편에 나오는 증자曾子의 '신종추원愼終追遠 민덕귀후의民德歸厚矣'라는 구절이 떠오릅니다. "장례를 삼가 치르고, 조상을 추모하면 백성의 덕이 도타운 데로 돌아오리라"라는 말씀인데요.

8 사마천의 사기(史記)에 따르면, 제 환공이 "세상에 맛있는 산해진미는 다 먹어보았지만 사람 고기 맛이 제일이라는데 그건 아직 먹어보지 못했다"고 말하자, 다음날 수라상에 기막히게 맛있는 고기가 올라온다. "무슨 고기냐? "고 제 환공이 묻자, 요리사인 역아는 "사람 고기입니다"라고 아뢴다. 다시 제 환공이 깜짝 놀라 "무슨 사람 고기냐?"고 되묻자, 역아는 "제 자식의 고기입니다"라고 답한다.

저는 이 문구가 예에 관한 공자 선생의 윤리관을 가장 잘 나타낸다고 봅니다.

**공 자** 그렇습니다. 따라서, 예를 갖추기 위해서는 먼저 제례祭禮와 상례喪禮에 대한 형식을 좇는 것이 조상과 웃어른에 대한 존경심을 자연스럽게 우러나게 하는 첫 번째 수단이라고 보았던 것입니다. 구정과 한가위 때 조상님께 문안 인사를 올리는 것이야말로 심성을 다스릴 수 있는 최고의 교육 수단이라고 보았던 것입니다.

**플라톤** 잘 알겠습니다. 저희 그리스에서도 신에 대한 공경은 대단히 중요했습니다. 제가 쓴 「소크라테스의 변명」에도 나오지만 제 시대에는 '신탁神託'[9]이라고 해서 신의 목소리를 들으려 사람을 신전으로 보내는 경우가 보편적인 문화로 자리 잡고 있었습니다. 더불어 소크라테스 스승님에 대한 사형집행 역시, 아폴론 신의 탄생지라는 델로스 섬으로 신성한 배를 보낸 기간에는 연기되었을 정도니까요. 그리스에서도 신에 대한 경배와 제례 행위는 대단히 중요했습니다. 물론, 소크라테스 스승님의 가장 큰 죄목 역시, 신을 모독했다는 것이었고요.

**공 자** 잘 알겠습니다. 동서고금을 막론하고 인간 사회는 대동소이한 문제를 지녀 왔군요. 엄밀히 말하자면, 저의 경우는 신에 대한 제사보다는 조상에 대한 제사와 죽음에

9 신이 사람을 매개자로 하여 그의 뜻을 나타내거나 인간의 물음에 대답하는 일.

관한 장례를 가장 중요하게 여겼습니다. 이 점에 있어서는 그리스와 조금 차이가 있는 것 같습니다.

**플라톤** 분명, 그리스에서는 조상과 죽은 사람에 대한 제사 및 의례보다 신들에 대한 제사가 더욱 중요했습니다. 수를 셀 수조차 없이 많은 신들로 둘러싸인 그리스인지라 신들을 경외하고 경배한 것이 아닌가 생각해 봅니다.

**공 자** 신들에 대한 제사와 달리 인간의 죽음에 대한 제 생각은 이렇습니다. 인간을 짐승과 가장 뚜렷하게 구분하는 것 가운데 하나가 죽은 자를 기리는 의식이란 것이죠. 굳이 말하자면 생명에 대한 존엄의 연장선상에 놓여 있는 의례가 죽은 자에 대한 경배라는 것입니다. 그런 면에서 볼 때 저는 장사葬事 지내는 사람이란 의미에서 인간을 '호모 솔렘니스Homo Solemnis'[10]라 부르고 싶습니다.

**플라톤** 아니, 어느새 라틴어까지 익히셨습니까? 중간 중간에 저와 그리스어로 대화하시는 것도 신기한데 말이죠.

**공 자** 부끄럽습니다.

**플라톤** 그나저나 아주 흥미로운 말씀을 해 주셨네요. '장사를 지내는 의례적인 인간'이라! 그래서 그런지, 죽을 때가 되면 동족들의 무덤으로 향한다는 코끼리를 영적인 동물로 보는 사람들도 있습니다만.

**공 자** 바로 그것입니다. 태어났다가 초개草芥[11]처럼 사라지는

---

10 라틴어로 의례적인 인간이란 뜻.
11 쓸모 없고 하찮은 것을 비유적으로 이르는 말. 풀 '초,' 겨자 '개.'

존재가 아니라 태어날 때 그랬듯이 죽을 때도 의미 있게 땅에 묻히는 이가 인간이기에 우리 스스로가 생生과 사死에 대한 존엄을 갖춰 나가야 한다는 것입니다.

**플라톤** 하지만, 죽은 자에 대한 예에 치중할 경우, 산 자에 대한 예를 소홀히 할 우려도 있지 않을까요?

**공 자** 좋은 지적을 해 주셨습니다. 사실, 장례에 대한 것은 죽음이 무겁게 다뤄져야 한다는 예시일 뿐, 살아 있는 사람들 사이에서의 예도 그에 못지않게 중요하다고 누누이 강조하였습니다. 예를 들어, 예에 대한 저의 또 다른 방점傍點[12]은 학이學而편 6장의 "자제들은 집에 들어오면 효도하고 나가서는 공손해야 한다. 행동과 말은 삼가 미쁘게 하고 널리 대중을 아끼며 또 어진 이를 가까이 해야 한다. 남은 힘이 있다면 글을 배워야 할 터"[13]에 집약적으로 나와 있습니다. 효(공경)와 겸손(예우)이 주된 사상이고 그를 형식적으로 구현하는 것이 예라는 것이죠. 같은 음식을 내오더라도 격식을 갖추고 제대로 된 그릇에 내용물을 담는 것도 상대방을 존중하는 차원에서 중요하다는 말씀입니다. 때문에 예를 통해 밝히고자 하는 제 이야기의 핵심은 상대방에 대한 애정을 마음속에만 담아두기보다 행동을 통해 바깥으로 표현하라는 것입니다.

12 글 가운데에서 보는 사람의 주의를 끌기 위하여 글자 옆이나 위에 찍는 점. 곁 '방'(傍).

13 弟子入則孝(제자입즉효) 出則弟(출즉제) 近而信(근이신) 凡愛衆(범애중) 而親仁(이친인) 行有餘力(행유여력) 則而學文(즉이학문).

**플라톤** 예를 좀 들어주시겠습니까?

**공 자** 서구적 입장에서 보자면, 상대방을 만났을 때 볼 키스와 가벼운 포옹을 주고받은 것 또한 예의 한 형태라고 생각하면 될 겁니다. "사랑한다는 말을 꼭 해야 아나?"라고 동양 남자들은 말할 수 있겠지만 제 관점에서는 "말은 하지 않더라도 반드시 행동으로 표현은 해야 한다"는 것이지요. 살아 생전에 한 번도 "사랑한다"는 의사를 행동으로라도 표현하지 않다가 죽기 직전에 후회하기보다 사랑하는 마음을 평소에도 적극적으로 표현하라는 것이 예에 대한 저의 생각입니다. 특히, 조상과 부모를 먼저 챙기고 자신의 행동거지를 조심스레 하며 남들까지 사랑하는 사람이 되라는 것이죠. 그렇게 보면, 비록 사랑한다는 의사 표현에 인색할지는 몰라도 예를 통해 평생 효를 실천하고 부모에 대한 애정을 표출한 이들이 유학자들이지요.

**플라톤** 이제야 공자 선생께서 강조하신 예의 깊은 뜻을 알 것 같습니다. 결국, 공자께서 강조하시는 예는 그 이면에 묻어 있는 사랑과 공경을 근간으로 하는군요.

**공 자** 그렇습니다. 상대방에 대한 끝없는 사랑과 공경이 예라는 형식으로 발현되어야 한다고 보는 겁니다. 그래서 제 사상을 국가 철학으로 삼았던 조선도 「논어」의 행간을 잘 파악해, '인仁—의義—예禮—지智—신信'으로 국시를 배치했던 것입니다. 상대방에 대한 애정을 뜻하는 어짊仁, 그리고 인간으로서 행해야만 하는 올바른 도리義가 예에 앞서 나오는 이유가 여기에 있습니다.

**플라톤** 그럼, 공자 선생의 예 존중 사상은 세상사가 각박해질수록 인간성 회복을 위해서라도 중요하겠군요.

**공 자** 한국 속담에 "인심은 곳간에서 나온다"는 말이 있더군요. 저는 이 속담이 대단히 의미심장하다고 봅니다. 살림살이가 넉넉하면 뭇사람에게 넉넉해지기 마련이니까요. 하지만 살림살이가 빡빡하면 자연스레 타인, 심지어는 자신들의 피붙이에게조차 사나워질 수밖에 없는 것이 인지상정人之常情[14] 아니겠습니까? 저의 예 존중 사상은 그렇게 살림살이가 빡빡한 시대와 장소에 더욱 필요하다고 봅니다.

**플라톤** 하지만, 살림살이가 빡빡한 이들에게 공자 선생의 예를 갖추라는 말이 과연 귀에 들어올까요? 그렇잖아도 "인심은 곳간에서 나온다"고 말씀해 주신 것처럼 입에 풀칠하면서 살기도 바쁜데 말이죠.

**공 자** 물론, 힘들 것입니다. 그렇기 때문에 더욱 노력을 해야 되는 것이겠지요. 빡빡한 삶의 노예가 돼 짐승처럼 다투면서 인간성을 잃어서는 곤란하지 않겠습니까? 비단, 저뿐만이 아니라 플라톤 선생께서도 '올바른 삶이 행복하다'는 명제를 제창하면서 궁극적으로는 같은 주장을 개진開陳[15]하지 않으셨습니까? 부정을 저지르며 손쉽고 안

14 사람이면 누구나 가지는 보통의 마음.
15 주장이나 사실을 밝히기 위해 의견이나 내용을 드러내어 말하거나 글로 씀.

락하게 살아가는 것이 능사일 것 같지만, 그러한 삶이 결코 행복하지는 아니하다는 말씀 말입니다.

**플라톤** 지당하신 말씀입니다. 저 역시 대부분 사람들이 인생의 참된 의미를 깨닫지 못하고 올바르지 못한 삶을 향해 뛰어드는 것을 보고 올바른 삶, 행복한 삶을 설파하고자 했던 것입니다. 공자 선생과 제가 주창하는 도덕적 명제들은 삶이 힘겨워지는 국가, 인간성이 황폐해지는 사회에서 그야말로 인간답게 살기 위한 진리이죠.

**공 자** 저의 예는 그렇게 서로에 대한 배려가 실종된 사회, 인간성이 사라지고 도덕이 땅에 떨어지는 시대에 올곧게 살아가라는 의미에서 강조한 것입니다. 그렇게 볼 때, 예가 실종된 사회일수록 사회 구성원들은 불행해질 수밖에 없습니다. 따라서 그런 점을 통찰한 국가 지도자가 먼저 예를 갖춤으로써 국민들에게 모범을 보여야겠지요.

**플라톤** 저의 교육 철학에는 철인哲人 양성을 위한 과목에 '예'가 없었는데, 이제부턴 '예'의 과목 신설을 적극적으로 고려해야겠습니다. (웃음)

**공 자** (웃음) 그렇게 해 주신다면 더 없는 영광이겠습니다. 사실, 문명사회라 일컬어지는 작금의 한국을 보면 중국의 춘추전국시대처럼 예가 실종돼 가고 있다는 안타까운 느낌을 받습니다. 그 대표적인 것이 '막장'이라 불리는 세기말적 현상의 범람입니다. 갱도의 막다른 골목마냥 더 이상 내려앉을 곳이 없는 인간성의 추락이 드라마, 언론, SNS 등에서 선정적이고 자극적인 동영상과 사진,

문자 등을 통해 무차별적으로 번져 나가고 있습니다. 물론, 이것이 발생한 근본적인 이유는 바로 예가 사라졌기 때문입니다. 주거 지역에서 이웃 간에 인사를 나누지 않으며, 공공장소에서는 뒷사람을 고려하지 않은 채 문을 여닫고, 옆에 사람이 있건 없건 큰소리로 전화를 하며, 보도 위에 공사판을 벌이더라도 행인들에게 최소한의 배려도 해 주지 않는 현상 모두, 상대방에 대한 기본적인 예의를 몸 바깥으로 표현하지 않아서 발생하는 일들입니다.

**플라톤** 공자 선생의 말씀을 들으니 예만 바로 세우면 모든 문제가 해결될 것 같은 생각마저 듭니다. 마치, 세뇌당한 느낌이랄까요?

**공 자** 세뇌라니요. 당치도 않습니다. 말이 나왔으니 계속 예에 대해 말씀을 드려볼까 합니다. 예가 『논어』에서 차지하는 비중이 워낙 커서 말이죠.

**플라톤** 그러시지요. 대신 나중에 제 이야기에도 충분한 시간을 내주셔야 합니다. 하하.

**공 자** 물론입니다. (웃음) 사실, 예는 적용 범위를 확장시킬 경우, 개인들이 일상적인 생활은 물론, 정치까지 대상으로 삼을 수 있습니다. 우선, 미국의 정치를 한번 들여다보기 바랍니다. 비록 국회에서는 여당과 야당이 티격태격하지만 국가적 행사가 거행될 경우에는 공화당 정권을 민주당이 존중해 주고 민주당 전 대통령에 대해서는 공화당 대통령이 예우를 표시하는 등 예를 소중히 다룰 줄

아는 도덕 국가의 전형이 고스란히 나타납니다. 반면, 예가 실종된 국가에서는 그야말로 적대적인 정치만 존재할 뿐이죠. 실제로 많은 국가에서는 예전에 모두 지녔을 법한 미풍양속의 기억을 모두 잊어버린 채, 말만 번지르르한 민주주의의 탈을 쓰고 여당은 날치기로 법안을 통과시키며 야당은 장외로 뛰쳐나가는 퇴행退行[16]을 무한히 반복하고 있습니다. 따라서 자신이 옳고 상대방은 그르다는 아집我執[17]만 내세우기보다 먼저 상대방을 예로서 대한다면 상대방도 예로 응해 오는 수준 높은 정치가 탄생할 겁니다.

**플라톤** 저 역시, 상대방에 대한 예는 내팽개친 채 자신의 목적만을 위해 맹목적으로 덤비는 소피스트와 선동가들의 무례를 몸서리치도록 겪었습니다. 그 와중에 소크라테스 스승님도 돌아가셨지만요. 공자 선생의 말씀을 듣고 보니, 소크라테스 스승님은 "악법도 법"이라며 자신의 죽음에서마저 아테네의 국법에 대한 예를 지키셨다는 생각입니다. 이제야 비로소 소크라테스 스승님께서 지향했던 바가 무엇인지 알 것 같은 느낌이 듭니다. 그야말로 제 머릿속을 맴돌던 수수께끼 하나가 풀렸다고나 할까요?

---

16 과거로 되돌아 감. 퇴보(退步)와 같은 말.

17 자기중심의 좁은 생각에 집착하여 다른 사람의 의견이나 입장을 고려하지 아니하고 자기만을 내세우는 것. 외고집 '아,' 잡을 '집.'

2001년 9월 11일 미국 뉴욕의 세계무역센터(WTC)가 무너진 이후, 미국인들은 세계무역센터가 붕괴된 자리를 '그라운드 제로'(원래는 핵무기 폭발 지점)라 부르며 이곳을 추모 공간으로 조성했다. 사진은 당시 희생자들의 이름을 대리석에 새겨 넣은 그라운드 제로(위)와 그라운드 제로에서 밤에 빛의 기둥을 쏘아 올리며 이들을 추모하는 모습. (사진 출처 위키피디아 커먼스)

**공 자** 그렇게 이해해 주시면 더욱 감사하겠습니다. 괜찮으시다면, 조금 전에 말씀 드렸던 이야기를 마저 마칠까 합니다.

**플라톤** 앗, 죄송합니다. 그만 본의 아니게 말씀을 방해하고 말았네요. 계속하시지요.

**공 자** 그럼, 앞서 언급했던 미국에 대한 말씀을 계속하겠습니다. 따지고 보면, 개개인이 방종에 가까울 정도의 자유를 즐기고 있는 이들이 미국인들이지만 국가 유공자와 전몰장병들에 대해서는 지나칠 정도로 깍듯이 예우하는 국민들 또한 미국인들입니다. 9·11 테러 희생자 추도회를 통해서도 전 세계적으로 생생하게 중계됐지만 국가적인 제례 및 장례 등에 미국인들이 심혈을 기울인 정성은 대단합니다. 듣자 하니, 뉴욕 맨하튼의 쌍둥이 무역센터가 무너진 자리에 죽은 이들을 추모하기 위해 빛의 기둥을 하늘로 쏘아 올리고, 또 쌍둥이 빌딩을 다시 세우기로 결정했다니 이 모두가 마땅히 거행되어야 할 의례 행위의 정수精髓[18]를 보여주고 있다는 생각입니다. 반면, 한국은 연평해전, 김일성과 김정일 사망 등의 예例에서 드러나듯 여야 모두가 국가 중대사에 당략黨略[19]적인 행동만 보여줍니다. 진보적인 입장에서 연평해전 전사

18 뼈 속에 있는 골수라는 뜻으로, 사물의 중심이 되는 골자 또는 요점이라는 의미. 맑을 '정,' 골수 '수.'

19 정당이 이익을 꾀하는 정략이나 계략.

장병들에 대해 지극한 예를 표현하지 못한 것이나 보수적인 시각에서 적국의 수장首長이 죽었을 때 조문을 거절한 것 등은 모두, 자기 자신을 이기고 예로 돌아가자는 극기복례克己復禮를 실천하지 못한 전형입니다.

플라톤 말씀을 듣고 보니, 극기복례가 생각보다 간단한 일이 아니군요. 당리당략, 사리사욕을 떠남은 물론, 예를 행함에 있어 자칫 자신에게 닥칠 수 있는 신변의 위험까지 감수해야만 하니까요. 물론, 그 같은 연유로 소크라테스 스승님께서는 자신의 목숨을 바치셨지만.

공 자 그런 의미에서 예에 방점을 두고자 하는 제 심정을 어느 정도 이해해 주실 수 있는지요?

플라톤 이해하다마다요. 여부가 있겠습니까? 한데, 말씀을 듣자니 문득 궁금한 것이 생겼습니다.

공 자 말씀하시지요.

플라톤 공자 선생의 말씀을 듣고 보니, 위에서부터 아래에 이르기까지 지도자와 백성 모두가 두루 예를 갖춘다면 분명, 품격 있는 사회가 될 겁니다. 하지만, 예가 머리부터 발끝까지 충만한 사회임에도 국방력이 약하다면 무슨 소용이 있겠습니까? 중국의 춘추전국시대를 들여다보아도 알 수 있듯이 강대국 사이에 끼어 있는 약소국에서는 예가 그다지 큰 역할을 할 것 같지는 않습니다. 내일 당장 침략을 당할지도 모르는 와중에 국내에서만 예가 넘쳐난들 무슨 소용이 있겠습니까? 불교도의 나라 티베트를 한번 보기 바랍니다. 최고 지도자인 달라이 라마에서부터 일반 백성에 이르기까지 세계 어느 민족보다 온순하고 예절 바름에도 불구하고 정작, 외부의 침략 앞에서는 무기력하기만 하지 않습니까?

**공 자** 그래서, 중국 춘추전국시대에도 제 말은 그다지 씨알이 먹히지 않았습니다. 더불어, 그 점에 있어서는 저 역시 분명히 챙기지 못한 점이 있다는 사실을 고백합니다. 플라톤 선생께서 거론하신 수호자들에 대한 이야기는 매우 날카롭고 통찰력 있는 말씀이라고 생각합니다. 사실, 550년 춘추전국시대를 끝낸 정치 철학은 한비자의 법가法家였으니까요. 아무래도 한비자는 통일과 부국강병에 중점을 두었고 저는 사회 자체 내에서의 인간성 상실에 초점을 맞추다 보니 서로 지향하는 목적지가 달랐던 셈이죠. 하지만, 중국 대륙을 처음으로 통일한 진秦나라가 단 15년 만에 무너진 것을 보면, 전란 속에서 단기적으로 가장 강력한 힘을 발휘하는 것이 법가이기는 하지만, 법가 하나만으로 사회를 오랫동안 지속시킬 수 있는 것 같지는 않습니다.

**플라톤** 그렇다면 공자 선생의 예는 국가의 안위安危[20]가 적어도 오늘 내일 하지는 않는 사회에서 필요하다고 보면 어떨까요? 이를테면, 나름대로 국방력도 튼실하며 먹고살 만은 하지만 상대방에 대한 배려가 땅에 떨어진 채 살림살

---

20 안전과 위험.

이가 각박한 사회 말이죠.

**공 자** 그렇습니다. 말씀하신 그대로, 제가 생각하는 예의 복권復權[21]은 인간성 회복이 시급한 사회, 살림살이가 갈수록 각박해지는 사회에서 더욱 적절한 것 같습니다. 어깨를 치고도 사과하지 않는 사회, 엘리베이터에서 내리기도 전에 밖에서 먼저 밀고 들어오는 사회, 줄을 서기보다 어떻게 해서든지 새치기를 하려고 하는 사회에서는 반드시 예가 필요하다고 봅니다.

**플라톤** 한데, 공자 선생의 말씀을 들으니 문득, 일본이라는 나라가 머릿속에 떠오릅니다. 어찌 보면 세상에서 가장 예의 바르기로 소문난 나라가 일본 아닙니까? 국민 모두가 싹싹하고 예절 바르며 상대방을 배려하는 데 있어서는 타의 추종을 불허하니까요. 게다가 국방력과 경제력도 강하기에 그야말로 공자 선생께서 꿈꾸시는 나라가 일본 아닐까요?

**공 자** 대단히 좋은 경우를 제시해 주셨습니다. 정말, 적절한 질문을 통해 상대방으로부터 충분한 설명을 이끌어 내려 하는 플라톤 선생의 대화법에는 두 손 두 발 다 들었습니다. 그럼, 선생의 질문에 대한 제 생각을 말씀 드리겠습니다. 분명, 일본의 경우는 예가 넘쳐나는 사회입니다. 하지만, 정작 중요한 사실은 예 하나만 가지고서는

21 상실한 권력을 다시 찾음.

충분치 않다는 것입니다. 예를 들어, 예禮가 있으되 어짊仁이 실종돼 있다면 어디에다가 쓰겠습니까? 겉으로 드러나는 겸손함과 공경에서는 예가 느껴지지만 마음속 깊은 곳에서부터 우러나는 타인에 대한 애정과 어짊이 느껴지지 않는다면 이제껏 설명 드린 예가 무슨 소용이 있겠습니까?

**플라톤** 그렇군요. 그럼, 결국 다시 원점으로 돌아온 것 같네요. 인간에 대한 깊은 신뢰와 애정이 조상과 죽은 자에 대한 제례 및 산 자에 대한 의례로 나타났다는 말씀 말이죠.

**공 자** 그렇습니다. 제가 예전에 읽었던 어느 책은 일본인들의 예에 대한 지나친 강조를 폭력이 난무하는 사무라이의 나라에서 살아남기 위한 진화의 결과물로 해석하였습니다.[22] 다시 말해, 일본에서의 예는 상대방에 대한 공경을 담은 도덕적인 의미에서의 예라기보다 자신을 보호하기 위한 진화론적인 의미에서의 예라는 것입니다. 사실, 잊을 만하면 한 번씩 불거져 나오는 일본 정치인들의 이웃 국가들에 대한 망언妄言과 일본 극우주의자들의 과거사 부정 발언은 자신들의 잘못으로 인해 헤아릴 수 없는 고통을 겪은 이웃 국가들을 예로서 대하는 자세와는 거리가 멉니다. 따라서 이러한 경우에 대한 경고로 저는 팔일八佾편 3장에서 "사람으로서 인仁하지 않다면 예禮는

22 심훈, 「일본을 보면 한국이 보인다」(2012).

무엇 할 것이며, 사람으로서 인仁하지 않다면 악樂은 무엇 할 것인가"라고 지적하였습니다.

**플라톤** 잘 알겠습니다. 어찌 보면, 일본 국민들의 행복지수가 OECD 등 36개국 가운데 21위에 불과하다는 결과가 바로 예에서 인이 실종돼 있기 때문이 아닌가 생각해 봅니다.[23] 그럼, 이제 화제를 좀 바꿔서 공자 선생 개인에 대한 말씀을 좀 들어볼까요?

**공 자** 그러시지요. 뭐, 궁금하신 점이라도 있으면 기탄없이 여쭤보기 바랍니다.

**플라톤** 네. 사실, 「논어」를 읽고 나서 굉장히 궁금했기에 제 나름대로 여기저기 자료들을 들쳐본 사안입니다만, 듣자하니 공자 선생께서는 이미 어렸을 때부터 제례 의식에 남다른 관심을 보이셨다지요? 그렇다면, 어렸을 때부터 주 왕실을 둘러싼 제후국들의 불경不敬과 정치적 혼란을 염려하셨을 것 같지는 않고……. 어떻게 된 연유인지 설명 좀 부탁드리겠습니다.

**공 자** 역시 플라톤 선생의 지적 호기심은 대단하십니다. 말씀드리자면, 제례 의식과 관련해서는 이미 어려서부터 비상한 관심을 보인 것이 사실입니다. 제 친구들이 집 앞 길거리에서 술래잡기, 딱지치기, 다방구 놀이 등으로 매일매일을 보냈다면 저의 경우에는 여러 모양의 돌들을

23 OECD 행복 지수 한국 27위 뒷걸음…가장 행복한 나라는? http://news.ichannela.com/economy/3/01/20130528/55480582/1

제기 그릇 다루듯 만지작거리면서 소꿉장난하는 것을 무척 좋아했습니다. 모르긴 해도, 어른들의 엄숙한 제례 행사를 보면서 무엇인가 형용할 수 없는 장중한 분위기를 마음속 깊이 느꼈던 것 같습니다. 진화론적인 입장에서 보자면, 제례 의식을 숭상하는 유전자를 타고났다고나 할까요? (웃음)

플라톤 역시 "될 성싶은 나무는 떡잎부터 다르다"더니, 좌우간 옛 말씀에 틀린 말이 하나도 없군요. (웃음)

공 자 그런가요? 그렇다면, 플라톤 선생의 어린 시절도 결코 범상치는 않으셨을 겁니다. (웃음) 이제 와서 생각해 보면, 저의 경우는 아마 번잡하고 시끄러운 놀이보다 좌중을 숙연하게 하는 놀이가 속세와는 다른 차원의 세계를 접하게 한다는 점에서 무척 흥미를 끌었던 것 같습니다. 마치, 서양을 여행함에 있어 대성당에 들어섰을 때 느껴지는 경외감이랄까요? 그런 경험은 나중에 주 왕실 및 제후국 간의 위계질서가 붕괴되면서 세상이 혼란해지자, 무너진 질서를 다시 세울 수 있는 방안으로 자연스레 연결되었고요. 말씀을 나누다 보니 저 역시 미처 떠올리지 못했던 과거와 현재의 인과관계가 밝혀지는 것 같아 놀랍습니다. 역시, 소크라테스 스승님으로부터 배우셨다는 플라톤 선생의 산파술은 대단하군요. 제 스스로가 정답을 유추할 수 있음에도 불구하고 이러한 인과관계에 대해서는 생각해 본 적조차 없으니까요. 플라톤 선생을 만나 대화를 나눈 것은 정말이지 최근 들어 제가 행한 일

가운데 가장 잘한 일 같습니다. 감사합니다. (활짝 웃음)

**플라톤** 그렇게 말씀해 주시니 몸 둘 바를 모르겠습니다. 그럼, 예의 필요성과 함께 예를 둘러싼 개인적인 경험까지 들어봤으니 이번엔 예를 둘러싼 부작용에 대해 조심스럽게 여쭤볼까 합니다. 그리스에서도 나중에 사회적 문제가 된 사안입니다만, 「논어」 곳곳에서 반복적으로 행하신 예에 대한 강조는 자칫 내용보다 형식을 중요시하는 폐단으로 흐를 수도 있을 것 같습니다. 이 점에 대해서는 어떻게 생각하시는지요?

**공 자** 저 역시, 달을 가리키면 달을 보기보다는 손끝을 바라보는 속인들의 편협한 해석을 경계해 예가 형식으로 치우치는 것을 조심해야 한다고 누차 일렀습니다. 하지만, 전능하신 신의 말씀조차 인간에 의해 왜곡되는 마당에 저의 이야기가 얼마나 잘 받아들여질 수 있을지는 의문입니다.

**플라톤** 저 역시, 마찬가지입니다. 제가 추구하는 이상 국가를 거론하기 위한 방편으로 아내의 공동 소유 등에 대해 극히 조심스럽게 「국가론」에서 언급했음에도 불구하고 이에 대해서는 어떤 비난들을 쏟아낼지 벌써부터 등에서 식은땀이 흘러내립니다.

**공 자** 저 역시, 누구보다 플라톤 선생의 입장을 잘 이해합니다. 어쨌거나 그와 관련해서는 나중에 성性이라는 주제를 통해 이야기를 나누기로 하지요. 지금은 하던 이야기를 마저 끝내야 하니까요.

**플라톤** 그럼, 계속하시지요.

**공 자** 사실, 「논어」 전반부에서는 예를 무척 강조한 까닭에 정신보다 형식을 강조하는 예는 지나친 허례허식虛禮虛飾[24]으로 흐를 수 있다는 경고 문구도 끼워 넣었습니다. 앞서 말씀드린 바와 같이 제가 팔일八佾편 3장에서 언급한 "사람으로서 어질지 않다면 예禮는 무엇할 것이며, 사람으로서 어질지 않다면 악樂은 무엇할 것인가?"라는 경구가 그것입니다. 팔일八佾편 4장 2절에서도 "예는 사치하기보다 검소한 것이 낫고, 상喪은 격식만 갖춘 것보다 슬픈 것이 낫다"고 평하였습니다.[25] 이와 함께 팔일八佾편 8장에서도 자하子夏의 물음에 대해 "그림 그리는 것은 바탕이 이뤄진 다음"[26]이라는 말로써 "의례와 형식, 더불어 기예나 문예는 인격, 덕성, 내면의 수련 뒤에 따르는 종적인 부수물이거나 표현물에 불과하다"[27]고 재차 강조하였습니다. 덧붙이자면 팔일八佾편 26장에서는 "윗자리에 있으면서 너그럽지 못하고 예를 행하면서 공경하는 마음이 없으며, 상을 당했을 적에 슬퍼하는 마음이 없다면, 내 그 꼴을 어찌 볼꼬!"[28]라고 적시摘示[29]하였습니다.

---

24 형편에 맞지 않게 겉만 번지르르하게 꾸밈. 또는 그런 예절이나 법식.

25 禮 與其奢也 寧儉, 喪 與其易也 寧戚(예 여기사야 영검 상 여기이야 영척).

26 繪事後素(회사후소).

27 배병삼, 「한글 세대가 본 논어」(2006), 135쪽.

28 居上不寬, 爲禮不敬(거상불관 위례불경) 臨喪不哀, 吾何以觀之哉(임상불애, 오하이관지재).

29 지적하여 보임.

그럼에도 후대의 사람들이 예에 대해 어떻게 평가하고 실천할지 자못 궁금한 것은 사실입니다.

**플라톤** (진지한 표정으로) 그러게요. 저 역시 「국가론」에서 개진한 여러 주장에 대해 후학後學들이 어떻게 해석하고 실천할지 정말 궁금합니다.

**공 자** 자, 그럼, 예에 대한 토론은 충분히 진행한 것 같으니 이 정도에서 마무리를 짓기로 하고 이번엔 「국가론」에서 큰 공을 들이셨던 올바름과 올바른 삶이란 무엇인가에 대해 말씀을 나눠볼까요?

**플라톤** 네, 그러시죠. 그럼, 이번엔 제가 먼저 배경부터 설명하겠습니다.

**공 자** "불감청不敢請이언정, 고소원固所願"이라. 감히 청하지는 못하건대 바라던 바였습니다. (웃음)

**플라톤** (역시 의미심장한 미소)

# 三

# 정의正義 III

**플라톤** 그리스의 정치 상황부터 설명을 드리자면 제가 태어나서 성인이 되었을 당시의 그리스는 아직 고대 도시국가의 틀에서 벗어나지 못하고 있었습니다. 중국의 경우에는 이미 영토를 기반으로 하는 국가가 형성되어 있었지만 그리스에서는 도시국가인 폴리스를 중심으로 나라가 형성돼 있었지요. 인구 40만 명의 아테네 인구는 사실상, 아테네라는 도시국가의 국민 수였습니다.

**공 자** 잘 알겠습니다.

**플라톤** 문제는 40만 명의 인구 가운데 자유민이 12만 명 정도였던 아테네가 정치 체제에 있어서는 모든 것이 적용 가능한 크기의 애매한 규모였다는 점입니다. 왕정에서부터 직접 민주주의는 물론, 귀족정치나 참주정치에 이르기까지 온갖 종류의 정치 제도가 적용 가능했다는 것이죠.

**공 자** 죄송하지만, 제가 잘 몰라서 그러는데 참주정치가 무엇인지요?

**플라톤** 아, 죄송합니다. 제가 미리 설명을 드렸어야 했는데 그만 실례를 범했군요.

**공 자** 괜찮습니다.

**플라톤** 참주僭主정치란 하층민들의 지지를 얻어 독재정치를 펴는 것을 말합니다. 제가 태어나기 100년 전에 죽은 페이시스트라토스는 아테네에 등장했던 첫 번째 참주로서 공자 선생과 같은 시대의 사람입니다. 그는 귀족정치를 뒤엎고 빈민들과 소농小農들의 지지를 얻어 정권을 장악했습니다. 자신의 통치를 위해 귀족 세력을 억제하는 동시에 평민들의 권한을 대폭 늘렸는데 이러한 조치들은 훗날 아테네의 민주정치 발전을 위한 초석이 됩니다.

**공 자** 인구수가 많지도 적지도 않으니 어느 정도의 지지 세력을 확보하기만 하면 이들을 기반으로 쿠데타를 일으키기도 어렵지 않았겠군요.

**플라톤** 그렇습니다. 사실 개발도상국 가운데에서도 인구수가 그리 많지 않은 나라들의 정정政情이 자주 불안정해지는 이유도 앞서 말씀드린 것과 어느 정도 관련이 있다고 봅니다. 어쨌거나, 자유민 10만 명의 아테네에서는 다양한 정치 체제들이 속속 등장하고 사라지는 정치적 실험기가 계속되었습니다. 예를 들어, 처음에 나타난 정치 체제는 스파르타식 명예 체제였습니다. 이후 과두 체제, 귀족 체제, 참주 체제, 민주 체제 등이 번갈아 가며 아테네의 역사에 등장하게 됩니다.

**공 자** 마치, 집권당과 야당이 대선이나 총선에서 패배하면 당 이름을 변경해 가며 지도 체제 역시 그때그때의 상황에 맞게 바꾸는 것과 비슷하군요.

**플라톤** 그렇습니다. 때문에 경제적으로는 번영을 구가했지만 정치적으로는 늘 어수선한 상황이 아테네에서 진행돼 왔습니다.

**공 자** 그렇군요.

**플라톤** 안타까운 사실은 소크라테스 스승님이 스파르타식 명예 체제도 아니고 귀족 체제도 아니며 참주 체제도 아닌 바로, 민주주의 체제 하에서 돌아가셨다는 것입니다. 포퓰리즘 또는 우민주의愚民主義로 치달을 수 있는 민주주의의 폐해가 고스란히 드러난 경우였지요. 결국, 저는 한 시대 한 사회에서 가장 현명한 사람을 단죄斷罪하고 사형시켜 버리는 정치 체제—특히 민주주의 체제—에 환멸을 느끼고 올바른 사회, 정의로운 국가는 존재 가능한 것인지, 또 존재 가능하다면 어떤 형태로 존재해야 하는지에 대한 답을 구하고자 일생을 매진해 온 것입니다.

**공 자** 아하, 그래서 훗날 '정의 사회 구현'[1]이라는 슬로건이 불

1 박정희 전 대통령 서거 이후, 쿠테타를 통해 정권을 강탈한 전두환 전 대통령의 집권 슬로건이 바로 '정의 사회 구현'이었다.

법적으로 정권을 탈취한 군사 정권에 의해 채택됐나 봅니다. 소크라테스 선생님 같은 현자에게 사형을 언도하는 사회가 이들에게는 정의로운 사회였을 테니까요.

**플라톤** 그렇습니다. 제 시대에도 그렇게 정의에 대한 개념은 권력을 부당하게 획득하거나 권력을 남용한 이들에 의해 규정되고 재단되며 오용되었던 것입니다. 그리하여 저는 「국가론」[2]을 통해 올바른 사회, 정의로운 국가란 진정으로 어떤 사회, 어떤 국가이어야만 하는가에 대한 견해를 문답으로 풀어나간 것입니다. 참고로 말씀 드리면, 「국가론」이라는 책은 경우에 따라, 「국가」, 「정체政體」, 「공화국」 등 다양한 제목으로 번역돼 편찬되었습니다. 공자 선생께서 인仁을 바탕으로 한 예禮에 방점을 두시며 사람들 사이의 관계 회복에 역점을 두신 반면, 저는 올바른 삶과 함께 정의로운 국가 건설에 사상적 초점을 맞춤으로써 궁극적으로는 철인에 의한 국가 통치가 그 해답이라는 점을 강조하고 싶었던 것입니다.

**공 자** 잘 알겠습니다. 그래서 「국가론」을 펼치자마자 올바른 삶에 대한 소크라테스 선생님의 질문이 시작된 것이었군요.

**플라톤** 맞습니다.

**공 자** 한데, 플라톤 선생께서 소크라테스 선생님의 입을 빌려

2 원제는 「Politeia」로 정치체제, 즉 정체(政體)로 번역하는 것이 본래의 의미에 가장 가깝다.

주창하시는 올바름의 개념이 제가 생각하는 정의의 개념과는 좀 다른 것 같습니다.

**플라톤** (약간 의아하다는 듯) 무슨 말씀이신지?

**공 자** 네, 「국가론」이 시작되는 부분에서 플라톤 선생께서는 '폴레마르코스'라는 이와의 대화를 통해 "상대가 누구이든, 해악을 끼치는 행위는 올바른 자가 할 일이 아니다"라고 말씀하셨습니다.

**플라톤** 그렇습니다만…….

**공 자** 반면, 폴레마르코스라는 사람은 "좋은 친구에게는 선을 베풀고 나쁜 적에게는 해를 끼치는 것이 올바름"이라고 말합니다.

**플라톤** 그렇습니다.

**공 자** 저의 경우에는 이인里仁편 6장 1절을 통해 "인仁을 참으로 좋아하는 사람과, 불인不仁을 참으로 미워하는 사람을 보지 못했다"며 "인을 좋아하는 것이야 덧붙일 것이 없거니와, 불인不仁을 미워하는 것도 인을 행하는 셈이 된다"고 말하였습니다. "불인不仁한 것이 몸에 덧붙지 못하게 만드니까"라는 이유에서 말이죠. 더불어서 같은 편 3장에서도 "오로지 인자仁者만이 사람을 제대로 좋아할 수 있고, 또 옳게 미워할 수도 있는 법"이라고 설명하였습니다. 다시 말해, 플라톤 선생의 올바름이라는 개념을 제 말에 대입해 본다면 "정의를 참으로 좋아하는 사람과 부정을 참으로 미워하는 사람을 보지 못했다. 정의란 좋아하는 것이야 덧붙일 것이 없거니와, 부정을 미워하는 것도 정의를 행하는 셈이 된다"라고 할 수 있는데 여기에 대한 생각은 어떠하신지요?

플라톤 그러고 보니, 저 역시 그 문장들이 생각납니다. 하지만, 「논어」를 읽을 당시에는 공자 선생께서 불인不仁한 것 – 제 정의의 개념에 비춰본다면 부정한 것 – 을 미워한다는 말씀의 취지가 불인不仁에 해를 끼쳐야 한다는 사실로 연결되는 것은 아니라고 보았기에 공자 선생의 생각이 제 생각과는 그다지 큰 차이가 없다고 보았던 것입니다. 다시 말해, 공자 선생의 불인不仁을 미워한다는 마음가짐은 불인不仁한 이에게 해를 가하는 행동거지와는 전혀 별개의 문제라는 것입니다.

공 자 말씀을 듣고 보니 이해는 갑니다만, 플라톤 선생께서 의미하시는 "해를 끼치지 않는다"는 바는 정확히 어떤 것인지요?

플라톤 제가 "상대가 누구이든, 해악을 끼치는 행위는 정의로운 자가 할 일이 아니다"라고 말을 하게 된 배경에는 역시, 소크라테스 스승님이 계십니다. 이는 아테네 최고의, 아니 그리스 최고의 지성이신 소크라테스 스승님께서 부정과 불경 – 젊은이들을 현혹시키고 신들을 경배하지 않았다는 이유 – 의 대명사로 낙인 찍혀 사형을 당하셨기 때문입니다. 따라서 제가 주창하려고 했던 바는 정의로운 자라면 개인 또는 집단에 의해 부정한 이로 낙인 찍힌 사람에게 해악을 함부로 가해서는 안 된다는 요지였습니다.

**공 자** 말씀을 듣고 보니, "불인不仁을 미워한다"는 제 생각보다 훨씬 진일보한 사상이라는 생각이 듭니다. 저의 경우는 후대의 정치가들이 불인不仁하다고 생각하는 이를 미워하며 제 경구에 대한 해석을 확장해 불인不仁한 이에게 제재를 가할 수도 있지만, 플라톤 선생께서는 그러한 사태를 사전에 방지하고자 어떤 종류의 제재도 가해선 안 된다고 못 박으셨으니까요. 그런 면에서 볼 때, "당신의 의견에는 반대하지만 당신의 의견을 주장하는 권리는 내 목숨을 걸고 지킬 것"이라는 볼테르[3]의 명언이 떠오릅니다. 상대방의 주장을 받아들일 수 없는 자신만의 기준과 그래도 말할 권리는 존중하고 지켜줘야 한다는 보편적인 도덕률을 구분지은 볼테르처럼, 플라톤 선생께서도 정의라는 이름이 상대방에게 해악을 가하는 도구로 수단화하는 것에는 반대하고 계시니까요.

**플라톤** 알아주시니 감사합니다. 사실, 겸손하게 받아들이셔서 그렇지 공자 선생께서도 저의 의견과 비슷한 생각을 공유하고 계신 것으로 알고 있습니다.

**공 자** 네? 그렇습니까? 죄송하지만 기억이 잘 나지 않아서 그러는데 다시 한 번 일깨워 주실 수 있는지요?

**플라톤** 네, 이 부분은 정확하게 기억하고 있습니다. 제 생각과 일치한다고 보았기 때문인데요. 태백泰伯편 10장의 "용맹

3 18세기 프랑스의 철학자, 문학자, 계몽주의자.

은 좋아하면서 가난을 싫어하면 큰일을 내고, 사람이 사람답지 않다 하여 미워하기를 심히 하면 큰일을 낸다"[4]는 말씀입니다.

**공 자** 아, 듣고 보니 이제야 생각이 납니다. 앞서 말씀드린 대로 이인里仁편에서 "어질지 않은 것을 미워하는 것도 몸에 어질지 않은 것이 붙지 않도록 한다"는 말을 했지만, 중용의 도를 강조하는 입장에서 불인不仁이 너무 지나치면 자칫 큰 사단을 불러일으킬 수 있다는 의미로 얹은 말이었죠.

**플라톤** 그렇습니다. 역시 공자 선생께서도 적정 수준 이상의 미움, 그러니까 증오가 어떠한 변고를 불러일으킬 수 있는지를 잘 알고 계셨던 것이죠.

**공 자** 네, 맞습니다. 이와 관련해 제 시대의 예를 하나 소개해 드리고자 합니다. 위衛나라 인물로 출세를 위해 아내를 죽인 오기吳起라는 이는 자신을 비웃던 동네 사람들은 무려 30여 명이나 베어 죽이고 이웃나라로 도망을 쳤던 사람입니다. 더불어서, 조선에서는 사림파로부터 멸시를 받아온 훈구파의 대신 유자광이 무오사화戊午士禍를 일으켜 이미 고인이 된 김종직을 부관참시剖棺斬屍[5]하고 그의 제자인 김일손 등 십여 명의 선비들을 죽이거나 귀양 보

4 子曰 好勇疾貧 亂也(자왈 호용질빈 난야) 人而不仁 疾之已甚 亂也(인이불인 질지이심 난야).

5 널을 쪼개 시체를 꺼낸 후 목을 벰. 쪼갤 '부,' 널 '관,' 벨 '참,' 주검 '시.'

냈습니다.

플라톤 바로 그것입니다. 공자 선생께서 태백泰伯편을 통해 경계하신 것처럼 한 사람을 지나치게 미워함으로써 결과적으로는 여러 사람이 해를 입을 수 있기에 정도를 벗어난 미움은 그 어떤 경우에도 올바른 것이 아닙니다. 이른바, 공자 선생의 선견지명先見之明이라고나 할까요? 그러고 보니, 저도 모르는 사이에 어디에서 주워들은 한자 성어를 공자 선생 앞에서 읊고 있군요. (머쓱해 함)

공 자 무슨 말씀이십니까? 오히려, 짧은 시간에 한자 성어까지 사용하시는 플라톤 선생의 재치가 그저 감탄스러울 따름입니다.

플라톤 감사합니다. 계속 말씀을 드리자면 제가 생각하는 올바름의 정의는 따라서, 잘잘못을 떠나 사람들에게 해를 끼치기보다 올바르게 만드는 것이라는 것이죠. 엄밀히 말하자면, 「국가론」에서 표명한 대로, 올바른 이가 올바르지 않은 일을 한다는 것 자체가 어불성설語不成說이요 모순이니까요. 그런 까닭에 비록 적일지언정 해악을 끼치는 것은 적어도 정의라는 이름에는 어울리지 않는다는 것이 제 의견의 골자입니다.

공 자 플라톤 선생의 정의에 대한 설명을 찬찬히 듣다 보니 문득 떠오르는 생각이 있습니다.

플라톤 말씀해 보시지요.

공 자 제 생각에 「국가론」과 「논어」에서 제시되고 있는 글의 전개 방식은 바로 이 부분에서부터 서로 다르게 진행된 것 같습니다.

플라톤 (조심스러우면서도 의아하게) 무슨 말씀이신지?

공 자 네, 저는 수많은 국가들의 정치 체제—플라톤 선생께서 정체政體라고 부르시는—와 함께 그러한 정체 속에 살아가는 다양한 인간 군상들을 겪어가며 제가 깨달은 진리를 인치仁治와 덕치德治, 예치禮治와 의치義治라는 주제로서 표명하고자 했습니다. 반면, 플라톤 선생께서는 먼저 올바른 삶과 올바른 사회, 올바른 사람에 대한 정의를 내리고자 하셨지요. 건축으로 따지자면 저는 친환경적인 집을 지어야 사람도 살고 자연도 산다고 이야기한 반면, 플라톤 선생께서는 친환경적인 집이란 무엇인가라는 정의부터 내리셨다는 것이지요. 따라서 제가 윤리적인 명제 구축에 주력했다고 하면, 플라톤 선생께서는 명제 구축을 위한 개념 정립에서부터 기반을 다지셨다는 것이지요.

플라톤 소크라테스 스승님께서 친환경적인 집에 어울리지 않는 사회 구성원이라고 해서 내쫓김을 당했기에—물론, 역사적으로는 사형을 당하셨기에—제 머릿속에 든 의문은 도대체 '친환경적인 집은 무엇이고 이에 어울리지 않는 사람은 누구인가?'라는 것이었습니다.

공 자 그러한 점 때문에 서양 철학에서는 플라톤 선생께서 「국가론」을 통해 보여주신—먼저 개념을 정립한 다음, 개념에 걸맞은 집을 설계하고 건축하는—건축 방식이 하나의 표상으로 자리 잡은 것 같습니다.

플라톤 그렇게 이해해 주시니 진심으로 감사드립니다.

공 자 무슨 말씀을요. 하지만 저의 경우는 춘추시대의 여러 국가가 보여준 행태가 친환경적인 집에 어울리지 않는 현인들의 추방, 사형 등에 그치는 것이 아니라, 환경파괴적인 집들을 지어가며 중앙에 위치한 황실을 압도하는 바람에 지반 자체가 위태로워졌기 때문입니다.

플라톤 결국 공자 선생께서도 중국 사회의 특성에 맞는 건축 기준, 아니 건축 규범을 마련하려고 애쓰셨군요.

공 자 정확하게 짚어 주셨습니다. 날림 건축물들을 지반이 약한 곳에 마구 지어 놓았기에 자칫 건축물들이 붕괴될 경우, 모두가 죽는 사회에서 저는 바람직한 건축물의 건축 기준을 제시하고 싶었습니다. 참, 플라톤 선생과 올바른 삶을 주제로 말씀을 나누다 보니 문득 궁금해진 것이 하나 생겼습니다.

플라톤 말씀해 보시지요.

공 자 앞서, 적에게 해악을 끼치는 것은 올바른 것이 아니라고 말씀하셨지요. 그렇다면, 매국노나 살인범을 단죄하는 것은 정의라는 이름에 걸맞지 않게 되는 것인가요? 이들을 단죄하는 데에는 어떤 논리가 적용돼야 할까요?

플라톤 흠, 결코 쉽지 않은 질문이군요. 역시, 공자 선생답습니다. 제가 드리려는 말씀의 요지는 정의라는 이름을 쉽게 내걸며 상대방을 응징하지는 말라는 겁니다. 공자 선생께서 예를 들어주신 경우에는 정의가 아니라 '법'의 이름으로 심판을 가해야 하겠지요. 따라서 아테네 법이 규정하고 있는 바 그대로 매국 행위와 살인에 대해 처벌을 집행을 하면 되는 것이겠지요. 그런 면에서 볼 때 제가 생각하는 올바름은 법과 분명히 다릅니다.

**공 자** 듣고 보니 법이 반드시 정의롭지 않을 수도 있겠네요. 물론, 그런 법에 의해 소크라테스 선생님께서 돌아가셨겠지만 말이죠. "악법도 법이다"라는 유명한 말씀과 함께 말입니다.

**플라톤** 그렇습니다. 그런 점에서는 볼 때 좀 더 분명한 대비를 곁들여 정의를 명쾌하게 설명하는 것이 다소 부족했나 봅니다.

**공 자** 무슨 말씀이십니까? 제가 보기에는 플라톤 선생이야말로 '정의'라는 이름으로 횡행했을 여러 악행에 제동을 걸고자 하셨던 것 아니겠습니까? 정의를 빙자한 단죄斷罪를 예방하기 위해 정의에 대한 재해석, 아니 올바른 해석을 제대로 도입하신 것이죠. 적국과 타협하려 하는 상대방의 행위를 '매국'으로 몰아붙이는 정치가가 스스로를 애국자로 칭하는 상황에서 애국의 정의가 과연 무엇인지 진지하게 생각해보게끔 하는 계기를 마련했다고나 할까요?

**플라톤** 사실, 조금 전에 말씀해 주신 바는 트라시마코스라는 인물을 통해 「국가론」에서 자세히 설명하고 있습니다.

**공 자** 제가 잘 생각이 안 나서 그러는데 한 번만 더 내용을 말씀해 주실 수 있는지요?

**플라톤** 제가 폴레마르코스와의 대화를 통해 "올바른 사람은 결국 선한 사람이기에, 선한 사람은 누구에게라도 해를 끼칠 수 없다"라는 결론을 내리고, 이에 대해 폴레마르코스가 동의하자 칼케돈 출신의 소피스트인 트라시마코스라는 사람이 논쟁에 끼어들게 됩니다. 트라시마코스는 정의가 바로 '강자의 이익, 지배 계급의 이익'이라는 논지를 펴죠.

**공 자** 아하, 이제 확실히 기억이 납니다. 플라톤 선생께서는 트라시마코스와의 대화를 통해, 의사와 건축가 그리고 그들의 고객과의 관계를 예로 드시면서 통치자는 자신의 이익뿐만 아니라 피통치자의 이익까지도 도모한다는 파격적인 논리를 내세우셨죠.

**플라톤** 간단하지만 정확하게 잘 요약해 주셨습니다.

**공 자** 플라톤 선생께서 밝히고자 하셨던 정의는 배타적이고 이기적이기보다 보편적인 동시에 이타적인 측면에 초점을 맞추신 듯합니다. 한반도에 존재했던 고조선이라는 국가의 국시國是인 홍익弘益인간과 유사하다고나 할까요? 참고로 홍익인간이란 널리 인간을 이롭게 한다는 뜻으로 고조선의 시조였던 단군의 건국 이념입니다.

**플라톤** 홍익인간이라……. 좋은데요. 언어의 뉘앙스도 좋고, 의미도 "널리 인간을 이롭게 하라"이니까요. 제가 주창하던 정의로운 통치자의 진정한 의미와 그야말로 100% 부합하는 단어네요. 사람 사는 세상은 다 비슷한가 봅니다. 이미 수천 년 전 한국에서도 제가 생각해 낸 것과 유사한 개념을 국시로 정했으니까요. 말이 나왔으니 말인데 그리스에서는 약자와 국민의 이익을 대변하는 것이 정의로운 통치라는 발상은 매우 위험하게 받아들여졌습니다. 민주주의 및 참주 체제의 폐해를 경험한 아테네의 정치 분위기가 매우 흉흉했기 때문이죠.

**공 자** 충분히 짐작이 갑니다. 그런데, 다시 처음으로 돌아가서 한 가지만 더 여쭙고자 합니다.

**플라톤** 그러시지요.

**공 자** 앞서 플라톤 선생께서는 "정의는 누구에게 해악을 끼치는 것이 아니다. 더불어, 정의는 약자의 이익을 도모한다"고 말씀하셨죠.

**플라톤** 네.

**공 자** 이는 정의가 지향하는 바일 터. 그렇다면 정의란 무엇인가라는 개념 정립과는 조금 다른 문제인 것 같습니다.

**플라톤** 정확하게 짚어 주셨습니다. 정의를 둘러싼 개념 정립을 위해 저는 아데이만토스—실제로 제 형입니다만—에게 많은 분량을 들여 설명하였습니다.

**공 자** 그렇군요. 이제 기억이 납니다. 정의, 즉 올바름이란, 국가가 됐든 개인이 됐든 각각의 위치에 합당한 일에서 최선을 다하는 것이라고 설명하셨지요?

**플라톤** 그렇습니다. 개인 간의 올바른 도리나 사회를 구성하고 유지하는 공정한 도리로서의 정의는 결국 서로 다른 성질의 것들이 각자에게 참견하는 일 없이 자신의 것에 최선을 다함으로써 궁극적으로는 조화로운 상태를 유지할 수 있도록 하는 것입니다. 국가를 예로 들자면, 제가 거칠게 분류했던 통치자와 수호자, 상인과 농민이 자신의 영역에서 최선을 다하며 서로 조화를 이루는 것이지요.

**공 자** 잘 알겠습니다. 자신들의 영역에서 최선을 다하는 것이 결국 사회를 구성하고 유지하는 공정한 도리라고 보신 데에는 역시 이유가 있겠죠?

**플라톤** 그렇습니다. 제가 아테네의 수호자이자 통치자로 위치 지우고자 했던 소크라테스 스승님이 통치자나 철학자도 아닌 소피스트들에 의해 고발당하셨고, 배심원들의 다수결 표결에 의해 사형당하셨으니까요.

**공 자** "참견해서는 안 될 사람들, 단죄해서는 안 될 사람들이 현자의 운명을 좌지우지하는 것은 정의로운 것이 아니다"라는 것에서 출발해, "각자 맡은 바 자신의 임무에 충실한 것이 올바른 것이다"라고 말씀하고 싶으셨던 것이군요.

**플라톤** 옳게 보셨습니다. 이거, 공자 선생께서 척척 짚어주시니 그야말로 막힌 가슴이 뻥 뚫린 느낌입니다. 하나를 말씀드리면 둘을 건네주시니까요.

**공 자** 과찬의 말씀이십니다. 저도 같은 문제를 놓고 평생을 고민해 왔으니까요. 약자들의 이익을 대변하기 위해 지배계층이 인仁의 마음가짐으로 덕의 정치를 펴야 함이 제 사상의 핵심입니다. 물론, 인과 덕을 겉으로 드러내는 예도 빠질 수 없지만 말입니다. 그래서 플라톤 선생께서는 약자의 이익을 대변하되 민주주의 또는 참주정치의 폐단을 극복하기 위해 가장 현명한 철인이 통치하는 이른바, 철인 국가를 정의로운 국가로 내세우려 하셨던 것이고요.

**플라톤** 사실, 공자 선생께서 위정爲政편을 통해 누누이 강조하셨던 인치仁治 정치, 덕치德治 정치는 약자의 이익을 배려하는 것이 정의로운 통치라는 제 생각과 그대로 일치합니다. 예를 들어, 위정爲政편 1장에서는 '위정이덕 비유북신 거기소 이중성공지爲政以德 譬如北辰 居其所 而衆星共之'라는 구절에서 "덕으로 정치를 함은 비유컨대 북극성이 제자리에 있음에도 뭇별이 그를 향하는 것과 같다"라고 말씀하셨죠.

**공 자** (감탄스럽게 플라톤을 바라보며) 그렇습니다.

**플라톤** 주제 넘게 토를 달아보자면 덕치德治란 약자의 이익을 배려하는 통치요, 북극성이 제자리에 있으며 다른 별들이 그 주변을 도는 것은 북극성을 제외한 모든 별들이 자신에게 주어진 자리를 고수하는 것입니다. 말마따나 다른 영역을 침범하지 않으면서 자신의 항로를 묵묵히 따르는 것이 이른바 조화롭고 올바른 우주라는 것이죠.

**공 자** 아, 그렇군요. 정말 재미있는 비유입니다.

**플라톤** 말이 나온 김에 한 가지만 덧붙이자면, 위정편 3장의 '도지이정 제지이형 민면이무치, 도지이덕 제지이례 유치차격道之以政 齊之以刑 民免以無恥, 道之以德 齊之以禮 有恥且格'이라는 구절도 제 의견과 일치한다고 봅니다.

**공 자** 계속하시지요.

**플라톤** 이 구절을 통해서는 정법政法으로 이끌고 형벌로 가지런히 하려 들면, 백성들은 면하려고만 하지 부끄러움을 느끼지는 않는다고 말씀하셨죠? 반면 덕으로 인도하고 예로써 가지런히 하면 백성들은 부끄러워할 뿐 아니라 또 스스로 바로잡는다는 말씀이셨죠.

**공 자** 그렇습니다.

**플라톤** 앞서, 법가法家에 대해 잠깐 설명해 주셨던 것을 기억합니다. 춘추전국시대를 통일했던 나라는 한비자의 법가를 도입한 진나라였다는 사실 말입니다. 물론, 그 진나라도 15년 만에 무너져 내렸다고 말씀해 주셨죠.

**공 자** 네, 정확하게 기억하고 계시군요. (웃음)

**플라톤** 워낙 인상이 깊었기 때문입니다. 제가 바라던 약자의 이익을 도모하는 통치가 바로 덕치의 또 다른 표현이 아닐까 생각합니다. 약자의 이익을 배려하려면 약자에게 덕을 베풀어야 하니까요. 서로 다른 시대적, 문화적, 역사적 상황 속에서 해법만 달랐을 뿐이지 우리가 궁극적으로 지향하고자 했던 목적지는 같았던 셈입니다. 이거 대화를 하면 할수록 공자 선생과 제 사상이 절대 진리인 이데아를 향해 가고 있다는 생각이 새록새록 듭니다. (웃음)

**공 자** 그렇습니까? 하긴, 저 역시 철학자이니 선생님의 말씀이 옳지 않겠습니까? 하하. 참, 조금 전에 언급하신 이데아에 대해서도 충분한 말씀을 나누고 싶습니다만, 지금은 정의와 관계된 이야기를 나누고 있기에 이데아에 관한 토론은 조금 뒤로 미루도록 하겠습니다.

정의가 넘쳐흐르는 이상향을 유럽에선 '유토피아'라 불렀다. 첫 번째 그림은 독일 화가, 암브로시우스 홀배인이 그린 상상 속의 유토피아. 한편 유럽의 유토피아에 해당하는 곳을 동양에선 예로부터 '무릉도원' 또는 '도원경'이라 일컬었다. 두 번째 그림은 19세기 화가 김희겸의 〈무릉도원도〉.

**플라톤** 그러시지요. 방금 말씀하신 대로 철학자와 군자가 다스리는 나라가 바로 유토피아 또는 무릉도원일 것입니다. 물론, 중국을 공자 선생께서 통치하셨다면 중국 대륙이 무릉도원을 맞이했겠지만요.

**공 자** 과찬이십니다. 그나저나 무릉도원이라는 표현은 어떻게 아십니까?

**플라톤** 실은 조금, 정말 조금 공부를 하고 왔습니다. 워낙 중국 문화를 모르니 어느 정도라도 알기 위해 일단은 저희의 유토피아라는 단어에 해당하는 낱말이 무엇인지 정도만 알아보았습니다.

**공 자** 아, 그러셨군요. 그럼, 이왕 말이 나왔으니 다음 주제로는 철인과 군자에 관해 이야기를 나눠보면 어떨까요?

**플라톤** 불감청不敢請이언정, 고소원固所願이라. 감히 청하지는 못하건대 바라던 바였습니다. (웃음)

**공 자** 어이쿠, 이번엔 제가 당했군요. 역시, 플라톤 선생의 명민함과 재치에는 정말 못 당하겠습니다. (웃음)

# 四

# 철인 vs 군자 IV

**공 자** 그럼 제가 이야기의 물꼬를 터보도록 하겠습니다. 이 자리를 빌려, 말씀드리면 플라톤 선생께서 쓰신 「국가론」은 제가 주창하는 군자론君子論과 상당 부분 일맥상통한다는 느낌을 많이 받았습니다.

**플라톤** 계속 말씀해 보시지요.

**공 자** 예를 들어, 소크라테스 선생님을 통해 말씀하신 "훌륭한 정신을 가진 사람은 잘 살겠지만, 그렇지 못한 정신을 가진 사람은 잘 살지 못할 것이다"[1]라는 말씀은 제가 한평생을 주창해온 '군자론'의 집약이나 다름없습니다. 훌

1 플라톤, 「국가 · 정체」(2005), 55쪽.

플라톤이 희망했던 철인의 대표적인 사표(師表)는 그의 스승, 소크라테스였다. 그는 독단적인 지식을 비판하고 대화로써 일반적인 진리에 도달할 수 있다며 유물론적 자연 철학에 대립해 정신적이고 관념적인 세계로의 새로운 철학을 열었다. 한편, 공자가 평생을 흠모해 마지않았던 군자의 대표상은 주 왕조를 세운 문왕의 아들 주공(周公)이었다. 그는 예악과 법도를 제정해 제도 문물을 창시했으며, 형인 무왕과 무왕의 아들 성왕을 도와 주 왕조의 기초를 확립했다. 사진은 쿠네고의 1783년작 소크라테스 판화와 명나라 화가 왕기(王圻)의 주공 그림.

륭한 정신을 가진 이가 「논어」에서 언급되는 군자요, 그렇지 못한 정신을 가진 이가 소인이라는 것이죠. 이는 물질적인 측면에서 잘 산다는 것이 아니라 정신적인 측면에서 부유하게 사는 이가 훌륭한 정신을 가지고 있으며, 군자야말로 정신적인 측면에서 누구보다 넉넉하게 삶을 즐기기 때문입니다.

**플라톤** 제대로 핵심을 찔러 주셨네요. 말씀하신 대로 제가 생각하는 훌륭한 정신은 공자 선생께서 강조하시는 군자의 정신이며 그러한 군자의 정신이 곧 우리를 행복한 삶으로 이끄는 것이지요. 그런 면에서 볼 때, 우리 두 사람 모두 행복한 삶을 살아왔던 것 아니겠습니까? (웃음)

**공 자** (역시 웃음) 그렇습니다. 비록 항간에서는 우리를 향해, '실패한 정치인'이라거나 '공상뿐인 2류 인생'이라고 손가락질해 왔지만, 선생께서 말씀하신 대로 우리는 훌륭한 정신을 바탕으로 올바르게 사는 삶, 그리하여 심신이 모두 행복한 삶을 영위해 왔습니다. 비록, 세상이 알아주지 않는다 하더라도 말입니다.

**플라톤** 네. 더불어서 후대의 수많은 이들 역시 선생과 저의 생각을 배우고 실천하는 삶을 살려고 시도하겠지요. 물론, 그 때문에 동양에서는 공자 선생께서, 또 서양에서는 제가 한 백 년 정도 훌륭한 정신의 표상으로 여겨지지 않겠습니까? (웃음)

**공 자** 아니, 플라톤 선생께서는 미래를 예측하는 능력도 있는가 봅니다. 역시, 훌륭한 정신에 행복한 삶을 사시는 분은 다르네요. (미소) 플라톤 선생의 말씀처럼 백 년 정도 귀감이 될 만한 표상으로 여겨진다면 더 이상 바랄 것이 없겠습니다. 사실, 「논어」의 첫 장에서는 "남들이 알아주지 않아도 화내지 않으니 바로 군자가 아니더냐?[2]" 하고 말을 하지만 말이죠.

**플라톤** 과찬의 말씀이십니다. 그나저나 우리끼리 주거니 받거니 하면서 다 해먹는다고 남들이 뭐라 할지 모르겠군요. (웃음) 그럼, 훌륭한 정신을 지닌 군자가 '마음이 넉넉하고 행복하게 잘 산다'는 점에서는 의견이 일치했으니, 그러한 군자—저의 경우에는 철인—가 되기 위해 어떤 수련이나 수양을 거쳐야 하는지에 대해 좀 더 말씀을 나눠보기로 하죠.

**공 자** 좋습니다. 그럼, 먼저 하시겠습니까?

**플라톤** 실례가 되지 않는다면 먼저 공자 선생을 통해 군자의 삶을 들어보고 싶습니다. 제가 생각하는 철인의 삶은 그 이후에 말씀드리도록 하겠습니다.

**공 자** 그럼, 저부터 시작하겠습니다. 제가 생각하는 군자의 삶은 바로 인仁을 실천하는 삶입니다. 군자가 지녀야 할 가장 큰 덕성은 상대방에게 어질어야 하기 때문입니다. 그렇게 보면, 제가 생각하는 군자의 훌륭한 정신이란 상대방을 아끼고 배려하는 마음을 의미합니다. 「논어」 이인

---

2 學而(학이)편 1장 3절, 人不知不慍 不亦君子乎(인부지불온 불역군자호).

里仁편에 나오는 "군자가 인을 버린다면, 어찌 군자라 할 수 있겠는가?"[3]라는 구절은 저의 군자에 대한 필요충분 조건을 집약적으로 보여주고 있습니다.

**플라톤** 훌륭한 정신을 지닌 이가 철인이자 군자라는 총론에는 의견이 일치됐지만, 훌륭한 정신이 곧 상대방을 아끼고 배려하는 마음이라는 데는 선뜻 동의하기가 힘드네요. 저의 경우는 훌륭한 정신이란 자신이 제공하는 서비스의 대상자에게 이익을 주는 것이니까요. 다시 말해, 훌륭한 정신을 지닌 사람은 자신이 가지고 있는 기술이든 지식을 통해 그 기술이나 지식의 수혜를 받는 상대방에게 긍정적인 영향을 미친다는 것이지요.

**공 자** 그렇다면, 플라톤 선생께서 생각하시는 철인은 상대방에게 베풀어주는 사람을 의미하는군요.

**플라톤** 꼭 그렇게 단순하게 말씀드릴 수는 없겠습니다만, 가장 중요한 요소를 형성하고 있다는 점은 부인하지 않겠습니다. 비단, 베풀어줄 뿐 아니라, 대승적 차원에서 자신의 개인적인 욕망은 희생할 줄 아는 이가 바로 철인이라는 말씀이죠.

**공 자** 그렇다면 이건 어떨까요? 훌륭한 정신을 지닌 정의로운 이가 물질적인 것뿐만 아니라 정신적인 이익을 베풀어주는 사람도 포함한다면 말이죠.

3 君子去仁(군자거인) 惡乎成名?(오호성명?).

플라톤 조금 더 설명해 주시겠습니까?

공 자 네, 선생께서는 의사나 수의사, 항해사나 목수 등의 예를 들어 가며 자신들의 서비스를 받는 소비자들에게 보수에 대한 반대급부 차원에서 그들의 삶에 실질적으로 이로움을 주는 것으로 훌륭한 정신과 덕을 말씀해 주셨죠?

플라톤 그렇지요.

공 자 하지만, 꼭 보수를 목적으로 상대방에게 이익을 베푸는 직업의 사람만이 아닌 다른 직업의 사람들도 있을 수 있다는 말입니다. 더불어서, 여러 가지 이유로 보수를 사양하는 경우도 있을 수 있다는 생각입니다.

플라톤 예를 들어서요?

공 자 가장 대표적인 경우가 바로 플라톤 선생이 아닐까 생각합니다. 보수를 받고 학생들에게 지식을 전수하기도 하지만, 때로는 무보수로 지식을 전수해 주기도 하니까요. 이유인즉슨, 지식과 지혜를 나눠주는 선생이기 때문이죠. 플라톤 선생께서는 아카데미아의 학생들 모두에게서 수업료를 받습니까?

플라톤 그렇진 않습니다. 여유가 있는 이들로부터는 수업료를 넉넉하게 받고 있지만 그렇지 않은 이들로부터는 수업료를 받고 있지 않습니다.

공 자 저 역시 마찬가지입니다. 제 제자 가운데 자공子貢처럼 집안이 넉넉한 경우도 있지만, 안회顔回처럼 대단히 가난한 경우도 있습니다. 저는 그들 모두로부터 형편에 따라서만 수업료를 받으며 그들에게 제가 알고 있는 지식과 인생 경험을 전달해 주고 있습니다.

**플라톤** 이번엔 제가 공자 선생으로부터 하나 배웠습니다. 그것도 대화법의 산파술을 통해서 말이죠.

**공 자** 제가 생각하는 군자의 삶은 인仁을 앞세운 삶입니다. 플라톤 선생께서는 상대방에게 이익, 그것도 정신적인 것을 포함해서 물질적인 이익을 베푸는 것이 훌륭하고 정의로운 것이라고 말씀하셨지만 저는 상대방에게 어진 것이 바로, 이러한 정신적, 물질적 이익을 건네주는 것까지 포함하고 있다고 봅니다. 따지고 보면, 의사나 목사, 항해사 모두가 자신이 기술을 통해 수혜를 받게 될 모든 이들에 대해 어진 마음을 품고 있기 때문에 그들에게 이익이 되는 방향으로 생각하고 행동하게 되는 것이지요. 어진 마음을 먹고 있지 않다면, 그야말로 상대방을 돈벌이 수단으로밖에 보지 않을 가능성이 크겠지요.

**플라톤** 저의 경우에는 상대방이 얻게 될 결과를 염두에 둔 윤리적 목적에 초점을 맞춘 반면, 공자 선생께서는 윤리적인 목적 이전의 도덕적 의무에 방점을 두셨다는 느낌입니다. 상대방과의 교류에 있어 공자께서 군자라면 마음가짐이 어질어야 한다는 선험적인 측면에 주안점을 두신데 반해, 저는 목적을 염두에 두고 결과를 행해야 한다는 목적론적 윤리관에 천착穿着하고 있다고나 할까요? 그런 의미에서 볼 때, 후대에도 공자 선생과 같은 맥락에서 선험적 의무로서의 도덕적 윤리관에 매진하는 철학자[4]와 더불어, 제가 주창한 바와 같이 상대방의 이익을 염두에 둔 공리주의적인 사상가[5]도 나올 것 같다는 생각입니다.

**공 자** 역시, 우리의 대화를 요약하고 정리해 주는 데다 미래를 예측까지 해주는 플라톤 선생의 능력엔 그저 감탄만 나올 따름입니다. 말씀해 주신 대로 상대방을 존중하고 아끼는 마음가짐이 제가 내세우는 군자에게는 무척 중요합니다. 이와 함께 군자에게 중요한 또 하나의 윤리적 실천 지침은 마땅히 인간으로서 해야 할 도리인 올바름義을 무겁게 여기는 사람입니다. 더불어 한 가지만 더 꼽아보자면 이러한 인仁과 의義를 몸소 실천하는 언행일치의 삶을 꼽아볼 수 있겠네요.

**플라톤** 공자 선생께서 생각하시는 군자는, 그야말로 종교인에 가깝다는 생각이 듭니다. 어질고 올바르며 말과 행동을 일치시키는 인간상이라는 관점에서 말이죠. 그런데 말씀을 듣다 보니 한 가지 궁금한 점이 생겼습니다.

**공 자** 말씀해 보시지요.

**플라톤** 조금 전에 말씀 드린 대로 공자 선생께서 언급해 주신 군자의 삶은 모두 윤리적인 강령들을 실천하는 삶이란 점입니다. 마치 수도사나 승려, 신부의 삶 같다고나 할

---

4 독일의 윤리학자, 칸트를 의미한다. 칸트는 도덕이란 이성에 앞서 선험적으로 행해져야만 하는 타협불가의 행위라고 주장했다.

5 벤덤(J. Bentham)을 일컫는다. 벤덤은 최대 다수의 최대 행복을 주창한 영국 철학자이다.

까요? 그런데 도덕적 수련만을 통해 군자가 나라를 잘 다스릴 수 있을지는 참말로 의문입니다. 예를 들어, 아무리 어질고 의로우며 언행일치의 삶을 산다 한들, 수백, 수천 만 백성들의 지도자로 한 나라를 다스리려면 모르긴 해도 역사와 철학, 사회학과 심리학 등 다방면의 분야에서 인간에 대한 조예가 깊어야 한다고 생각합니다. 그렇게 볼 때, 공자 선생의 군자상은 바람직한 정신의 소유자로 행복한 삶을 살지언정, 국가를 다스리기에는 좀 미약하지 않을까 하는 반론에 대해서는 어떻게 생각하시는지요?

**공 자** 이거, 제대로 한 방 맞은 것 같습니다. 역시 플라톤 선생의 질문은 대단히 날카롭습니다. 맞습니다. 하지만 굳이 말씀드리자면, 제가 바라는 사회는 최고 통치자가 군자의 상을 갖추고 있는 사회라는 겁니다. 다시 말해, 플라톤 선생께서 지적해 주신 바와 같이 군자가 한 나라를 다스리기보다 통치자가 군자의 덕을 갖춘 사회가 가장 바람직하다는 것입니다. 때문에, 군자에 관해 언급할 때는 주로 그의 도덕적 무장 및 윤리적 수행에 초점을 맞추고 있습니다. 말씀하신바 그대로 마치 종교인과 같은 수행을 강조하지요. 반면, 통치자로서의 덕목은 별도로 다루었습니다. 그런 면에서 볼 때, 분명 제가 생각하는 철인 통치는 군주가 군자에 가까운 사회입니다.

**플라톤** 아, 그렇군요. 이제 이해가 됐습니다. 그렇다면, 군자가 다스리는 국가가 이상향이라기보다 군자인 통치자가 다스리는 국가가 이상향이라는 것이 공자 선생의 철학이 군요.

**공 자** 아주 정확하게 보셨습니다. 더불어서, 군자의 개념은 비단 통치자에게만 적용되는 것이 아니라 좀 더 확장적인 의미에서 관직에 나아가는 선비 모두에게 적용될 수 있습니다. 사실, 타의 모범이 될 뿐만 아니라 학식이 뛰어난 이들이 관료로 등극하는 사회가 가장 바람직한 사회라는 것은 제 사상의 고갱이에 해당합니다. 그렇게 본다면, 군자로서의 통치자를 위시해 수많은 군자 관료들이 다스리는 나라가 바로 인치仁治와 덕치德治, 그리고 예치禮治를 실현하는 진정한 이상국가일 것입니다.

**플라톤** 가장 현명하면서 가장 인격적인 이가 동양과 서양의 통치자로 자리매김해야 이상향을 구축할 수 있다는 생각에는 우리 모두 의견의 일치를 보고 있는 것 같습니다.

**공 자** 그렇습니다. 그럼, 이젠 플라톤 선생의 철인과 철인 통치에 대해 좀 들어볼 수 있을까요?

**플라톤** 그렇잖아도 공자 선생으로부터 군자에 대한 설명을 받았던 터라 저 역시 철인과 철인 정치에 대해 말씀드리려던 차였습니다.

**공 자** 계속하시지요.

**플라톤** 일단 제가 생각하는 철학자는 무엇보다도 철학을 행하는 사람이어야 합니다.

**공 자** (약간 당혹스런 표정으로) 무슨 말씀이신지요……?

**플라톤** 아, 무슨 말씀인고 하니, 저는 지혜를 사랑하는 학문이 철학이라고 생각합니다. 영어로 철학을 의미하는 '필로소피philosophy'의 어원이 '사랑하다'라는 '필로'와 지혜를 의미하는 '소피아'의 합성이기 때문이죠. 다시 말씀 드리면 지혜를 사랑하는 학문이 철학이고 그러한 철학을 행하는 이, 즉 지혜를 사랑하는 학문을 실천으로 행하는 이가 철학자란 말씀입니다.

**공 자** 플라톤 선생께서는 규범적인 측면보다 인식론적인 측면에 방점을 두고 계신 것 같습니다. 마치 동굴 속에서 수행하되 세상의 이치는 다 꿰뚫고 있는 티베트의 성인 같은 느낌이랄까요?

**플라톤** 그렇습니다. 제가 생각하는 철학자는 끊임없이 수행하며 자기 발전을 꾀하는 인간입니다. 아마 모르긴 해도 이 부분에서 공자 선생의 군자도 상당히 맥이 닿아 있는 것으로 알고 있습니다.

**공 자** 맞습니다. 군자에게 있어, 또는 군자를 지향하는 선비에 있어 저는 끊임없는 학문 수양을 「논어」 곳곳에서 강조하였습니다. 오죽했으면 「논어」의 첫 편인 학이學而의 1장이 바로 "배우고 때때로 익히니 어찌 즐겁지 아니한가!"[6]이겠습니까?

**플라톤** 그러고 보니, 생각납니다. 「논어」 어디에선가 한 제자에게 "안다는 것이 무엇인지 가르쳐주련? 아는 것을 안다

6 學而時習之 不亦說乎!(학이시습지 불역열호!).

고 하고, 모르는 것을 모른다고 하는 것, 이것이 바로 안다는 것이다"[7]라는 구절 말입니다.

**공 자** 네, 위정爲政편에서 자로子路란 제자에게 그렇게 이른 적이 있지요.

**플라톤** 사실, 이 구절을 접했을 당시의 기억은 지금도 생생합니다. 정말 깜짝 놀란 나머지 소름이 돋았다고나 할까요?

**공 자** 왜 그러신지 여쭤봐도 될까요?

**플라톤** 네, 소크라테스 스승님께서 당대의 소피스트들을 경계하고자 사용하신 대화법은 상대방이 토론 주제에 대해 실제로는 얼마나 무지한가를 일깨워주기 위한 것이었죠. 소크라테스 스승님께서는 늘 "잘 몰라서 여쭤보는데……"라는 말문으로 당신은 제대로 아는 것이 없다는 사실을 인정하시는 가운데 상대방 역시, 잘못 알고 있거나 이해 자체가 부족하다는 점을 알리려 하셨으니까요.

**공 자** 그렇군요. 비록 사는 장소와 사는 시기는 다르지만 우리 학자들의 생각은 다 비슷한가 봅니다. (웃음) 선무당이 사람 잡는다고, 잘 모르면서 선불리 아는 체하며 일반 대중을 호도하는 사이비 학자들에 대한 경계는 어디서나 다 똑같군요.

**플라톤** 저 역시 동의합니다. 어쨌거나 저의 경우는 그렇게 자신이 아는 바와 모르는 바를 제대로 이해하고 있는, 그야

---

7 子曰 由 誨女知之乎?(자왈 유 회여지지호?) 知之爲知之 不知爲不知 是知也(지지위지지 부지위부지 시지야).

말로 천성이 지혜로운 사람이 바로 철학자의 자질을 지니고 있는 사람이라고 봅니다.

**공 자** 계속하시지요.

**플라톤** 그리하여 지혜를 사랑하는 철학자가 이른바 국가의 수호자가 되어야 한다는 것이 제 주장의 요체입니다. 말하자면 천성이 지혜로운 데다 기백과 용맹한 힘을 갖추면 가장 완벽한 철학자가 되는 셈이지요.

**공 자** 그렇다면 그런 철학자는 어떻게 해서 찾아낼 수 있을까요?

**플라톤** 공자 선생과 마찬가지로 교육을 통해서 길러내야죠.

**공 자** 좀 더 구체적으로 말씀해 주시겠습니까?

**플라톤** 제 생각에 따르면 철학이라는 학문이 모든 이들에게 다 적합한 것은 아닙니다. 간단히 말씀드리면 고귀하고 훌륭하게 양육된 성격의 소유자나 위대한 혼을 지닌 자가 철학적인 교육을 어려서부터 체계적으로 받아야 한다는 것이지요. 공자 선생께서도 이와 관련해서는 몇몇 말씀을 남긴 것으로 기억합니다.

**공 자** 중인中人 이하에게는 일정 이상 수준이 넘는 말을 해도 쓸모가 없으며 중인中人 이상이 되어야 이해가 가능하다[8]는 말과 함께, 백성들에게 행하게 할 수는 있어도 그 이유를 설득시키기는 힘들다[9]는 구절을 말씀하시는 것 같

8 雍也(옹야) 19장. 中人以上 可以語上也(중인이상 가이어상야) 中人以下 不可以語上也(중인이하 불가이어상야).

습니다.

**플라톤** 맞습니다. 저 역시, 지혜를 사랑하는 가장 숭고한 학문은 숭고한 기질을 가지고 있는 자가 해야 적합하다고 봅니다.

**공 자** 그렇다면 숭고한 기질을 가진 사람은 어떻게 가려낼 것이며 또 그 사람에게는 어떤 교육을 시켜야 하는지요?

**플라톤** 네, 한 가지씩 알려드리도록 하겠습니다. 먼저, 교육에 대해 말씀드리지요. 이유는 그러한 교육을 통해 재능과 가능성을 인정받은 이들을 철인으로 양성시켜 나가야 하니까요. 그렇게 되면 가장 숭고한 기질을 가진 이를 철인 통치자로 탄생시킬 수 있으리라 생각합니다.

**공 자** 그렇다면 교과목과 교육 과정이 중차대한 문제로 떠오르겠군요.

**플라톤** 정확하게 보셨습니다. 제가 생각할 때 지혜를 사랑하는 철학자를 양성하기 위한 필수 과목은 '수학'입니다. 이른바, 계산에 능해야 이성적으로 추리할 수 있는 능력을 극대화할 수 있기 때문입니다. 물론, 논리력도 향상시키고요.

**공 자** 수학이라……. 아주 재미있는 말씀을 해 주시는군요. 적어도 제 교육 체계에서는 생각조차 해본 적이 없는 과목이니까요.

---

9 泰伯(태백) 9장. 子曰 民可使由之 不可使知之(자왈 민가사유지 불가사지지).

**플라톤** 그러시군요. 개인적인 견해로는—물론, 그러한 견해가 당연히 옳다고 생각되기는 하지만—오로지 숫자들만이 순수한 지성에 의해 완벽하게 이해될 수 있다고 봅니다. 다시 말씀 드리자면, 순수한 지성의 힘을 키울 수 있는 학문으로는 수학이 유일무이하다는 것이죠.

**공 자** 플라톤 선생의 사상을 서양에서 받아들이게 될 경우, 앞으로는 기초 및 중·고등 교육 과정에서 수학이 매우 중요한 역할을 하겠군요.

**플라톤** 그렇습니다. 제 욕심으로는 수학에 근간해 지성을 최고 수준으로 가다듬은 현자賢者들이 철학자로 등극했으면 하는 바람입니다.

**공 자** 왠지 플라톤 선생 이후에 서양에서는 수학에 기반한 철학자들이 대거 쏟아져 나올 것 같은 예감입니다. 물론, 플라톤 선생 이전에도 피타고라스나 탈레스 같은 수학 철학자들이 있었지만 말입니다.

**플라톤** 개인적으로는 수학에 기반한 논리적인 사고로 시대의 사상적인 굴레를 타파하는 이[10]나 수학적 논리를 언어에 접목시키는 철학자,[11] 그리고 논리학, 윤리학 등과 연계해 궁극적으로는 시대정신을 이끌 수 있는 사회 사상가[12]들이 쏟아져 나왔으면 하는 바람입니다.

---

10 프랑스의 철학자, 데카르트에 대한 비유.
11 독일의 철학자 라이프니치와 오스트리아의 언어학자 비트겐슈타인 등이 이에 속한다.
12 영국 철학자이자 수학자, 논리학자인 버트란트 러셀을 일컫는다.

**공 자** 전혀 생각조차 하지 못했던 창발적인 사고에 경의를 표하는 바입니다.

**플라톤** 공자 선생으로부터 그와 같은 칭찬을 들으니 그야말로 10년 묵은 체증이 쑥 내려가는 것 같습니다. 사실, 많은 이들이 제 생각에 대해 "뜬 구름 잡는 소리다," "현실을 몰라도 너무 모른다," "순진한 학자의 쓸데없는 공상이다"라는 등 온갖 비아냥을 해댔으니까요.

**공 자** 그러셨군요. 저 역시 사정이 비슷했기에 플라톤 선생의 고충을 그 누구보다 잘 이해합니다.

**플라톤** 한 마디를 건네면 열 가지 맥락을 이해하시는 공자 선생의 지혜로움은 제가 정의하는 철학자로서의 조건에 조금도 손색없습니다. (웃음)

**공 자** 그렇게 말씀해 주시니 저 역시 깊이 감사드리는 바입니다. (역시 맞웃음)

**플라톤** 덧붙여 말씀을 드리자면, 철학자 양성을 위한 핵심 과목으로 수학을 염두에 두는 또 하나의 이유가 있습니다.

**공 자** (호기심 어린 표정으로) 무엇입니까?

**플라톤** 네, 배우고 학습하는 자에게 수학보다 더 큰 기쁨을 안겨 주는 교과목은 없으니까요. 말하자면, 노력한 만큼의 성과를 얻는다는 데 있어 수학이 가장 정직한 학문이라는 것이죠.

**공 자** 잘 알겠습니다. 무척 재미있는 설명이군요. (미소) 혹시, 수학 이외의 다른 교과 과정도 있습니까?

**플라톤** 네, 기하학이 있습니다.

공 자 기하학이라구요?

플라톤 네, 도형에 관한 학문인 기하학말입니다.

공 자 잘 알겠습니다. (잘 이해가 가지 않는다는 표정으로) 한데, 왜 기하학이죠?

플라톤 제 철학에 있어 '언제나 존재하는 것'으로서의 '영원한 실재'는 대단히 중요합니다. 여기에서 '언제나 존재하는 것' 또는 '영원한 실재'는 이른바 '절대 진리'를 의미합니다.

공 자 계속하시지요.

플라톤 네, 소크라테스 스승님의 죽음은 제 자신과 인생, 그리고 철학에 대해 많은 회의와 고민을 안겨 주었습니다.

공 자 충분히 이해가 갑니다.

플라톤 그리하여 저는 절대 진리—물론 저는 이것을 '이데아'라고 부릅니다만—를 제대로 인식하고 인지하는 것이 철학자들의 임무이자 역할이라고 보았던 겁니다.

공 자 잘 알겠습니다. 그렇잖아도 소피스트들이 세 치 혀를 놀리면서 선을 악으로, 진리를 거짓으로 둔갑시킨 일화들은 익히 잘 알고 있습니다.[13]

플라톤 그렇습니다. 따라서 저는 전 세계 어느 곳에서 공부를 해도 기본적인 가정을 공유하면 항상 같은 결과를 도출

13 '아킬레스와 거북이'가 가장 유명한 역설 가운데 하나이다. 중간 지점에서 목적지를 향해 떠나기 시작한 거북이를 출발 지점에서부터 쫓아가는 아킬레스는 절대로 따라잡을 수 없다는 궤변이다. 참고로 여기에 등장하는 아킬레스는 그리스 신화 속의 인물이 아닌, 아테네의 유명한 달리기 선수이다. 256쪽 각주 15 참조.

해 낼 수밖에 없는 기하학이 논리적 사고 배양에 무척 중요하다고 보았습니다. 공자 선생께서도 아실지 모르겠지만, 삼각형이라는 기하학적 대상은 세 개의 꼭짓점으로 이루어져 세 개의 내각을 지닌 도형인데, 이 삼각형을 구성하는 선들이 직선으로 이루어져 있다면 세 내각의 합은 반드시 180도가 된다는 것입니다. 전세계 어디에서 풀어도 세 내각의 합은 180도라는 것이죠. 그 과정에서 도출되는 증명 방식 역시, 전 세계 어디서나 공통적으로 유효하고요.

**공 자** 철학자의 양성과 관련된 교육으로 수학과 기하학을 언급하실 때는 다소 의아했는데 이제 비로소 그 궁금증이 풀렸습니다. 한마디로 플라톤 선생께서는 논리력 강화를 위한 교과 과정을 염두에 두고 계시는군요. 이성적이고 조리 있게 사고하기 위한 훈련 과정 말입니다.

**플라톤** 맞습니다. 그렇게 수학과 기하학을 교육받은 이들 가운데 훌륭한 철학자가 탄생하리라는 것이 제 교육 방침의 가정입니다.

**공 자** 저는 그러한 생각을 해보지 않았는데, 여기에서 철학자와 군자가 조금은 다른 목표 지점을 보이는 것 같습니다. 군자가 도덕적, 규범적 의미에서의 성자聖者에 가깝다면, 철인은 논리적이고 합리적인 사고를 갖춘 지성인의 표상이라고나 할까요?

**플라톤** 그렇습니다.

**공 자** 그럼, 수학과 기하학 다음으로는 무엇이 있을까요?

플라톤 기하학에서 파생된 입체 기하학 역시, 같은 맥락에서 무척 중요하다고 봅니다. 더불어 입체 기하학으로부터 커다란 도움을 받을 수 있는 천문학도 빼놓을 수 없고요. 천문학을 알아야 비로소 하늘과 우주의 조화를 이해할 수 있을 테니까요. 그렇게 되면, 쓸데없는 미신과 편견, 무지로부터 해방된 채 순수한 이성만으로 세상을 바라보고 해석할 수 있게 될 겁니다.

공 자 조금 더 예를 들어주실 수 있는지요?

플라톤 네. 제 시대만 하더라도 멀쩡했던 달이 갑자기 사라지거나[14] 한낮의 태양이 시커멓게 변하고[15] 혜성이 나타났다 사라지는 현상을 두고 온갖 억측과 아전인수我田引水격 해석들이 판을 쳤습니다. 그 와중에서 민심을 뒤흔드는 요사스러운 괴담도 창궐했고요. 참, 설명을 드리다가 생각이 난 것인데, 수학적 원리를 토대로 한 음악도 제 교과 과정에 추가하고자 합니다. 잘 아시다시피 피타고라스학파가 발견했던 대로 현의 길이가 절반으로 줄어들수록 현을 퉁겨 내는 소리는 한 옥타브 올라간다는 법칙이나 도-미-솔, 도-파-라, 시-레-솔과 같이 아름다운 화음들은 현의 수학적인 비율에 따라 조화로운 소리를 낸다는 것 모두가 수학과 음악의 밀접한 관계를 잘 보여주기 때문입니다. 그렇기에 천문학과 음악을 통해

14 월식(月蝕)
15 일식(日蝕)

서도 철학자의 지성을 고도로 발달시킬 수 있을 겁니다.

**공 자** 잘 알겠습니다. 입체 기하학과 천문학에 대해서는 말을 아끼겠습니다만, 음악에 관해서는 플라톤 선생의 말씀에 전적으로 동의합니다. 피타고라스학파에 대해 잘 모르기는 합니다만, 저 역시, 「논어」 곳곳에서 음악을 사랑하는 모습과 시 읊는 장면들을 종종 보여주었으니까요. (웃음)

**플라톤** 저 역시, 그러한 점을 잘 알고 있습니다. 해서, 음악과 시를 언급하시는 공자 선생을 보고 무척 놀랐습니다. 궁극적인 진리는 상통相通한다는 평범한 사실을 「논어」에서 재확인했으니까요.

**공 자** 이거, 플라톤 선생과 말씀을 나누면 나눌수록 동서양의 공통점들을 계속 확인하게 되는군요. 하지만 지금은 저의 군자와 플라톤 선생의 철학자에 대한 이야기를 나누고 있으니 음악과 시는 예술 부분에서 다루기로 하고 지금은 하던 이야기를 마저 끝내는 것이 어떨까요?

**플라톤** 좋습니다. 그렇다면, 철학자 양성을 위한 마지막 교과목으로 여태껏 제가 언급한 모든 과목들을 아우를 수 있는 변증술에 대해 간략하게 말씀드리고자 합니다. 이는 변증술을 통해서만 이데아를 최종적으로 파악할 수 있기 때문입니다. 철학자는 자신이 발견한 진리를 논리적으로 증명하기 위해 상대방을 설득할 줄 알아야 하는데, 그러한 설득 수단으로서 변증술이 반드시 필요합니다. 한국 속담에도 이러한 경우를 일컫는 좋은 금언이 있다고 들었습니다. "구슬이 서 말이라도 꿰어야 보배"라고 했던가요? 아무리, 진리를 찾고 이를 즐긴다 한들 상대방에게 진리를 제대로 설명하지 못하고 또 설득하지 못한다면 무슨 소용이 있겠습니까?

**공 자** 훌륭한 뜻과 위대한 이상을 품고 있었지만 상대방의 오해만 가중시킴으로써 정치적으로는 물론, 개인적으로 불우하게 산 경우를 역사는 숱하게 증명하고 있습니다. 물론, 저는 가장 훌륭한 변증술이 언행일치, 즉 몸소 실천하는 삶이라고 보고 있지만 말입니다. 어찌됐든 플라톤 선생의 주장대로라면 누가 예비 철학자들에게 제대로 된 변증술을 가르쳐야 할까요?

**플라톤** 역시, 공자 선생답게 정곡을 찌르시는 질문입니다. 물론, 학문에 대한 날카로움이 있는 인물들이 변증술과 관련된 교육을 담당해야 합니다. 또 기억력이 좋고 꿋꿋하며 모든 면에서 열심인 사람들을 찾아야만 합니다. 더불어서 이런 교육은 어린이들에게 집중적으로 제공되어야 합니다. 나이가 들면 관심이 분산되면서 변증술을 위시한 학문 자체에 흥미가 떨어질 테니까요.

**공 자** 계속하시지요.

**플라톤** 이런 교육은 최고의 선생들에 의해 아이들이 군 복무를 이행하는 10대 후반까지 계속되어야 합니다. 물론, 군대를 다녀온 이들 가운데에서는 성적이 우수하고 품성이 뛰어난 이들을 별도로 뽑아야겠지요.

**공 자** 그야말로 전 사회적인 차원에서의 교육 시스템을 말씀하고 계시는군요. 저는 그렇게 통일된 교과목으로서의 교육 체계에 대해 생각해 본 적이 없는데, 정말 대단하십니다. 이런. 제가 말씀을 가로막았군요. 계속 말씀하시지요.

**플라톤** (웃음) 괜찮습니다. 오히려 저에 대해 계속 칭찬을 해 주시니 그저 감사할 따름입니다. 그럼, 계속하겠습니다. 사물과 사회 현상을 포괄적으로 보는 눈이 뛰어난 사람으로서 공부에 있어서도 확고하고 전쟁이나 그 밖의 다른 법적인 의무에 있어서도 확고한 이들은 서른 살을 넘어설 때 다시 추려서 선발하고자 합니다.

**공 자** 플라톤 선생의 철학자를 선발하는 과정은 참으로 쉽지 않고 단기간 내에 이뤄지지도 않는군요.

**플라톤** 그렇습니다. 그렇게 서른이 넘어서 재차 선발된 이들은 계속해서 나이가 50이 될 때까지 여러 관직을 두루 거치고 전쟁도 경험하며 다방면에서 경력을 쌓아야 합니다. 공자 선생의 시대도 마찬가지이겠지만, 우리 시대에도 주변 도시 국가들 및 페르시아와 다툼이 워낙 많았기에 전쟁을 모르는 철학자는 통치자로서 의미가 없습니다. 그리하여 이렇게 인생 공부와 철학 공부를 충실히 한 이들 가운데 다시 실무나 학식이 훌륭한 이들을 뽑아 철학에 전념하도록 하는 한편, 이들이 차례대로 나라를 통치하도록 해야 한다는 것이 제 「국가론」의 핵심이랍니다.

**공 자** 잘 들었습니다. 비록 제 입장에서 볼 때에는 궁금한 것도 많고 말씀을 얹어드리고 싶은 것도 있습니다만—예를 들어, 철인 후보자들에게 전쟁을 경험하게 한다는 점에는 「논어」를 통해 드리고 싶은 말씀이 있습니다—그것은 정치에 관한 다음 장章을 위해 아껴두겠습니다. 이는 저와 비슷한 견해를 지니고 계신 부분도 상당수 있기에 무척 공감이 가는 까닭에서입니다.

**플라톤** 그렇다면 혹시 어느 부분이 공자 선생의 공감을 불러일으켰는지요?

**공 자** 네, 단순히 어느 한두 과목만 연마해서는 아니 되며 오랫동안 고르게 수양에 정진해야 한다는 말씀이 제가 주창하는 군자불기君子不器라는 말과 일맥상통한다는 느낌입니다.

**플라톤** 아, 생각납니다. "군자는 그릇이 아니니라"라는 위정爲政편 말씀이시죠? 죄송하지만 그것이 무슨 뜻인지 좀 알려주시겠습니까? 아시다시피 한자어는 워낙 축약적이라 잘 이해가 안 돼서요.

**공 자** 플라톤 선생께서 이해가 안 되는 것도 당연합니다. 여기에는 중국의 역사적, 문화적 맥락이 깔려 있기 때문입니다.

**플라톤** 그렇군요.

**공 자** 아시다시피 중국은 제사 문화가 무척 발달한 국가입니다. 이미 하나라와 은나라 대에서부터 하늘에 대한 제사의 중요성을 강조했던 것이 중국의 역사이자 문화입니다. 따라서 제사를 지내기 위한 제기 그릇 역시, 그 수와 종류가 무척 많았습니다. 술잔만 하더라도 은나라 시절의 청동기를 예로 들자면, 술을 담는 술통은 크기에 따라 이, 유, 뇌로 나뉘고 또 용도나 모양에 따라 준, 시굉, 호, 부, 화 등 여러 종류가 있었습니다. 이러한 제기 그릇들은 한 가지 용도만을 위해 사용된 경우가 대부분이었습니다. 제가 표현하고자 했던 '군자불기君子不器'의 '器'그릇는 한 가지 쓰임새에 한정돼 있는 편협한 도구를 상징합니다.

**플라톤** 아, 이제야 비로소 이해가 됐습니다. 그러니까 제가 「국가론」에서 자주 동원한 의사나 목수, 농부나 대장장이처럼 한 가지 기술을 지니고 있는 이들이 한 가지의 그릇에 해당되겠군요.

**공 자** 그렇습니다. 그런 의미에서 플라톤 선생께서 의도하신 철인-물론 저의 관점에서는 군자-역시, 한정적인 역할을 거부한다는 점에서 저와 같은 지점을 향하고 있습니다.

**플라톤** 바로 보셨습니다. 저는 어떤 거짓이나 궤변도 없는 수학을 중심으로 이성과 논리를 구축해 나갈 수 있는 교육 시스템을 꿈꿨던 것입니다. 물론, 이러한 구슬들을 하나의 실로 꿰어야 하는 작업은 마지막의 논증술이 담당해야 하고요.

**공 자** 지금 플라톤 선생의 말씀을 듣노라니 문득 궁금해지는 것이 있습니다.

**플라톤** 그것이 무엇인지요?

**공 자** 제 입으로 말씀드리려니 좀 부끄럽습니다만, 저의 경우에는 흔히 제자가 3,000명이 넘는다고 이야기를 합니다. 물론, 이는 대단한 과장이고요, 제가 내세울 수 있는 제자로는 십수 명 정도가 있습니다.

**플라톤** 계속하시지요.

**공 자** 그런데, 이들과 오랜 세월을 동고동락하며 군자에 대해 누누이 논의했지만 그 가운데 제가 군자로 꼽을 수 있는 이는 사실, 전무하다시피 합니다. 언젠가 맹무백孟武伯이라는 사람이 제 제자들에 대해 물어온 적이 있었습니다. 당시 맹무백은 제자인 자로子路와 염유冉有, 공서화公西華 등에 대해 알고 싶어 했지요. 제 평가를 듣고 자신의 가신家臣으로 스카우트를 하려는 목적에서였죠. 하지만 맹무백의 물음에 대한 제 대답은 한 나라의 군사를 맡기거나 천 호戶의 마을을 담당하게 하고, 조정의 사신을 맞이하게 할 수는 있겠으나 그들이 군자로서 필히 갖춰야 할 인仁을 갖추고 있는지에 대해서는 알지 못한다고 말한 적이 있습니다.[16] 정작, 인仁할 뿐 아니라 성실한 데다 호학好學이기까지 했던 안회顏回라는 애제자는 젊어서 요절했고요. 그렇게 볼 때, 과연 플라톤 선생의 교육 시스템을 통해 제대로 된 철인 통치자 한 명을 양성하는 것이

16 公冶長(공야장) 7장 1절~4절. 孟武伯問 子路仁乎? 子曰 不知也(맹무백문 자로인호? 자왈 부지야) 又問 子曰 由也, 千乘之國 可使治其賦也 不知其仁也(우문 자왈 유야, 천승지국 가사치기부야 부지기인야) 求也, 何如?(구야 하여?) 子曰 求也, 千室之邑 百乘之家 可使爲之宰也, 不知其仁也(자왈 구야, 천실지읍 백승지가 가사위지재야 부지기인야) 赤也 何如?(적야 하여?) 子曰 赤也 束帶立於朝 可使與賓客言也 不知其仁也(자왈 적야 속대립어조 가사여빈객언야 부지기인야).

현실적으로 가능한지 모르겠습니다.

**플라톤** 저 역시 그 점에 대해서는 심히 의문입니다만, 실현 가능성보다는 철인 통치자를 내기 위한 교육 시스템의 구축이라는 측면에 주목해 주시면 감사하겠습니다. 제 시대에서는 대중 앞에서 말 잘하고 상대방을 비난하며 인기 있는 정책을 세우는 이들이 나라의 중대사를 좌지우지해 왔으니까요.

**공 자** 잘 알겠습니다. 결국, 교육 시스템이 문제겠군요. 중국 역시, 비슷한 문제에 직면하고 있습니다. 그래서 후대에는 성현들의 말씀을 모아 체계적으로 후학들을 지도하는 교육 체계가 들어섰으면 좋겠습니다. 작금의 교육 체계는 국가의 개입 없이 사교육만으로 이뤄지고 있으니까요. 물론, 짐작하시는 바와 마찬가지로 대부분의 사교육들은 입신양명과 출세를 위한 도구로서만 기능하고 있지요.

**플라톤** 그렇습니다. 3,000명이나 되는 사람들이 공자 선생 밑으로 모여드는 이유 가운데 하나가 공자 선생의 명성에 기대어 자신의 출세를 위한 발판으로 삼고자 해서 아니겠습니까?

**공 자** 맞습니다. 사실, 배움이 철학자에게 중요하단 말씀에는 전적으로 공감합니다. 저 역시 군자는 끊임없이 익히고 수양해야 함을 「논어」에서 지속적으로 강조하였으니까요.

**플라톤** 그렇습니다.

**공 자** 플라톤 선생과 말씀을 나누며 느끼는 한 가지 아쉬운 점은 「논어」에서 어떠한 학문을 연마하는 것이 좋은지에 대해 그다지 세심하게 신경 쓰지 못했다는 것입니다.

**플라톤** 그래도 이단을 공부하면 쓸 데가 없다[17]는 말씀을 하지 않으셨는지요.

**공 자** 물론, 그렇습니다. 하지만, 제가 좀 더 구체적으로 언급하지 않았기에 모르긴 해도 후대에서는 이단에 대한 해설을 놓고 이견이 분분할 것 같습니다.

**플라톤** 아, 그렇군요.

**공 자** 제가 자연에 관한 것은 이야기하지 않았다[18]는 구절도 마음에 걸립니다.

**플라톤** 무슨 말씀이신지…….

**공 자** 플라톤 선생께서 수학이나 기하학, 천문학과 같은 자연과학의 중요성에 대해 「국가론」에서 상세하게 설명해 주신 것과 달리 저는 주로 인간 사이의 올바른 관계에 천착했으니까요.

**플라톤** 그거야 선생의 「논어」가 주로 사람의 도리에 관한 경서經書이기에 그런 것 아닐까요?

**공 자** 아무튼 제가 편찬한 「시경」과 「역경」, 「논어」와 「춘추」 모두 인문학적 관점에서 문학과, 역사, 도덕과 윤리에

---

17 爲政(위정) 16장. 子曰 攻乎異端 斯害也已(자왈 공호이단 사해야이).

18 公冶長(공야장) 12장. 子貢曰 夫子之文章 可得而聞也(자공왈 부자지문장 가득이문야) 夫子之言性與天道 不可得而聞也(부자지언성여천도 불가득이문야).

관한 책들이다 보니 실용 학문으로서의 궁리학窮理學적 측면이 약한 것은 사실입니다.

**플라톤** 궁리학이라니요?

**공 자** 아, 네, 서양의 학문, 그중에서도 특히 이학理學은 이치의 끝을 파헤친다는 의미에서 궁리학으로 불린답니다. 물론, 먼 훗날의 이야기로 누가 만들었는지 모르지만 어쨌거나 궁리학이라는 용어는 서양 학문의 특징을 잘 나타내고 있다는 생각입니다.

**플라톤** 재미있는데요. 궁리학이라……. 그렇게 따지면 궁리학의 시조는 바로 제가 아닐까 생각해 봅니다. (웃음) 이거 완전히 자화자찬自畵自讚이군요.

**공 자** 무슨 말씀을요. 정녕, 서양 궁리학은 플라톤 선생과 더불어 선생님의 제자인 아리스토텔레스에서 발원發源한다는 것이 제 개인적인 생각입니다. 저 역시, 궁리학적인 측면에서 「역경」을 좀 더 다듬거나 아니면 「논어」에서 천체와 물리 등을 조금이라도 언급을 했더라면 하는 아쉬움이 있습니다.

**플라톤** 공자 선생께서는 그 정도면 이미 하실 만큼 충분히 하셨습니다. 오히려 궁리학에 다가가지 않으셨기 때문에 「논어」가 경전으로 남은 것이 아니겠습니까? 저는 후대에 사상적 시조로 대접받을지언정 제 저서가 경전의 경지에까지 이르지는 못할 것 같습니다.

**공 자** 철인과 군자의 덕목을 이야기하다 너무 멀리까지 와 버린 느낌입니다. 다시 원점으로 돌아가 볼까요?

**플라톤** 좋습니다.

**공 자** 제 생각은 이렇습니다. 비록 앞서 철학적 인간이 통치자인 사회가 가장 이상적인 사회라는 총론에는 서로 의견이 일치했습니다만, 통치자가 지녀야 할 자격 조건에 관해서는 조금 의견 차이가 있는 것 같습니다. 플라톤 선생의 「국가론」을 통해 제가 인식하는 최고 통치자는 엄한 규율을 통해 가장 현명하게 교육받은 철학자라는 측면에서 고행자에 가까운 정치적 인간인 데 반해, 「논어」에서 제가 생각하는 군자는 주로 도덕적인 측면에서 완전한 인격체를 의미한다는 것입니다. 플라톤 선생께서 생각하시는 철인과 제가 생각하는 군자는 각각 정치적 인간과 도덕적 인간을 대표한다는 것이지요. 따라서 제가 바라보는 가장 이상적인 형태의 통치자가 정치인으로서 군자의 덕을 지니고 있는 사람이라면, 플라톤 선생께서 기대하시는 철인은 수학, 기하학, 음악, 변증술 등의 교육을 완수한 철학자라는 것이지요.

**플라톤** 맞습니다. 그러고 보니, 도덕적 인격체에 초점을 둔 군자와 지성적 / 인식론적 인격체에 방점을 둔 철인 간의 차이는 그야말로 저와 공자 선생께서 몸담고 있는 두 사회의 차이에서 비롯됐다는 생각입니다.

**공 자** 말씀하신 대로 아테네가 시민이라 할지라도 능력을 발휘하기만 하면 얼마든지 지도자로 등극할 수 있는 열린 사회였던 데 반해, 평민이라면 혁명이나 정변을 통하지 않고서는 지배 계급에 오를 수 없었던 중국의 닫힌 정치

구조가 종국에는 군자와 철인의 차이를 불러오지 않았나 싶습니다.

플라톤 그런 의미에서 저는 아테네 시민들 가운데 어려서부터 철학적으로 대성할 자질이 있는 이들을 별도로 추려 지속적으로 수월 교육을 시켜야 한다고 보았던 것입니다.

공 자 그러면 이번엔 제가 여쭤보겠습니다. 현실적인 측면을 고려할 땐, 오히려 제 방식이 더 적합하지 않을까요? 군주의 후계자가 어렸을 때부터 철학적으로 또 도덕적으로 잘 교육시켜 군자에 가깝도록 만드는 것 말입니다. 플라톤 선생께서 고대하시는 이상 사회는 실현 자체가 좀 어렵지 않을까요? 특히 인구가 천문학적으로 많은 중국 같은 경우에는 그런 방식 자체가 불가능하다고 보는데요.

플라톤 이거, 제가 먼저 말씀을 드렸다가 역공을 맞게 됐군요. 허허. 그렇습니다. 사실, 공자께서 말씀하신 대로 제 사상의 가장 큰 약점은 현실적으로 실현될 가능성이 그다지 높지 않다는 것입니다. 철인들이 오랜 수련 기간을 거친 후계자를 선정하는 문제에서부터 그 후계자가 언제까지 통치해야 하는지를 결정하는 문제, 더불어 그 후계자 역시 정치적인 경험이 없기에 결국 다른 정치인들이나 철학자들의 도움을 빌 수밖에 없다는 사실은 큰 제약으로 다가옵니다. 결국, 제 사상의 핵심은 어떻게 교육시키고 어떻게 통치자로 만드느냐보다, 공자 선생의 경우처럼 가장 올바른 정신을 소유한 현명한 사람이 한

나라를 다스려야 한다는 데 있겠지요. 다만, 사리사욕에 따라 이합집산하며 자신들의 잇속만 챙기는 것이 인간이기에 그러한 논란을 이론적으로나마 종식시켜 보고자 철인의 교육 과정 및 선발 과정을 상상적으로 설정해 보았던 것입니다. 솔직히 말씀드리자면, 중국과 같이 역사적, 문화적, 지리적 환경이 다른 사회에서는 어떻게 철인 통치를 실현할 수 있을지에 대해 미처 생각해 보지 못했습니다.

공 자 잘 알겠습니다. 그래도 중요한 사실은 우리 두 사람 모두가 올바른 정치, 백성들을 위하는 정치를 펴 줄 통치자를 고대하고 있다는 것 아니겠습니까?

플라톤 그렇습니다.

공 자 말이 나왔으니 말인데, 제가 생각했던 방식의 군자 통치, 아니 플라톤 선생께서 꿈꾸셨던 방식의 철인 통치는 조선이라는 나라가 그대로 시행하려고 노력해 왔고 또 나름대로 결실도 맺어 왔다는 말을 들은 적이 있습니다만…….

플라톤 좀 더 설명해 주시겠습니까?

공 자 제가 비록 잘 모르기는 하지만 얼핏 들으니 후대에 중국의 옆에 있는 조선이라는 국가에서는 왕의 자제들에게 어려서부터 군왕의 교육을 지속적으로 시켰다고 합니다. 이와 함께, 왕이 되고 나서도 끊임없이 학자들과 토론하는 자리를 만들어 플라톤 선생께서 원하시던 철인 교육을 제도화했다는군요. 그런 와중에 조선이라는 나라는 역대 어느 왕조보다 많은 성군들을 배출했다고 합니다.

**플라톤** 아하, 그렇군요. 그렇다면, 제가 생각하는 철인 통치는 로마의 공화정이 가장 가깝다고 볼 수 있겠네요. 비록, 어렸을 때부터 별도로 격리돼 교육을 받은 것은 아니지만 귀족 및 백성들을 대표한 원로원 의원들이 최고의 의사결정을 행했으니까요. 이와 함께 호민관 역시 백성들의 신망이 두터운 사람들에 의해 뽑혔다니까, 굳이 낯선 어휘로 설명하자면 원로원을 의미하는 상원과 호민관 제도를 의미하는 하원의 양원 제도가 로마의 공화정에서 시작되었다고 볼 수 있겠지요. 하지만, 중세에 들어와서는 교황과 국왕이 백성 위에 군림하기 시작하면서 사실상 철인 통치는 사라지게 됩니다. 참, 아이러니하지만 현재의 로마 가톨릭 교황 선출 방식은 제가 생각하는 철인 선발 과정에 가장 가까운 것 같습니다. 전 세계 10억 가톨릭 교도들의 수장首長으로, 엄정한 수련을 거치고 수많은 정치적 경험을 쌓은 후, 최종 콘클라베[19]를 통해 뽑히는 교황의 선출 방식이야말로 제가 생각하는 이상적인 철인 군주의 선출 과정과 가장 가까운 것 같습니다.

**공 자** 잘 알겠습니다. 그렇다면, 조선 왕조나 로마 공화정, 로마 교황청이 우리의 생각에서 조금이라도 도움을 얻은

19 가톨릭교회에서 교황을 선출하는 추기경단의 선거회.

것은 아닐까요?

**플라톤** 충분히 가능합니다. 그렇기만 하다면야 우리의 노력이 결실을 맺은 것 아니겠습니까?

**공 자** 저 역시 그렇게 생각합니다. 이번에도 플라톤 선생의 철인 및 제 군자론을 통해 아주 유익한 대화를 나누었습니다. 그럼, 다음에는 어떤 이야기를 주제로 논의를 진행해 볼까요?

**플라톤** 공자 선생께서 한번 말씀해 보시지요.

**공 자** 괜찮으시다면, 이번엔 정치에 대해 말씀을 나눠보고 싶습니다. 아시다시피 저희의 가장 큰 관심사는 통치자의 정치일 테니까요.

**플라톤** 그러시지요. 이거 벌써부터 흥미진진해지는데요. 그럼, 잠깐 자리를 옮겨 차라도 한 잔 나누시면서 호흡을 가다듬고 시작하도록 하시죠.

**공 자** 좋습니다. 일어나시죠.

五

# 정치政治 V

공 자 이번엔 제가 '도지이정道之以政 제지이형齊之以刑 민면이무치民免而無恥'라는 「논어」의 말로 정치와 관련된 대화의 물꼬를 터 보겠습니다.

플라톤 그러시지요.

공 자 저는 위정爲政편에서 "법으로써 정치를 행하고 형벌로 다스리려 들면 백성들은 부끄러움만 면하려 든다"고 언급했습니다. 법의 잣대만으로 나라를 다스리면 백성들은 형벌을 피할 생각에 급급해 치욕만 면하고자 한다는 것이지요. 한데, 플라톤 선생의 「국가론」을 들여다보노라면 왠지 철인 양성을 위한 법률과 법령 제정에 우선적인 의지를 표명하고 있다고 느끼게 됩니다.

플라톤 예를 들어서요?

**공 자** 어렸을 때부터 능력과 적성에 따라 시민들을 분리시켜 사, 농, 공, 상의 구분을 짓고 지배 계층끼리만의 배타적인 통혼通婚을 통해 철인 후보자들을 육성하는 방식은 법령에 의거한 제도 설립을 염두에 둔 것으로 사료됩니다. 물론, 앞서 상세하게 말씀해 주신 철인 예비 후보생들에게 대한 교육 방식도 마찬가지이고요. 비록 직접적으로 언급하지는 않으셨지만 이상적인 국가의 이상적인 제도에 대한 주장을 「국가론」 곳곳에서 피력하셨기에 만일, 이러한 국가의 제도를 따르지 않고 다른 길을 가고자 하

플라톤이 염원하는 이상적인 군주를 동양에서 꼽아본다면 당 태종을 거론할 수 있을 것이다. 형제간의 살육전을 겪으며 왕위에 오른 그는 돌궐과 토욕혼, 토번 등 북방과 서방, 남방의 이민족들을 정벌했으며 '정관의 치'라 불리는 태평성대를 이룩했다. 반면, 위정자는 전쟁보다 정치에 전념해야 한다고 보았던 공자의 입장에서는 주로 내치(內治)에 힘을 기울였던 세종이 이상적인 군주에 가까웠을 것이다. 사진은 대만 타이페이 국립 박물관에 소장된 당 태종 이세민의 그림과 세종대왕 박물관에 전시된 혜촌 김학수의 세종대왕 어진.

는 경우라면 형벌이 따르지 않겠습니까?

**플라톤** 아직 실행되어 본 적이 없는 이상 국가론에 불과합니다만, 만일 저의 이상대로 제도를 정립할 수 있는 전권을 부여받는다면 제도를 따르지 않는 이들에 대한 제재는 가해져야겠지요. 하지만 이는 어느 사회나 마찬가지가 아닐까요? 제도를 따르지 않는 이들을 벌하지 않을 수 없으니까요. 그렇지 않다면 어떤 사회라도 곧 붕괴되고 말 것입니다.

**공 자** 바로 그것입니다. 아무리 해당 법률이나 제도의 실현 가능성에 높은 점수를 준다 한들, 플라톤 선생께서 꿈꾸시는 바대로 국가를 운용하고자 할 경우에는 백성들이 그저 제도상의 불이익을 받지 않기 위해 수동적으로만 움직이려 할 가능성이 무척 높습니다. 이는 백성들뿐만이 아니나 귀족을 포함한 수호자 등 사회 지배 계층 역시 마찬가지일 테고요.

**플라톤** 그렇다면 공자 선생께서는 반대로 제도와 규율이 느슨한 형태의 정치를 꿈꾸시는 것인지요? 강대한 적국들에 둘러싸인 상황에서 기강이 제대로 잡혀 있고 법과 제도가 그야말로 서릿발같이 돌아가지 않고서는 어떻게 생존할 수 있겠습니까? 제가 「국가론」을 통해 소개하고 있는 국가는 저희 시대에 최강대국으로 군림하고 있는 스파르타라는 도시국가의 제도적인 장점들을 상당 부분 차용하고 있습니다. 그렇게 한 치의 오차도 없이 정치가 실행되어야 약육강식의 인간 사회에서 조국도 지키고 자신도 지킬 수 있으리라고 봅니다.

**공 자** 물론, 플라톤 선생의 고견도 지당하십니다. 하지만, 그러한 제도 아래에서의 수호자들은 마치 일본 전국시대 및 도쿠가와德川 막부 아래에서의 사무라이 계급과 유사하다는 생각입니다. 사회 지배 계층으로서의 엘리트 의식을 지닌 채 자신들이 재단한 법대로 백성들을 통치하는 동시에 피지배자의 잘못은 결코 용납하지 않아 왔다는 의미에서입니다. 조금 전에 위정爲政의 한 구절을 일러드렸습니다만, 제가 바라는 국가는 마치 판사가 법전에만 의거해서 법을 집행하기보다 먼저 온정을 베풀고 민초民草들의 사정을 살피는 국가입니다. 이는 기본적으로 백성들에 대한 애정에서 정치와 법치를 실현한다는 말이지요.

**플라톤** 하지만 그렇게 일일이 사정을 다 보아주게 되면 결국, 국가라는 통치 기구의 근간이 흔들릴 수도 있을 텐데요. 자신들의 사정을 봐달라며 쉬지 않고 신문고를 울려대고 또 상소문을 올리며 각종 노동 파업과 쟁의를 일삼는다면 결국, 나라 꼴이 말이 아니게 될 겁니다. 인류 역사는 법의 집행을 엄정하게 시행하지 않은 까닭에 선진국의 문턱에서 추락한 국가들의 경우를 수도 없이 보여주고 있으니까요. 공자 선생께서도 잘 아시다시피 순진한 마음가짐으로 다가갈 수 있는 대상이 있는 반면에, 그렇지 않은 대상도 분명히 있습니다. 그리고 그렇지 않은 대상 가운데 하나가 바로 정치입니다.

공 자 물론, 플라톤 선생의 말씀에도 일리가 있습니다. 하지만, 저는 위정자爲政者라 하면—아, 죄송합니다. 위정자라는 뜻은 정치가, 그중에서도 특히 군주를 의미합니다—기본적으로 백성들에 대한 애정이 있어야 한다고 봅니다. 제가 여기에서 언급하는 백성이란 물론, 사회적 약자를 의미하고요. 그러한 사회적 약자에 대한 애정이 있어야 그들이 법을 어겨도 왜 어기게 됐는지에 주목하며 그들의 입장에서 강자의 부조리를 벌할 수 있는 것 아니겠습니까? 더불어 저는 그렇게 약자에 대한 배려와 애정을 「논어」에서 덕德이라는 말로 표현하였습니다.

플라톤 좀 더 구체적인 예를 들어주실 수 있는지요?

공 자 21세기의 한국 사회를 예로 들자면 정부와 대부분의 보수 언론들은 사회적 약자들이 철탑 위에 올라가고 창덕궁 앞에서 불법 움막을 치며 자신들의 사정에 호소하는 데에는 전혀 관심을 두지 않습니다. 그저 법에 저촉되는 한 법으로 다스려야 한다는 논리를 펼 뿐이죠. 그렇게 약자들에게 철저하게 법의 논리를 들이대면 백성들의 민심은 떠날 수밖에 없습니다. 더불어 백성들이 등을 돌리면 어떤 정치 체제도 오래 버틸 수가 없습니다. 500년 역사의 조선이 그러했고, 인류 역사상 가장 강력한 제국 가운데 하나로 군림했던 로마가 그러했으며 중국의 마지막 왕조였던 청靑나라도 그러했습니다. 공산주의 사상이 왜 아직까지도 못사는 나라, 정정政情이 불안정한 나라에서 기승을 부리겠습니까? 이유는 사회적 약자들에 대한 지배 계층의 애정과 배려가 없어서입니다. 사회적 약자들이 늘어날수록 해당 사회의 기반은 붕괴될 수밖에 없습니다. 저는 그러한 관점에서 제도를 정비하는 데 정치적인 힘을 기울이기보다 먼저 백성들의 입장에서 정치를 시행해야 함을 강조하고자 했던 것입니다.

**플라톤** 잘 알겠습니다. 그럼, 공자 선생께서는 백성들을 위한 바른 다스림, 사회적 약자들을 위한 올바른 다스림을 위해 위정자가 어떻게 행동해야 한다고 보십니까?

**공 자** 아주 좋은 말씀을 해 주셨습니다. 이제야 비로소 정치와 관련된 본격적인 대화가 시작되는 느낌입니다. 제가 정치 부문의 토론에서 드리고 싶던 말씀이 바로 이 부분이었으니까요.

**플라톤** 오호, 그러시군요. 어째 이번에는 공자 선생의 손바닥 안에서 놀아나고 있는 느낌이 살짝 듭니다만. (웃음)

**공 자** 그럴 리가 있나요! 결국 핵심 사안으로 접근해 들어오는 플라톤 선생의 영민하심 때문이라고 보면 무방할 겁니다.

**플라톤** 그거야 제 체면을 세워주시기 위한 공자 선생의 말씀이시고, 한번 이야기를 들어보도록 하겠습니다.

**공 자** 네, 그러시지요. 사실, 이 이야기는 좀 깁니다. 제 정치론의 출발점이 효孝에서부터 시작하기 때문입니다.

**플라톤** 네, 그렇지 않아도 「논어」 곳곳에서 효의 중요성을 강조하신 것을 익히 알고 있습니다. 한데 효가 정치의 출발점이라니 대단히 의외입니다.

**공 자** 그렇습니다. 저희 시대 이전에도 또 저희 시대에도 중국에서 숱한 이들이 정치를 논했지만 저처럼 효에서부터 정치를 풀어나간 이들은 전무하다시피 합니다. 어쨌든 제가 생각하는 정치, 즉 바른 다스림은 효의 전제 조건과 의무 사항들을 그대로 정치에 대입시키는 것입니다.

**플라톤** 계속하시지요.

**공 자** 플라톤 선생께서는 수호자 계층에서 선발된 우수하고 지혜로운 학생들 가운데에서 철인을 선발해야 한다고 보시지요? 더불어서, 철인으로 등극하는 이가 어떠한 종류의 혈연이나 지연 등으로부터 완전히 자유롭기 위해 지배 계층의 부모들이 서로의 배우자를 공유하는 가운데 자식들은 자신의 어버이를 정확히 알지 못하도록 꾀하고 계시죠.

**플라톤** 그렇습니다. 간단히 말씀드려 그처럼 다소 충격적인 철인 선발 시스템을 생각하게 된 데에는 자기 자식이나 친인척만 챙기는 현상이 아테네에서 대단히 심했기 때문이었습니다. 물론, 그에 대한 수혜자는 제가 될 수도 있었습니다. 민주 정치를 무너뜨리고 30인 과두 정치를 실시한 제 외삼촌 카르미데스와 외당숙 크리티아스가 저에게 아테네의 정치인으로서 데뷔할 것을 권했었으니까요.

**공 자** 잘 알겠습니다. 역시, 그런 역사적인 맥락이 있었군요. 저희 중국에서도 유사한 현상이 벌어졌습니다. 하지만, 아테네가 도시국가였기에 인력 풀이 대단히 제한적이었을 것으로 짐작되는 가운데 중국의 경우는 워낙 땅덩어리가 넓고 사람이 많은지라 오히려 자신이 아버지나 형제, 자매 또는 아들을 제거하고 왕위나 지배 계층에 오르려는 이들이 많았지요.

플라톤 잘 알겠습니다. 역시, 이번에도 역사적인 그리고 지리적인 배경이 우리 두 사람의 생각을 갈라놓는군요.

공 자 그렇군요. 안타깝게도 플라톤 선생의 철인 정치는 그런 의미에서 제가 주창하는 정치의 근본-즉 효-과는 다소 떨어져 있는 것이 사실입니다.

플라톤 조금 더 자세한 설명을 부탁드립니다.

공 자 네, 플라톤 선생께서 가정하신 대로 수호자 집단 내의 남녀가 공동 결혼을 통해 자식들을 얻게 되면 그 자식들은 자신의 아버지와 어머니를 알지 못하기에 진정한 의미에서의 효라는 것을 체득하기 힘들 것입니다.

플라톤 저는 오히려, 그렇기에 수호자 집단 사이에서 태어난 아이들은 수호자 집단의 남녀 모두를 아버지와 어머니처럼 여기며 공경할 것이라고 생각합니다만.

공 자 물론, 그렇습니다. 하지만, 부모를 직접 알지 못하는 상태에서 부모로 추정되는 이들에게 보이는 정은 한계가 있을 수밖에 없을 것입니다. 고아원 원장 선생님을 아버지나 어머니처럼 따르는 이와 친부모를 아버지와 어머니로 모시는 이 사이의 부정父情과 모정母情에 비한다면 지나친 비약일까요?

플라톤 그것은 좀 다른 문제 아닐까요? 그래도 제 경우에는 피를 나눈 아버지와 어머니가 통치자 집단에 존재하는 반면, 고아원의 원장과 원생들 사이에는 어떠한 혈연 관계도 존재하지 않으니까요.

**공 자** 물론, 지당하신 말씀입니다. 하지만 제가 「논어」를 통해 하고 싶은 말은 자신을 낳아준 부모를 자녀들이 잘 섬겨야 정치도 잘할 수 있다는 것입니다. 효의 기본적인 사상이 공경이니까요. 저는 그러한 공경이 주군主君과 백성 모두에게 적용되는 행위가 정치라고 봅니다. 플라톤 선생께서 의도하시는 가정家庭에서 자란 어린이들은 부모로부터의 사랑을 제대로 받지도 못할 뿐 아니라, 부모를 극진하게 모실 가능성도 그다지 높지 않다고 생각됩니다. 그렇게 자란 그들이 정치에서 인과 덕, 예와 의를 제대로 펼칠 수 있을지도 의심스럽고요.

**플라톤** 하지만, 불우한 가정 여건을 극복하고 훌륭한 정치가로 거듭난 사람도 있지 않겠습니까? 제 입으로 말씀 드리기 부끄럽습니다만 저 역시 어려서부터 아버지를 잃고 편모슬하에서 자랐습니다. 더불어 어머니 또한 제가 성년이 되기도 전에 재혼을 했고요. 물론 제가 성공한 정치가는 아닐지라도 나름대로 이데아를 인지할 수 있는 철인을 지향하고 있기에, 저 같은 경우도 정치가들 가운데 있을 수 있다는 말씀입니다.

**공 자** 아, 이거 미처 알지 못했던 플라톤 선생의 개인사를 추궁하는 것 같아 송구스럽습니다. 물론, 불우한 가정 여건을 극복하고 훌륭한 정치가로 거듭난 이들도 있을 수 있겠지요. 저만 해도 나이가 무려 일흔을 넘기신 아버지 숙량흘께서 16살에 불과한 제 어머니를 맞이해 저를 낳으셨으니까요. 때문에 이를 두고 역사에서는 숙량흘이 안씨의 딸 징재와 '야합野合'하여 저를 낳았다고 표현하고 있습니다. 말이 나와서 말인데 이 '야합'이라는 부정적인 단어 때문에 저는 일평생을 보이지 않는 열등감 속에 살아가야 했습니다.

**플라톤** 그러셨군요. 저 역시 공자 선생의 가정사는 전혀 몰랐습니다. 그저 죄송스러울 따름입니다. 그래도 저나 공자 선생의 예를 보건대 어떤 가정에서 태어났는가 하는 것은 그다지 중요한 것 같지 않습니다. 아니, 오히려 불우할수록 불우한 환경을 극복하려는 과정에서 더욱 강인하고 현명한 인물이 탄생하는 것 아닐까요?

**공 자** 물론, 저희들 같은 경우도 있을 수는 있습니다만 그러한 예는 극히 드물다고 봅니다. 세상에 많고 많은 것이 불우한 가정인데 그렇게 본다면 오히려 세상은 현자와 현인, 그리고 철인들로 넘쳐나야 할 테니까요. 하지만, 역사는 그런 가정에서 태어나고 자란 많은 경우가 오히려 인간 사회에 재앙을 몰고 오는 경우를 더욱 많이 증명하고 있다고 봅니다. 가정에서 정상적인 사랑을 받으며 성장하지 못한 자녀들은 아무래도 정서적인 면이나 이성적인 측면에서 비정상적으로 행동할 가능성이 높으니까요. 때문에 자신을 낳아주고 키워준 부모에게 효도하는 것은 지극히 당연한 의무이자 규범이라고 봅니다. 그런

고로 위정爲政편 21장에서 누가 제게 "선생께서는 왜 정계에 나서지 않습니까?라고 물어 왔을 때 "고전에서 이르기를 '오! 효로구나. 효도와 형제간의 우애를 정사에 베푼다'"[1]라고 하였지요. 이어 "이 또한 정치하는 것이니, 어찌 그것만을 정치라고 할 수 있을까?"라고 답했답니다.

**플라톤** 그렇다면 공자 선생 말씀은 효를 제대로 행하는 자가 정치도 제대로 행할 수 있다는 말씀인가요?

**공 자** 그렇습니다. 제가 꿈꾸는 정치는 결국, 인치仁治요 덕치德治인데 이러한 인치와 덕치는 모두 효에서부터 시작된다고 보니까요. 솔직히 효자가 정치를 잘할 가능성이 높겠습니까? 아니면 불효자가 정치를 잘할 가능성이 높겠습니까?

**플라톤** 아주 재미있는 비유를 해 주시네요. 그러고 보니 문득 생각이 납니다. 학이學而편 2장에서 유자有子라는 분이 이렇게 말했죠? "효와 공손함의 도를 아는 사람은 윗사람에게 함부로 굴지 않을 게야! 윗사람에게 함부로 굴지 않는 사람이 난리를 꾸민 예는 절대로 없으니. 참된 인물은 근본 문제를 다루거든. 근본이 서야 길이 트이기 때문이지. 효와 공손함의 도가 바로 사람 구실을 하는

1 惑謂孔子曰 子奚不爲政?(혹위공자왈 자해불위정?) 子曰 書云, 孝乎!(자왈 서운, 효호!) 惟孝, 友于兄弟, 施於有政(유효, 우우형제, 시어유정) 是亦爲政, 奚其爲爲政(시역위정, 해기위위정?).

길의 근본일 거야"[2]라고 말이죠.

**공 자** 그렇습니다. 유자가 제 사상을 핵심적으로 잘 표현해 주었습니다만, 저는 효가 바로 올바른 다스림의 시작이라고 봅니다. 따라서 비유적인 표현을 동원해 효가 정치로 대유代喩될 수 있음을 「논어」 곳곳에서 표출하였습니다.

**플라톤** 그러고 보니 생각이 납니다. 학이學而편 11장이던가요? "아버지 살아 계실 적엔 그의 뜻을 받들고 아버지 돌아가시면 그의 하신 일을 본받되 삼 년 동안 아버지의 법도를 뒤집지 않으면 효자라 해도 좋을 거야!"[3]라는 구절 말이죠.

**공 자** 그렇습니다. 플라톤 선생께서는 정말이지 대단하십니다. 그 비상한 기억력에 새삼 두 손 두 발 다 들었습니다.

**플라톤** 부끄럽습니다. 어찌됐든 이러한 말씀은 다분히 경험에서 우러나온 것이라 판단됩니다.

**공 자** 이는 선왕의 정치를 일거에 뒤집으며 자신의 정책을 추진하려 하면 국가적으로 대단한 혼란이 일어날 뿐 아니라 자신의 아들 대에서도 똑같은 일이 되풀이돼 발생하기에 결국에는 국가의 존망이 흔들리고 백성들의 신뢰가 땅에 떨어지며, 신하들은 왕의 비위만 맞추게 되는 현상을 수도 없이 목격했기 때문입니다.

---

2 有子曰 其爲人也孝 而好犯上者 鮮矣(유자왈 기위인야효제 이호범상자 선의) 不好犯上 而好作亂者 未之有也(불호범상 이호작난자 미지유야).

3 父在 觀其志 父沒 觀其行(부재 관기지 부몰 관기행) 三年無改於父之道, 可謂孝矣(삼년무개어부지도, 가위효의).

**플라톤** 대단하십니다. 그야말로 직관에서 우러나오는 경험 철학이라고나 할까요? 이러한 부분은 저희 그리스에서도 모범적으로 받아들여야 할 것 같습니다. 하지만, 만일 후대에 4년 또는 5년마다 한 번씩 정권이 주기적으로 바뀌게 되면 어떻게 해야 할까요? 저희 아테네에서는 이미 그런 민주정이 상당 기간 지속됐기에 여쭤보는 말씀입니다.

**공 자** 아주 좋은 지적입니다. 그러니까 제 설명의 요체는 전 정권에서 이뤄진 제도는 그 취지를 인정하라는 것입니다. 국가의 존망을 위태롭게 할 정도가 아니라면 일단 존속시켜 나감과 동시에 어느 정도 적당한 기간이 지난 후, 공청회 등 여론 수렴 과정을 거쳐 조금씩 손보는 것이 중요하다는 것입니다.

**플라톤** 잘 알겠습니다. 그러니까 공자 선생의 정치 철학은 선대에서 계승된 정책의 경우 최대한의 예우를 갖추는 가운데 정권 이양 초기에는 개입을 가급적 자제하라는 말씀 같습니다.

**공 자** 그렇습니다. 이와 함께, 정치에 있어 덕으로 백성을 다스리는 덕치德治 역시, 매우 중요합니다. 자고로 인仁을 바탕으로 백성에게 덕을 베푸는 것이야말로 백성의 마음도 얻고 천하도 얻는 가장 좋은 방법이니까요. 무엇보다 백성들이 즐거워하는 것만큼 기쁜 일이 어디 있겠습니까? 그래서 저는 법이 아니라 덕으로 인도하고 형이 아니라 예로써 다스리면 백성들이 면하려고만 들기보다 오히려 부끄러워할 뿐만 아니라 또 스스로 바로잡을 것[4]이기에 올바른 다스림인 정치政治가 진정으로 구현되리라고 봅니다. 그런 면에서 외람되지만 플라톤 선생의 이상 국가에서는 덕에 관한 내용이 잘 보이지 않아 자칫 위태로워질 수도 있다는 것이 제 개인적인 견해입니다.

**플라톤** 말씀을 듣고 보니, 위정爲政편 1장에서 "덕으로 정치를 행하면 북극성이 제자리에 있음에도 뭇별이 그를 향하는 것 같다"[5]고 한 말씀이 떠오르는군요. 이제 공자 선생의 정치 철학이 좀 더 구체적으로 다가옵니다.

**공 자** 제가 비판의 칼날을 들었는데도 불구하고 긍정적으로 받아주셔서 대단히 감사합니다.

**플라톤** 무슨 말씀을요. 이렇게 뵙고 좋은 말씀을 하나하나 듣는 자체가 제게는 너무 소중할 뿐입니다. 하지만 공자 선생의 말씀을 들으니 다시 궁금해지는 것이 있습니다.

**공 자** 말씀해 보시지요.

**플라톤** 이제 효가 정치에서 중요한 근간을 형성한다는 사실은 어느 정도 이해를 하겠습니다. 하지만, 덕이란 무엇인지 아직까지 감이 잘 잡히지 않습니다. 덕이란 구체적으로 무엇인지요? 예를 들어, 저의 경우에는 「국가론」에서 근검, 절약, 절제, 용기를 정의와 함께 4대 덕목으로 제시하였습니다. 더불어서 근검과 절약, 절제와 정의에 대해

---

4 爲政(위정) 3장. 道之而德 齊之而禮 有恥且格(도지이덕 제지이례 유치차격).

5 爲政以德 譬如北辰(위정이덕 비여북신) 居其所 而衆星共之(거기소 이중성공지).

나름대로 체계적인 개념을 제시하려고 애썼지요. 하지만 「논어」에서는 덕에 대해 분명히 제시하고 있는 부분을 쉽게 찾을 수가 없습니다. 공자 선생의 덕치德治는 그야말로 정답이 정확하게 무엇인지 알려주지 않는 가운데 정답대로 살라고 요구하는 느낌을 줍니다. 이거 제가 다소 무례하게 여쭤본 것 같아 죄송합니다. 정말 궁금했기 때문에 그만 실례를 범한 것 같습니다.

공 자 어이쿠, 이번엔 제가 플라톤 선생께 당했군요. 사실, 제가 「논어」에서 설파하고 있는 인치, 덕치, 예치의 가장 큰 약점 가운데 하나가 플라톤 선생께서 말씀해 주신 것처럼 분명한 정의를 제시하지 않았다는 데 있습니다. 수많은 예시를 보여준 맹자가 오히려 저보다는 낫지요. 하지만 맹자 역시, 플라톤 선생의 입장에서 보자면, 답답하기 그지없는 장광설로 예시들을 건네주기에 저와 큰 차이는 없을 겁니다.

플라톤 그렇군요. 그렇다면 이 기회에 덕치에 대한 설명을 부탁드리립니다.

공 자 그럼, 제가 힘닿는 데까지 한번 덕에 대해, 그리고 덕치에 대해 말씀드리겠습니다. 먼저 「논어」의 예를 드는 것이 좋을 것 같네요. 아무래도 제가 말주변이 없다 보니 「논어」에 나와 있는 문구를 제시하는 것이 편해 보이니까요.

플라톤 그렇게 하시지요.

공 자 안연顔淵편 19장에서 계강자季康子라는 이가 제게 정치를 물어온 적이 있습니다. “만일 무도한 놈들을 죽여 질서 잡힌 세상을 만들 수 있다면 어떻겠소?”하고 말이죠. 제가 답합니다. “그대는 정치를 하겠다면서 어찌 죽이는 방법을 쓴단 말이오! 그대가 선하고자 하면 백성들도 선하게 될 것이오. 위정자의 덕은 바람이요, 백성의 덕은 풀과 같아 풀 위에 바람이 불면 풀은 반드시 눕게 되나니!”[6] 저로서는 이 답변이 덕치를 잘 정의하고 있다고 봅니다. 굳이 말씀 드리자면 징벌을 가할 수 있는 악한 대상을 찾아 형벌을 내리려 하기보다 먼저 자기 자신을 다스리고 그러한 다스림을 백성들에게 그대로 연장함으로써 백성들의 목숨을 아끼고 그들의 의사를 존중해 주는 것이 덕치라는 것이죠. 그렇게 덕치를 베풀게 되면 백정들은 스스로 머리를 숙이고 들어올 테고요.

**플라톤** 잘 알겠습니다. 말씀을 들으니 인仁이 상대방에 대한 애정 어린 시선과 배려, 그리고 공경을 의미한다면, 덕과 덕치는 자기 자신이 먼저 반성하고 자기 자신에게 너그러운 만큼 백성들에게도 너그러움으로써 그들 스스로가 군주나 군자를 따르도록 의미하는 것 같습니다.

**공 자** 바로 그것입니다. 플라톤 선생께서 적확하게 지적해 주시니 그야말로 막힌 가슴이 뻥 뚫리는 느낌입니다.

6 季康子問 政於孔子曰(계강자문 정어공자왈) 如殺無道 以就有道 何如?(여살무도 이취유도 하여?) 孔子對曰 子爲政 焉用殺! 子欲善 而民善矣(공자대왈 자위정 언용살! 자욕선 이민선의) 君子之德風 小人之德草(군자지덕풍 소인지덕초) 草上之風 必偃(초상지풍 필언).

플라톤 감사합니다.

공 자 괜찮으시다면 계속 말씀을 이어가도 될까요?

플라톤 물론입니다. 계속하시지요.

공 자 한 가지 예를 들어보겠습니다. 만일 새로운 지휘관 아니 상관이 부임해 온다고 가정해 봅시다. 그는 자신이 통솔하게 된 집단을 다스리기 위해 여러 가지 방안을 떠올리게 될 겁니다.

플라톤 그렇지요.

공 자 모르긴 해도 제 경험에 바탕을 둔다면 십중팔구는 군기를 잡기 위해 또는 자신의 위엄을 보이고 집단을 쉬이 통솔하기 위해 일벌백계一罰百戒할 수 있는 대상을 찾을 겁니다. 단기간에 해당 집단을 장악하기 가장 쉬운 방법 가운데 하나가 희생양을 찾아내는 일일 테니까요.

플라톤 맞습니다. 계속하시지요.

공 자 그렇게 잘못을 한 대상자를 발견해 기다렸다는 듯이 엄벌을 가하게 되면 모든 구성원들은 숨을 죽인 채 새로운 지도자의 명령에 복종할 수밖에 없을 겁니다.

플라톤 그러겠지요.

공 자 하지만 이는 잘 아시다시피 가슴에서 우러나오는 충심으로 복종하는 것이 아니라 벌을 면하기 위해 겉으로만 복종하는 것일 겁니다. 더불어 그러한 위정자 앞에는 자연스레 그의 눈에 들기 위한 아첨꾼들이 모일 테고요. 물론, 평민이나 말단 부하들은 모두 숨죽인 채 그저 폭풍이 피해가기를 바라거나 잠잠해지기만을 기다릴 겁니다.

**플라톤** 동의하는 바입니다.

**공 자** 반대로 드물기는 하지만 어느 상사나 지휘관이 새로 부임해 와서 먼저 부하와 조직원들의 어려움이 무엇인지 묻고 이에 따른 합당한 대처부터 한다고 가정해 봅시다.

**플라톤** 이제 말씀하시는 바를 알겠습니다. 그러니까 공자 선생의 말씀은 율律과 영令으로 기강을 세우는 데에 정치적 방점을 두기보다 먼저 백성들의 어려움을 살피고 돌봐주는 데서 진정한 다스림이 시작된다는 말씀이군요.

**공 자** 역시 제가 지향하는 정치의 핵심을 금세 알아채셨군요. 따라서 번지樊遲라는 제자가 제게 와서 농사일을 배우길 청하였을 때 제 대답은 "내가 농군만은 못하지 않느냐?"는 것이었습니다. 이어 번지가 밭일 배우기를 청하자, 역시 "내가 밭쟁이만은 못하지 않느냐?"[7]며 번지를 소인배로 꾸짖은 것도 같은 맥락에서였습니다.

**플라톤** 죄송하지만 갑자기 무슨 말씀인지요?

**공 자** 앗, 이런. 죄송하게 됐습니다. 생각이 앞서 가다 보니 다소 성급하게 말씀을 드렸군요. 평소에 제가 제자들에게 건넨 인치仁治, 덕치德治, 그리고 조금 전의 내용들이 대단히 비현실적인 "공자왈 맹자왈"이라고 생각한 번지가

7 子路(자로) 4장 1~2절. 樊遲請學稼(번지청학가) 子曰 吾不如老農(자왈 오불여노농) 樊遲請學爲圃 曰 吾不如老圃(번지청학위포 왈 오불여노포). 樊遲出 子曰 小人哉, 樊須也!(번지출 자왈 소인재, 번수야!).

실용 학문의 교수敎授에도 관심을 기울여 달라는 우회적인 비판을 가해 왔기에 저로서는 당시의 시대 정신이 요구하는 바는 농사 기술이 아니라, 농사 기술을 제대로 발휘할 수 있는 환경 마련에 있다고 답했던 것입니다. 물론, 그 환경은 자기 수양의 모범 속에 백성들의 어려움을 자신의 어려움처럼 느끼며 그 어려움을 해결하기 위해 노력하는 것이고요. 이에 따라, 번지가 나가고 난 다음에 주변에다가 "번지는 어지러운 세상을 어떻게 안정시킬지에 대해 고민하기보다 현실적으로 이득이 되는 기술 습득에 더욱 관심이 많구나"라는 제 심중을 비춰 보인 것입니다. 제 자신이 논농사, 밭농사를 천하게 여겨서가 아니라는 것이죠.

**플라톤** 이제야 이해가 갑니다. 사실 번지라는 제자가 공자 선생께 던진 질문은 형이상학적인 동시에 윤리적인 학문이 필연적으로 받게 되는 비판을 잘 보여준 예라고 생각합니다. 저 역시, 「국가론」을 통해 이데아와 철인 통치 등을 형이상학적으로 논했기에 제 제자였던 아리스토텔레스가 실용적인 학문에의 천착穿鑿으로 자신의 관심사를 돌렸으니까요. 어디서 이야기를 들으니 후대에 이탈리아의 라파엘이라는 화가가 '아테네 학당'이라는 그림을 그리면서 그림의 한가운데에 저와 아리스토텔레스를 배치했는데, 저는 손가락으로 하늘을 가리키고 있는 반면, 아리스토텔레스는 자신의 손가락을 땅으로 향하고 있다고 하더이다. 모르긴 해도 후대의 학자와 예술가들은 저와 공자 선생을 상아탑 속의 뜬구름 잡는 학자 정도로 인식하지 않을까 합니다.

**공 자** 그렇군요. (웃음) 모두를 만족시킬 수 있는 학문은 없을 테니까요. 저는 제 운명을 순순히 받아들이겠습니다. 어차피 이순耳順을 넘기면서 세상의 풍문에는 더 이상 흔들리지 않게 되었으니까요. 참, 이순이라면 제가 「논어」에서 언급한 표현인데 나이 예순이 되니까 귀가 순해져서 건네 듣는 이야기에 일희일비一喜一悲하지 않게 되었음을 비유적으로 일컬은 말이랍니다.

**플라톤** 잘 알겠습니다. 참, 앞 장에서 전쟁에 관해 제게 할 말이 있다고 하셨던 것을 기억하고 있습니다만. 우리 두 사람이 철인과 군주에 대해 이야기를 할 때였지요. 제 말씀에 공감을 하면서도 정치 편에서의 토론을 위해 말씀을 아낀다는 이야기를 하셨죠?

**공 자** 그렇습니다. 잊지도 않으셨군요. 역시, 플라톤 선생의 기억력은 비상합니다.

**플라톤** 부끄럽습니다.

**공 자** 그럼, 말씀을 드리지요. 플라톤 선생께서는 정치가 철인에 의해 다스려져야 한다고 믿으시지요?

**플라톤** 네, 맞습니다. 공자 선생께서 이상 국가는 군자인 군주에 의해 통치되어야 한다는 것과 같은 맥락이지요.

**공 자** 그렇습니다. 제가 이에 대해 다시 한 번 여쭙는 이유는 그러한 철인이 어려서부터 전쟁터에 나가 안전한 곳에서 전쟁을 참관하도록 해야 한다는 플라톤 선생의 주장 때문입니다. 물론, 「국가론」에 있는 내용입니다만.

플라톤 계속하시지요.

공 자 플라톤 선생의 견해에 대한 제 답변을 역시 「논어」로써 드리겠습니다. 어느 날 위령공衛靈公이라는 사람이 저를 찾아옵니다. 진陣 치는 법에 대해 묻기 위해서였죠.

플라톤 군대에서 진을 펼치는 방법을 말씀하시는 것이죠?

공 자 그렇습니다. 제가 학식이 좀 있다고 소문이 나니까 사방에서 많은 군주들이 저를 자신들의 거처로 초대해 자신들이 궁금해하는 사안들에 대한 해답을 얻고 싶어 했지요. 시쳇말로 제가 '위키피디아'나 네이버의 '지식백과'라고 생각했나 봅니다. (웃음)

플라톤 비유가 아주 재미있습니다. 이젠 공자 선생께서도 촌철살인의 비유를 하시는군요. (역시 웃음)

공 자 다 플라톤 선생 덕분입니다. 같이 대화를 나누다 보니 제 공력도 일신우일신日新又日新으로 늘어나는 것 같습니다. 그나저나 촌철살인이라는 표현도 아시고, 그저 놀라울 따름이네요. 참, 일신우일신日新又日新이라는 용어는 날마다 새로워진다는 표현입니다.

플라톤 아, 그렇군요. 일신우일신日新又日新이란 용어는 미처 몰랐습니다.

공 자 그럼 계속하겠습니다. 그렇게 위령공이 제게 군대에서 진 치는 법을 묻자 솔직히 저는 기분이 무척 상했습니다. 정치윤리학자로서 스스로를 자리매김하고 싶은 저에게 병법兵法에 대해 묻다니 말입니다. 그래서 제가 말했죠. "예법에 관한 일은 일찍이 들어본 적이 있습니다만, 군사 문제는 배운 바 없습니다."[8] 그리곤 다음 날 위령공이 제공해 준 숙소를 떠났습니다. 조금 전에 제자 번지의 예를 통해 말씀드린 대로 모두들 당장 도움이 될 수 있는 기술과 전략들을 찾아 나설 때 저는 더욱 크고 더욱 넓게 중요한 것을 보고 싶었으니까요.

**플라톤** 잘 알겠습니다. 그런데 그것이 저의 철인 통치와 무슨 상관이 있습니까? 아까 어려서부터 철인 후보자들은 전쟁터를 경험하고 또 성인이 돼서는 전쟁에도 직접 나가봐야 한다는 제 생각에 동의하지 않는다고 하신 것 같은데 말이죠.

**공 자** 그렇습니다. 이는 제가 군자란 모름지기 정치인이 될 수 있을지언정 군인이 될 수는 없다고 생각하기 때문입니다. 따라서 플라톤 선생의 『국가론』에서 만일 수호자들이 국가의 방위를 책임지는 군인으로서 맡은 바 자신의 소임을 다하고 철인 통치자는 백성과 수호자들을 잘 다스리는 것에 전념한다면 현실적인 동시에 더욱 이상적인 정체政體를 이룰 수 있다고 봅니다. 다시 말씀드리자면, 군자나 철인은 전쟁이 아닌 정치에 매진하는 것이 더욱 낫다는 얘기죠.

---

8 偉靈公(위령공) 1장. 偉靈公問 陳於孔子(위령공문 진어공자) 孔子對曰 俎豆之事, 則嘗聞之矣(공자대왈 조두지사, 즉상문지의), 軍旅之事 未之學也(군여지사, 미지학야) 明日遂行(명일수행).

**플라톤** 잘 알겠습니다. 하지만, 공자 선생의 그러한 생각에 저는 선뜻 동의할 수가 없습니다. 이는 전쟁을 모르고 군인을 이해하지 못하는 통치자가 전쟁 상황 아래 놓이기 쉬운 국가를 제대로 통치하기 힘들다고 보기 때문입니다. 더불어서, '노블리스 오블리제'라고 지배 계층의 고귀한 의무는 전쟁 상황에서 몸소 전쟁터에 나가 직접 피를 흘려야 하는 것이라고 봅니다. 그래야 공자 선생께서 말씀하신 대로 좋은 본보기로서 백성들의 자발적인 동참을 이끌 수 있는 것이니까요.

**공 자** 충분히 이해가 가는 말씀입니다. 물론, 군자나 철인인 통치자가 전쟁을 잘 안다면 그 이상 바랄 것이 없겠지요. 하지만, 전쟁은 용맹하고 슬기로운 군인에 맡기고 그러한 군인을 잘 발굴하고 육성하는 것이 통치자의 진정한 의무라고 봅니다. 그런 의미에서 군자를 지향하는 이들이 어려서부터 전쟁을 경험하고 또 성인이 된 연후에도 전쟁터에 나가야 한다는 생각은 쉽사리 수용하기가 어렵습니다.

**플라톤** 공자 선생의 말씀을 듣노라면 죄송하지만, 문약하기 이를 데 없는 군자로서의 군주가 머리에 떠오릅니다. 이전에도 이와 관련해 논쟁이 발생한 적이 있지만, 백성들을 아끼고 사랑하는 인의 정치, 덕의 정치를 편다 한들, 군인을 모르고 전쟁을 이해하지 못하는 군주라면 언제이고 자신의 나라를 대단히 위험한 지경에 몰아넣을 수 있다고 봅니다. 그런 까닭에 철인 군주라면 마땅히 어려서부터 국가 간에 발생하는 잔인한 비극을 직접 눈으로 목도하고 또 그러한 전쟁에 익숙해짐으로써 전쟁과 관련된 여러 돌발 상황이나 예측 상황을 충분히 예상해야 한다고 봅니다.

**공 자** 잘 알겠습니다. 하지만, 가장 중요한 것은 역시 통치자가 군자의 마음으로 백성들을 사랑하는 것 아닐까요? 그것을 충분히 아는 백성들은 분명, 군주와 국가를 위해 기꺼이 전쟁터에 나갈 겁니다. 더불어, 누구보다 백성들을 아끼고 사랑하는 군주라면 자신의 현명함으로써 가장 적합한 인물에게 전쟁과 국방 상황을 맡길 수 있지 않겠습니까? 예를 들어, 중국의 오른쪽 옆에 조그맣게 붙어 있는 조선이라는 나라의 4대 임금이었던 세종대왕은 대단한 성군으로 플라톤 선생께서도 잘 아시는 한글을 창제한 군주였습니다만, 그분이 어려서부터 전쟁을 경험하고 직접 전쟁터를 누볐다는 말은 들어본 적이 없습니다. 대신 유능한 동시에 용맹하기 짝이 없는 김종서를 등용해 오히려 조선의 영토를 압록강과 두만강까지 확장하지요.

**플라톤** 물론, 그렇습니다. 하지만 중국 역사상 가장 평화로운 정치를 실시했던 당 태종은 어떻습니까? 제가 듣기론 그의 치세가 '정관貞觀의 치治'라 불리면서 태평성대의 대명사가 됐을 정도니까요. 그런 태평성대를 이룩한 당 태종 역시, 젊은 시절 형제를 죽이는 숱한 살육전과 수많은 전쟁을 통해 잔뼈가 굵은 인물 아닙니까?

**공 자** 그렇군요. 정말이지 적확한 경우를 기막히게 찾아내십니다. 그나저나 언제 그렇게 중국사에는 통달하셨습니까?

**플라톤** 부끄럽습니다.

**공 자** 각설하고, 플라톤 선생의 질문에 대한 제 견해를 말씀드리자면, 그리하여 결과가 어떻게 되었습니까? 그러한 당 태종의 성향은 오히려 젊은 시절 숱한 사람들을 죽음으로 내몰지 않았습니까? 더불어, 주변 국가들을 차례차례 정복하면서 끊임없는 전쟁 사업으로 죽지 않아도 될 젊은이들과 장년들의 목숨을 앗아갔지요.

**플라톤** 최선의 수비는 공격이라는 말을 아실 겁니다. 제가 보기에는 당 태종의 주변 국가 정복이 바로 내치內治를 안정시키기 위해 피할 수 없는 선택이었다고 봅니다. 이는 마치 미국이 자신의 안녕을 위해 전 세계에서 국지전과 테러 소탕전을 펼치고 있는 형국과 마찬가지라고나 할까요? 저는 그와 같은 결단과 시행이 결국 더 많은 백성들의 희생을 미리 막았다고 봅니다. 5호 16국 시기의 중국 역사를 한번 보시기 바랍니다. 중국 중앙 정권의 힘이 약해지자 오랑캐들이 쳐들어와서 얼마나 많은 중국 백성들을 사냥하며 도륙했습니까? 그런 측면에서 볼 때, 전쟁은 국방을 위한 현실이지 이상이 아닙니다.

**공 자** 분명, 플라톤 선생과 저의 전쟁관에는 커다란 차이가 있는 것 같습니다. 좀 더 간명하게 말씀 드리자면 제 생각은 피할 수 없는 전쟁이라면 감행하되 피할 수 있는 전쟁은 피하라는 것이지요. 적을 이기는 것도 뛰어난 병법이지만 더욱 뛰어난 병법은 적을 만들지 않는 것 아닐까요? 그런 의미에서 제가 바라보는 이상향은 적을 만들지 않고 백성을 다스리는 세상입니다. 아까 간단하게 말씀드렸습니다만, 조선의 신숙주라는 학자가 일컫기를 "오랑캐는 자고로 내치內治를 단단히 다짐으로써 다스린다"는 좋은 말을 한 적이 있지요. 당시, 왜구와 여진족이 조선 국경을 끊임없이 침범해 오며 괴롭히자 이들을 정벌하는 것도 방법이지만, 국론 분열을 줄이며 안에서 똘똘 뭉치는 것 또한 좋은 대안이 될 수 있다는 말이었지요.

**플라톤** 사실, 덕치에 대해 공자 선생께서 말씀하셨을 때 아까부터 하고 싶은 말이 있었지만 이야기의 흐름을 끊고 싶지 않아 말씀을 계속 들었습니다. 이제 대화가 본격적으로 전개되고 있기에 아까 말씀 드리고자 했던 바를 언급하겠습니다.

**공 자** 그러시지요.

**플라톤** 엄밀히 말해 인과 덕만으로는 나라를 다스릴 수 없다는 것이 제 생각입니다. 그 좋은 예가 바로 제 스승, 소크라테스입니다. 실제로 소크라테스 스승님께서는 예에도 밝았고 어진 데다 덕까지 갖추셨는데도 소피스트들의 질시와 더불어 민주주의라는 제도에 의해 사형당하셨습니다. 제가 언뜻 이야기를 듣기에 중국 역사에 있어 덕치를 폈음에도 결국 외적의 침입을 받아 국토는 오랑캐의 말발굽에 짓밟히고 임금은 굴욕적으로 죽은 경우가 많다고 하더이다. 내치內治도 내치이지만 이웃 국가의 오랑캐에게 어찌 덕을 기대하겠습니까? 그런 의미에서 힘없는 국가는 아무런 의미도 없다고 봅니다. 모르긴 해도 아까 언급하신 조선이 그 대표적인 예라 하겠지요. 인치와 덕치를 국시國是로 삼았건만 숱한 외침을 받으며 종국에는 일본에 의해 식민 지배를 당하지 않았나요?

**공 자** 아주 좋은 예를 잘 들어주셨습니다. 말이 나온 김에 부연 설명을 드리자면, 그렇게 다른 나라를 괴롭히던 일본은 어떻게 됐습니까? 아니, 중국을 처음으로 통일했던 진秦나라는요? 모두 반세기를 넘기지 못한 채 멸망하지 않았습니까? 사실, 제가 강조하고자 하는 바는 상대적인 것으로 모두들 부국강병에만 신경을 쓰고 있는 와중에서 백성들의 고충을 이해하고 그들의 아픔을 어루만질 줄 아는 정치는 정작 실종됐기에 드리는 말씀입니다. 춘추시대에 강국들은 넘쳐 났지만 덕으로 백성들을 다스리지 않는 국가, 백성들을 무겁게 여기지 않는 국가는 오래 버티지 못했기 때문입니다. 하지만, 플라톤 선생의 말씀도 분명히 일리는 있습니다. 그런 면에서 제 덕치에 사족을 달자면 충분조건으로서의 덕치를 완성시키기 위해 필요조건으로서의 국력이 뒷받침돼야 플라톤 선생께서 꿈꾸는 정의로운 국가가 형성될 수 있는 것입니다.

**플라톤** 잘 알겠습니다. 사실, 공자 선생께서 말씀하신 대로 제가 사람을 생각하기보다 제도를 먼저 생각한 점은 분명히 인정하겠습니다. 그런 면에서 볼 때 군자와 철인 통치가 가장 이상적이라는 총론에서는 의견의 일치를 보았지만 각론에 있어 우리 두 사람 사이에는 어느 정도 간극이 있는 것은 분명합니다.

**공 자** 그렇습니다.

**플라톤** 한데, 이쯤에서 다시 궁금해지는 것이 있습니다.

**공 자** 그것이 무엇인지요?

**플라톤** 「논어」에서는 인간의 도리, 군자의 도리를 지속적으로 동시에 반복적으로 강조하고 계십니다. 가장 이상적인 이는 인간의 도리, 군자의 도리로 무장한 사람이라는 말씀인데요, 공자 선생께서는 어찌하여 그렇게 인간에 대해 관심을 기울이게 되셨는지요.

**공 자** 이번에도 플라톤 선생께서 아주 좋은 질문을 해 주셨군요. 저의 제자들은 어찌하여 플라톤 선생처럼 근원적인 물음에 대해 물어온 적이 없는지 안타깝습니다. 십 수 년간이나 데리고 있었는데 말입니다. (웃음)

**플라톤** 부끄럽습니다. (역시 웃음)

**공 자** 그럼 말씀을 드리겠습니다. 굳이 제 생각, 제 신념, 제 믿음을 간단히 말씀드리자면 풀뿌리 민주주의라고 일컬을 수 있을 것 같습니다.

**플라톤** 풀뿌리 민주주의라고요? 어쩨 생경하면서도 대단히 낯이 익은 어감입니다. (웃음)

**공 자** 그렇습니까? (웃음) 이런 생각은 처음 밝히는 것인데 플라톤 선생께서 생경하면서도 낯이 익다니 약간 당혹스럽군요. 어쨌거나 풀뿌리 민주주의라 하면 꽃이나 나무에 비해 그다지 주목받지 못하는 수많은 풀들, 그리고 그런 풀들의 가장 낮은 곳에 위치한 뿌리에 비유된 민주주의라 할 수 있습니다. 사실, 저희 중국에는 아테네의 민주주의에 해당하는 정치 체제도 또 그러한 정치 체제를 일컫는 용어도 없습니다. 그렇기에 풀뿌리 민주주의라 하면 사회를 형성하는 가장 기본적인 동시에 지배 구조의 제일 낮은 곳에 위치한 백성들과, 그들의 민의民意를 존중하는 제도라고 할 수 있습니다.

플라톤 잘 알겠습니다. 계속하시지요.

공 자 감사합니다. 아테네의 상황은 잘 모르겠지만 중국은 이미 저희 시대에 인구가 2,000만 명을 넘은 초거대 국가였습니다. 당시 전 세계의 인구가 4,000만 명이 채 되지 않았을 것으로 추정되고 보면 2,000만이라는 숫자는 상당한 의미를 지니고 있습니다. 물론, 인구가 폭발적으로 증가할지도 모를 미래의 시각에서 보자면 2,000만 명 정도가 그다지 많지 않게 와 닿을 수도 있지만, 이때 한반도와 일본의 인구가 각각 20만 명을 넘지 않았다는 점을 감안한다면 그 규모가 어느 정도인지를 쉽게 짐작하실 수 있을 겁니다. 더불어서 이전에 말씀해 주신 바와 같이 아테네의 경우도 노예까지 합친 인구수가 40만 명이었다고 하니 아테네와 같은 거대 도시국가가 50개에 이르는 것이 저희 시대의 중국 상황이었습니다.

플라톤 잘 알겠습니다. 정말이지 규모 면에서는 상상을 초월하는 국가가 중국이군요.

**공 자** 네, 그렇습니다. 그런데 워낙 사람이 많다 보니 동원할 수 있는 인구가 많아서인지 수많은 군인들을 징집해 끊임없이 영토 확장 전쟁을 벌이는 것이 중국의 역사였습니다. 또 전쟁을 치르기 위해 세금을 걷어 들이고 물자를 비축하는 과정에서 백성들의 고혈膏血[9]을 쥐어짜는 악순환의 정치가 상식처럼 널리 행해졌습니다. 비극적인 전쟁과 정쟁政爭이 한번 발생하면 인명 피해의 규모도 어마어마했습니다. 일례로 훗날의 이야기이지만 중국 최초의 통일 국가인 진秦이 무너진 후 등장한 초楚나라는 진나라 군사들을 포로로 사로잡았지만 20만 명에 달하는 포로들을 모두 생매장했더랬습니다.

**플라톤** 저런, 20만 명이라면 저희 아테네 인구의 반에 해당하는 규모인데 그렇게 많은 이들을 모조리 죽였다니 믿어지지가 않는군요.

**공 자** 그래서 비록 세계의 가운데 위치한 나라, 지구의 중심에서 밝게 빛나는 나라라는 단어들을 '중국'中國과 '중화'中華로 표현하고 있지만 중국 대륙에서 태어난 백성과 군인들은 지구 상의 그 어느 곳보다 숱한 고초와 고난, 착취와 죽음에 쉽게 내몰렸더랬습니다.

**플라톤** 잘 알겠습니다. 그야말로 약육강식의 정글 속에서 땅덩어리는 넓고 인구는 많았으니 사람들의 목숨이 제대로

---

9 사람의 기름과 피.

된 대접을 받지 못했군요. 저희만 해도 전쟁에서 이기든 지든 포로들은 반드시 산 채로 잡아서 노예로 삼거나 포로의 모국으로부터 배상금을 받고 풀어주었는데, 말씀을 듣고 보니 이 모두가 상대적으로 인명이 귀해서였군요. 물론, 그렇게 수도 없이 노예로 잡아온 일꾼들 덕분에 식량 생산을 비롯한 기본적인 의, 식, 주의 영위에서 크게 걱정하지 않아도 됐기에 아테네는 고도의 문명을 이룩했습니다만…….

**공 자** 바로 그것입니다. 노魯나라에서 자라며 어린 시절부터 숱한 비극들을 목도目睹한 저로서는 인간으로 태어난 이상, 사랑과 애정, 배려와 공경으로 서로를 보살펴 줘야 한다고 보았던 것입니다. 듣자 하니 훗날 한반도의 어느 철학자는 제가 살던 춘추전국시대의 비극적인 환경이 유가儒家로 불리는 제 주장의 사상적 묘판이 되었다고 하더이다.[10]

**플라톤** 이제야 공자 선생께서 인간, 그 가운데에서도 특히 사회적 약자인 백성들에게 왜 그리 심대한 관심을 쏟으시는지 알게 되었습니다. 사실 그리스는 작은 도시국가의 경우, 5,000명 정도가 모여 하나의 폴리스를 이루었습니다. 더불어 도시국가의 특성상 고립적인 성격이 강해 해당 폴리스 내의 시민들은 느슨한 형태의 가족 같은 관계를

10 신영복, 『강의 : 나의 동양고전 독법』(2004).

형성하며 지냈습니다. 모르긴 해도 오늘의 대화 이후, 중국을 비롯한 동아시아 여러 지역에서는 그리스의 폴리스를 모델로 하는 가운데 공자 선생의 유가 사상을 운영 근간으로 삼는 대규모 공동 주거 단지들이 속속 들어설 것 같은 느낌입니다. 이른바, 동양과 서양의 장점만을 본뜬 공동체 양식이라고나 할까요? (웃음)

**공 자** 네, 이번에도 어김없이 예언을 하시는군요. (웃음) 중국과 아테네의 상황을 비교해 보면 인간은 정말이지 환경의 영향을 강하게 받는 것 같습니다.

**플라톤** 전적으로 공감하는 바입니다. 여기에서 외람되지만 풀뿌리 민주주의와 관련한 제 개인적인 의견을 말씀드리고 싶습니다.

**공 자** 당연히 말씀하셔야죠. 무엇인지요?

**플라톤** 네, 공자 선생께서 풀뿌리 민주주의라는 말씀을 해 주셨을 때 문득 떠오른 생각입니다만. 공자 선생께서 이상으로 꼽는 군자 정치인의 인치仁治와 덕치德治는 인간 개개인의 역량에 기대는 바가 대단히 크다고 사료됩니다. 반면, 제가 생각하는 이상은 아까도 공자 선생께서 말씀해 주신 대로 율律과 영令을 중심으로 한 제도 자체에 손댐으로써 시스템을 통해 항상 가장 현명한 이가 위정자로 등극하도록 유도한다는 데 있다 하겠습니다.

**공 자** 흐음, 제가 미처 생각하지 못했던 바이군요. 계속하시지요.

**플라톤** 제 생각이 비록 거칠고 독단적이긴 하지만 제 생각을 바탕으로 후대의 정치가와 행정가, 사상가와 학자들이 계속해서 조금씩 국가의 정치 제도를 고쳐 나간다면, 언젠가는 가장 합리적인 동시에 가장 효율적인 시스템이 탄생할 수도 있다는 생각입니다. 물론, 그런 정치 체제가 나올지는 알 수 없지만, 이제껏 인간의 역사와 문화가 계속해서 진화하고 진보하는 것을 보면 분명, 미래는 과거에 비해 훨씬 나아질 것이라고 확신합니다.

**공 자** 사실, 저는 플라톤 선생을 뵙기 전까지만 해도 오늘 대화를 통해 플라톤 선생으로부터 어떤 사상적인 가르침을 받을 수 있을지 심히 걱정했습니다만, 제 생각에 갇혀 이 정도로까지 새로운 배움을 얻을 수 있을지에 대해서는 짐작조차 못했습니다. 「국가론」을 나름대로 꼼꼼히 읽어봤음에도 율律과 영令에 대한 강조만이 눈에 들어왔던 것이죠. 역시 플라톤 선생과의 대화는 제 기대 이상으로 저를 일깨워주고 있습니다.

**플라톤** 일깨움이라니요. 당치도 않습니다. 언어 선택이야 어떻게 됐든 공자 선생께서 소망하시는 인치仁治와 덕치德治가 제대로 구현되기만 한다면야 저 역시 더 이상 바랄 것이 없겠습니다만, 그렇지 않고 포악한 군주나 무능한 임금, 탐욕스러운 위정자가 등극하게 되면 그 이상 안타까울 일이 없을 겁니다. 비록 제가 영令과 율律을 먼저 내세운다고는 하였으나 그 영令과 율律이 궁극적으로는 가장 현명하고 유능한 사람을 위정자로 내세우기 위한 제도의 마련이라는 측면으로 이해해 주신다면 대단히 감사하겠습니다.

**공 자** 물론입니다. 사실, 조금 전까지도 사람이 먼저냐 제도가 먼저냐의 이분법적 논리에 스스로가 갇혀 있었는데 플라톤 선생께서 제게 큰 가르침을 주셨습니다. 다시 말씀드리자면, 플라톤 선생께서 주창하신 제도는 군인을 징발하고 백성들로부터 세금을 거두며 상벌 정책을 엄정하게 실시하는 율律과 영令이 아니라, 그야말로 가장 현명한 군주를 위정자로 내세우는 창발創發이 핵심적인 고갱이였더랬습니다. 그런 까닭에 미처 거기까지는 생각하지 못하고 그저 비판적인 시각으로 선생의 사상을 재단한 점에 대해 거듭 사과드립니다.

**플라톤** 무슨 말씀을요. 그렇게 계속 말씀하시면 제가 오히려 더욱 부끄러워집니다. 저 역시 공자 선생을 통해 많은 것을 배웠습니다. 즉, 사람을 먼저 생각하라는 말씀은 이번 만남에서 제가 거둔 가장 큰 수확이었습니다. 이에 따라 앞으로는 가장 현명한 이를 위정자로 뽑을 수 있는 정치 체제의 고안과 함께 그러한 과정에서 자칫 소홀히 되기 쉬운 사람에 대한 애정과 배려를 위에 나란히 얹어 두도록 하겠습니다.

**공 자** 그렇게 이해해 주시니 진심으로 감사드립니다. 그나저나 정치에 대한 토론이 생각보다 길어졌는데 저녁이라도 드시는 것은 어떠신지요. 저는 이제 배가 슬슬 고파지고 있습니다만.

**플라톤** 좋습니다. 그럼, 식사하러 가시죠.

**공 자** 네, 자 그럼 같이 나가시면서 무엇을 먹을지 행복한 고민을 나눠보기로 하죠.

**플라톤** 그러시죠. 벌써부터 저녁 식사 이후의 대화가 궁금해집니다.

六

# 성性과 가정 VI

**플라톤** 이번에도 식사 잘 했습니다.

**공 자** 그러게요. 기대했던 이상으로 맛이 있었습니다. 모르긴 해도 오랜 시간의 대화로 두 사람 모두 배가 상당히 출출했나 봅니다.

**플라톤** 그러게나 말입니다. 그럼 성과 관련한 이야기를 나눠볼까요?

**공 자** 전 벌써부터 등에서 식은땀이 납니다. 플라톤 선생은 어떠신지요?

**플라톤** 제 등에서 땀이 더 나면 나지 않을까 싶습니다. 어쨌거나 제가 먼저 대화의 물꼬를 터보겠습니다.

**공 자** 그러시지요.

**플라톤** 이미 어느 정도 이야기가 나왔습니다만, 성性의 경우에 있어 저는 자식과 함께 아내를 공유하는 것에 대해 거론했었습니다. 비록 이에 대해 훗날 대부분의 여성들을 비롯해 상당수의 남성들로부터도 뭇매를 맞을 각오는 돼 있습니다만, 제가 드리고 싶은 말씀은 여자만 배우자를 공유하는 것이 아니라 남자도 배우자를 공유한다는 것이죠.

**공 자** 그렇습니다. 먼저 제가 플라톤 선생의 성과 관련된 주장에 대해 언급하자면 발상 자체는 선사시대 이후로 따져 볼 때 가장 획기적이고 혁명적이라고 생각합니다. 개인적인 견해로는 그러한 사상이 남성으로부터 나오기는 처음이자 마지막이 아닐까 싶습니다.

**플라톤** 제가 의도하는 바가 그것입니다. 따라서 내용에 주목하기보다 그러한 주장 자체에 대한 공자 선생의 평가를 먼저 듣고 싶습니다.

**공 자** 그럼 솔직히 말씀드리겠습니다. 일단 저는 플라톤 선생의 혁신적인 생각이 탄생할 수 있었던 배경에 주목하고 있습니다.

**플라톤** 계속하시지요.

**공 자** 네, 말씀드릴 필요도 없이 플라톤 선생의 고향인 아테네는 도시국가입니다.

**플라톤** 그렇죠.

**공 자** 더불어서 비록 인구가 40만 명에 달한다고는 하나 자유민의 숫자, 그리고 그 가운데에서도 병역의 의무를 끝마쳤기에 투표가 가능한 성인 남성은 5만 명이 채 되지 않

현대 서양에서 여성의 인권 향상에 가장 크게 기여한 인물 가운데 한 명으로는 〈제2의 성〉(1949)을 쓴 시몬느 드 보부아르를 꼽을 수 있다. “여자는 태어나는 것이 아니라 만들어지는 것”이라는 주장과 함께 여성이 신화와 역사, 문학과 문화 속에서 어떻게 차별 받아왔는지를 통렬하게 밝힌 〈제2의 성〉은 출간과 더불어 거센 논쟁에 휘말리며 금서(禁書)로 지정되기도 했다. 이와 함께 동양에서는 뿌리 깊은 남녀차별을 일거에 없애버린 중국 공산당의 아버지, 모택동을 내세우지 않을 수 없다. 모택동은 여성의 지위를 남성과 동등하게 올려놓음으로써 중국 여성들의 구세주가 됐다. 사진은 시몬느 드 보부아르와 모택동의 사진. (출처: 위키피디아 커먼스)

는 것으로 알고 있습니다.

플라톤 그렇습니다.

공 자 투표 가능 인구 가운데 수호자 집단으로 선발될 수 있는 이들은 대단히 한정적일 터인데 그들 가운데에서 다시 매년 결혼 적령기를 맞이한 이들은 그다지 많지 않을 것으로 여겨집니다.

플라톤 사실입니다. 아주 정확하게 아테네를 꿰뚫어 보고 계시는군요. (웃음)

공 자 (맞웃음) 따라서 플라톤 선생의 창발적인 발상은 사실, 지배 계층 간의 제한적인 결혼을 꾀한다는 점에서 아테네보다 도시국가의 규모가 훨씬 작은 다른 폴리스들에서 현실적으로 운용될 수 있다고 봅니다. 물론, 지배 계층의 구성원 모두 또는 대다수가 그러한 결혼 제도를 받아들인다면 말이죠.

플라톤 감사합니다. 계속하시지요.

공 자 네. 얼마 전에 우연히 들은 이야기입니다만 중국과 인도의 국경 지역에 있으며 네팔 옆에 있는 부탄이라는 나라에서는 지금도 일처다부제, 일부다처제가 혼재돼 남아 있다더군요. 그런데 그런 부탄의 국토 면적은 그리스의 1/3 정도에 인구는 70만 명에 불과하답니다.

플라톤 그렇습니까?

공 자 네, 그런데 재미있는 사실은 그런 부탄의 행복지수가 세계 1위라는 겁니다. 물론, 결혼 제도 이외에도 자연과 더불어 살며 자본주의의 확산을 차단하는 것 등, 여러 요인이 있긴 하지만, 세계 1위의 행복 국가라는 점에서 부탄의 결혼 제도가 예사롭지 않게 다가옵니다. 그것도 일시적으로만 그런 것이 아니라 국민들이 가장 행복해하는 국가로 매년 꼽힌다는군요. 그렇기에 플라톤 선생의 아이디어가 구현되고 있는 이상 국가 같다는 생각이 절로 듭니다.

**플라톤** 저 역시 지금 말씀을 들으면서 깜짝 놀랐습니다. 제 상상 속에서만 가능하다고 여겨졌던 일이 실제로 이 지구상에서 일어나고 있었군요. 나중에 시간이 되면 필히 여행을 다녀와야겠습니다. 제가 추구하는 이데아는 왠지 모든 방면에서 부탄에 가득할 것 같은 느낌입니다. 더불어, 그런 나라를 다스리고 있는 위정자야말로 진정한 철인이라는 생각이 드네요.

**공 자** 네, 전해 들으니 부탄의 국왕은 궁궐도 의회에 내주고 자신은 일반 가정집에서 왕비와 평민처럼 산다는군요. 그래서 그런지 국왕에 대한 국민들의 신임도 절대적이며 국왕 일가는 국민들의 사랑을 듬뿍 받고 있다고 합니다. 의회 역시, 그런 국왕의 처신을 존중해 다들 검소한 삶을 살고 있고요.

**플라톤** (흥분한 어투로) 정말이지, 제 살아 생전에 꼭 한번 눈으로 직접 보고 싶습니다. 지구 상에 그런 곳이 있다니 믿어지지가 않습니다.

**공 자** (역시 살짝 흥분한 듯) 가실 땐 제게도 꼭 연락 주시기 바랍니다. 사실, 부탄은 중국에서 더 가까운데 플라톤 선생께서 가고 싶다고 먼저 말씀하시니 제가 더 부끄럽습니다. 저 역시, 부탄에서 군자를 만날 수 있다면, 더불어 한평생 제가 추구하던 도를 깨우칠 수 있다면 그곳에서 죽어도 여한이 없겠습니다.

**플라톤** 여부가 있겠습니까? 반드시 연락을 드리도록 하겠습니다. 그나저나 이야기가 약간 샛길로 빠져나간 것 같은데 아까 하시던 이야기를 마저 하시지요.

**공 자** 네. 지금 말씀드린 부탄의 경우는 플라톤 선생께서 구상하신 결혼 제도가 실현 가능하다는 것을 잘 증명하고 있긴 하지만, 아테네와 부탄처럼 적당한 지역에 적당한 인구를 갖추고 있는 곳에서만 가능하다는 생각이 듭니다. 예를 들어, 플라톤 선생께서 단 한 번만이라도 중국에 건너와 보신다면 이해하시겠지만 우수 선발 집단 간만의 결혼을 허용한다는 발상이 중국에서는 도저히 먹혀들지 않을 겁니다. 워낙 넓은 땅덩어리에 워낙 많은 인구가 살고 있다 보니 무슨 일이 일어나고 있는지에 대한 파악조차 쉽지 않으니까요.

**플라톤** 충분히 이해가 갑니다. 사실, 20만 명에 달하는 포로들을 모두 생매장했다는 초나라 항우의 이야기를 조금 전에 듣고는 전혀 다른 세계 속의 이야기 같다는 생각을 했으니까요. 그야말로 부탄만큼이나 낯설게 느껴집니다.

**공 자** 네, 그래도 종합적으로 말씀을 드리자면, 아테네가 처한 현실을 바탕으로 인척 정치, 외척 정치, 혈연 정치를 배격하는 동시에 지혜와 능력으로만 위정자를 선발하고자 고안해 내신 결혼관에는 크나큰 감명을 받았습니다.

플라톤 공자 선생께서 좋은 점과 밝은 면만을 말씀해 주시는데 감사한 동시에 부끄러울 따름입니다. 사실, 저 스스로도 너무 과격한 발상이 아닌가 하는 생각에 공자 선생으로부터 어떤 말씀을 듣게 될까 조마조마했답니다.

공 자 무슨 말씀을요. 제가 옥석도 구분 못하는 줄 아십니까? 더불어서 성이라는 주제를 빌려 말씀드리자면 플라톤 선생께서 결코 나쁜 의도가 아니라 순수한 의도에서 이와 같이 말씀하셨다는 것은 「국가론」의 다른 부분을 통해 충분히 잘 알고 있습니다.

플라톤 아, 그렇습니까? 예를 들어서요?

공 자 네, 「국가론」의 중간 부분인 5장에서 여성의 성 평등을 강조하는 부분이 그렇습니다. 능력과 재능에 따라 남자와 같은 직업을 가질 수도 있으며 남자와 동등한 의무와 권리를 가져야 한다는 주장을 접하는 동안 제 머릿속은 하얗게 변했더랬습니다. 저의 경우에는 부끄럽지만 여자를 비하하는 듯한 내용들이 「논어」 곳곳에 나와 있으니까요. 이에 따라 저의 얘기는 조금 있다가 하기로 하고 먼저 플라톤 선생의 여성관부터 다시 한 번 듣고자 청합니다.

플라톤 역시, 공자 선생의 혜안慧眼[1]도 놀라우십니다. 아테네에

1 슬기로울 혜, 눈 안. 사물을 꿰뚫어 보는 안목과 식견.

서는 비난만 받던 몽상가적 생각을 그토록 칭찬해 주시니 감동스러울 따름입니다. 그럼, 제가 주창한 성 평등에 대해 먼저 간단하게 설명을 드리겠습니다.

**공 자** 네, 바라던 바입니다.

**플라톤** 제 철학의 가장 중요한 목표이자 목적이 바로 정의로운 사회의 구현이라는 것을 공자 선생께서는 잘 아실 겁니다.

**공 자** 물론입니다.

**플라톤** 따라서 저는 정의를 구현하기 위한 여러 가지 제도와 방법들을 고안해 냈습니다만, 그 가운데 하나가 제한적인 인적 자원을 효율적으로 활용해 최대한의 성과를 도출해 내는 것입니다.

**공 자** 흠, 인적 자원을 최대한 효율적으로 활용한다니 …… 발상 자체가 무척 재미있군요.

**플라톤** 네, 그래서 어렸을 때부터 그 능력을 보아가며 일찌감치 사, 농, 공, 상의 직업적 분화를 규정지어 주는 가운데 조기교육에 있어 자신의 재능을 보여주는 아이들은 수월 교육을 통해 철인 후계자로 양성하는 것을 사회 제도의 커다란 근간으로 삼았더랬습니다.

**공 자** 네, 전에 말씀해 주셔서 그 부분은 잘 알고 있습니다. 계속하시지요.

**플라톤** 따라서 중국에 비한다면 매우 제한적일 수밖에 없는 도시국가의 인적 자원을 최대한 효율적으로 운용하기 위한 방안으로 여성 인력의 활용에도 주목했던 것입니다.

**공 자** 아주 좋은 발상입니다. 실제로, 인구 폭발이 일어나기 전인 구석기와 신석기, 그리고 청동기 시대만 하더라도 인류 공동체는 여성의 지위가 매우 높은 모계 사회를 근간으로 하였습니다. 인력이 절대적으로 부족한 상황에서 여성이 낳는 아이 한 명 한 명은 무척 소중한 자원이었으니까요. 더불어, 수렵과 채집에 의존하는 식량 구조를 지니다 보니 여성까지 나서서 먹을거리를 찾아 다녀야 했기에 여성의 역할은 대단히 중요했지요.

**플라톤** 맞습니다.

**공 자** 하지만, 철기 문명 이후, 단단한 철을 이용한 농기구로 대량 경작이 가능해짐으로써 식량 사정이 비약적으로 나아진 가운데 인구도 폭발적으로 증가하게 되면서 여성들의 지위는 갈수록 낮아지죠. 특히, 중국은 논농사에 기반하고 있다 보니 짓기는 힘들어도 단위면적당 식량 생산이 많기에 인구도 폭발적으로 늘어나게 됩니다. 이에 따라 중국의 경우는 지구 상의 그 어느 곳보다도 강력한 부계 중심의 사회를 형성합니다.

**플라톤** 바로 그것입니다. 아테네나 중국은 이미 철기 문명의 혜택(?)을 흠뻑 누리고 있었기에 여성들의 지위가 남성에 비해 상당히 낮았습니다. 그래도 말씀을 들어보니, 여성들의 지위에 있어 아테네의 사정은 중국에 비해 매우 좋았습니다. 어쨌든 저는 정의로운 사회를 이룩하기 위해 유능한 철인을 위정자로 발탁해야 하고, 또 그러한 철인을 발탁하기 위해서는 철인 후계자들을 조금이라도 더

양산할 필요가 있다고 보았습니다. 이에 따라 아테네 인구의 절반에 해당하는 여성들에게도 남성과 똑같은 교육 기회를 제공하고 남성과 똑같이 사회 활동에 참여할 수 있도록 보장함으로써 철인 군주의 탄생을 위한 확률도 높이는 동시에 아테네의 국내총생산GDP 역시, 두 배 또는 그 이상으로 증대시키고자 했던 것입니다.

**공 자** 잘 알겠습니다. 플라톤 선생의 말씀을 들을진대 배우자들을 공유한다는 생각이 유가儒家적인 관점에서는 수용하기가 곤란하지만 여성의 권리 신장을 둘러싼 입장을 총체적으로 고려해 볼 때에는 대단히 합리적이고 조리 있는 생각이라고 사료됩니다. 강대국, 선진국, 문명국을 꿈꾸는 국가라면 앞으로 플라톤 선생의 말씀을 귀담아 듣고 여성 인력을 적극적으로 활용해야 할 것 같습니다. 이 점에 있어서는 심히 부끄러워집니다.

**플라톤** 그래도 공자 선생께 위로의 말씀을 드리자면 중국의 경우는 인구가 워낙 많다 보니 인적 자원으로서의 여성에 대한 고려도 상대적으로 미흡할 수밖에 없지 않았나 생각됩니다. 그럼, 이번에는 공자 선생께서 생각하시는 여성관에 대해 여쭤보겠습니다.

**공 자** 네, 그러시지요. 더불어 플라톤 선생께서 제 입장에 대한 변辯을 미리 말씀해 주셔서 감사합니다. 사실, 한 번 더 되풀이해서 말씀을 드리자면, 중국은 과밀도의 남성 중심적인 초거대 국가인 반면, 그리스는 아테네와 몇몇 메트로폴리스를 제외하면 평균 5,000여 명 안팎의 폴리스가 주를 이루는 사회입니다. 이와 함께, 그리스의 폴리스들이 목축이나 해상 교역을 통해 경제활동을 벌이는 것과 달리, 중국은 전통적으로 논농사를 지어온 농경사회입니다. 잘 아시다시피 고된 육체 운동이 요구되는 농경 사회에서는 남성이 절대적인 노동력으로서 역할해야 합니다. 이와 함께, 전쟁마저 잦다 보니 남성들의 역할은 더할 수 없이 막중했지요. 그리하여 제가 활동하던 당시의 중국에서는 여성의 지위가 무척 낮았습니다. 따라서 저는 중국의 질서를 어지럽히며 횡포를 부리는 남성들에게 윤리의 도를 먼저 깨우치게 하고 싶었습니다. 굳이 말씀드리자면 남성 중심적 사회에서 남성들을 계도하는 것이 제 철학의 핵심이었지요.

**플라톤** 그러셨군요. 그래서, 「논어」에서는 여성들이 상대적으로 덜 주목받을 수밖에 없었군요. 효를 강조하는 「논어」의 여러 구절에서도 아버지는 자주 등장하는 반면, 어머니는 거의 찾아보지 못했던 것 같습니다.

**공　자** 말씀해 주신 그대로입니다. 역시, 플라톤 선생의 지적은 언제나 들어도 날카롭고 명철하십니다.

**플라톤** 부끄럽게 무슨 말씀을요. 말이 나왔으니 말인데요, 양화陽貨편이던가요? "여자와 소인은 기르기 어렵더라. 가까이하면 불손하고 멀리하면 원망하니"[2]라는 구절이 지금

---

2 25장. 子曰 唯女子與小人 爲難養也(자왈 유여자여소인 위난양야) 近之則不孫 遠之則怨(근지즉불손 원지즉원).

언뜻 생각납니다만…….

**공 자** 이크. 결국 가장 가슴 아픈 곳을 후벼 파시는군요. (멋쩍은 웃음)

**플라톤** 어이쿠. 이거 죄송하게 됐습니다. (역시 멋쩍은 웃음) 사실, 이 부분은 제 여성관과 워낙 다르기에 특별히 관심을 가지고 눈여겨보았거든요. 과연 이런 것을 언급하실 때 어떤 생각을 하셨는지 그 배경이 궁금합니다.

**공 자** 중국 역사에서 여성의 지위에 대해 간단히 언급하자면, 최초로 여황제가 등장하는 것은 고대의 중국 사회가 정치적으로 안정된 후인 B.C. 150년경입니다. 춘추전국시대를 통일한 진나라가 15년 만에 망하고 초나라와의 30년 전쟁 끝에 한나라가 천하를 통일한 이후입니다. 평화로운 통일 중국을 다시 어수선한 상황으로 몰아넣었으며 수많은 사람을 도륙한 한나라의 여태후가 그 주인공이죠. 덧붙여 말씀드리자면 여태후는 한나라의 고조高祖 유방의 정부인이랍니다. 여태후 이후로는 매우 드물게 여성 군주가 나왔기에 중국의 역사적, 사회적인 측면들을 고려해 보면 여성에 대한 전반적인 관심이 적을 수밖에 없었지요. 중국 여성의 낮은 지위는 무려 20세기 초까지 이어져 오다 중국 공산당을 창당한 마오쩌둥 이후부터 혁명적으로 바뀌기 시작합니다. 마오쩌둥은 5,000년 중국 역사에서 아무도 관심을 기울이지 않았던 여성의 인권 문제를 일거에 해결하며 여성들의 구세주 같은 존재로 등장했죠. 그 점에서는 분명, 마오쩌둥毛澤東이 저보다 지혜롭고 현명한 군자였습니다.

플라톤 잘 알겠습니다. 그런 숨겨진 이야기가 있었군요. 그래도 이 자리를 빌려 말씀을 드리자면, 훗날의 역사가와 비판적인 지식인들이 중국 여성의 낮은 지위가 유교의 비하 및 무관심 때문이었다는 비판을 가해올 경우 어떻게 응수하시겠습니까? 공자 선생께서 다른 길을 택해 여성에 대해 논했다면 중국에서의 여성관이 지금과는 다른 방향으로 전개되지는 않았을까요?

공 자 부끄럽습니다만, 그에 대해서는 드릴 말씀이 없습니다. 입이 열 개라도 할 말이 없다고나 할까요? 분명, 여성에 대해 많은 배려를 쏟지 못한 것은 제 불찰입니다. 그에 대해서는 훗날의 역사가와 사상가들이 저를 비판하고 폄하해도 할 말이 없습니다. 하지만 플라톤 선생 역시, 아내의 공유—물론, 남편의 공유도 마찬가지이지만—와 관련해 진보적인 생각을 지니고 있는 여성주의자들로부터 큰 비판을 들을 것으로 예상합니다…….

플라톤 그렇습니다. 하지만 그 취지는 평등하게 일하고 동등한 조건 속에서 같이 생활하도록 함으로써 결코 성에 따른 차별을 허용해서는 안 된다는 것이었습니다. 때문에 당시로서는 용납되지 않고 있던 체육과 시가, 승마 같은 교육도 여성들에게 제공되어야 한다고 보았던 것입니다. 물론, 여성들이 목수나 대장장이로서의 직업을 가질 수 있어야 한다는 주장도 같은 맥락이었고요.

공 자 하지만, 여성들에게 제공되는 남성 전용 교육과 마찬가지로 여성 전용 교육 역시, 남성들에게 제공되어야 하는 것은 아니지 않습니까? 이를테면 요리라든지, 뜨개질 또는 집안 청소와 빨래, 육아 등과 같은 가사 노동 말이죠.

**플라톤** 앗, 그렇네요. 그렇게까지는 미처 생각해 보지 못했습니다. 그런데 요리나 육아 같은 가사 노동도 교육의 대상으로 포함시켜야 할까요?

**공 자** 그렇다면, 그 역시 남성 중심적인 생각에서 가사 노동은 교육의 대상이 될 수 없다는 말씀인가요? 「국가론」을 들여다보면 여성들이 체육 활동을 행함에 있어 남성들과 마찬가지로 웃통을 벗은 채 똑같은 교육을 받아야 함은 물론, 전쟁까지 수행해야 한다고 주장하신 구절도 기억이 납니다만, 진정한 평등주의자라면 남성, 여성의 구별 없이 서로의 영역에 관해 교육받아야 되는 것 아닐까요?

**플라톤** 허허, 이것 참. 이번에는 제가 공자 선생께 한 방 맞았습니다. 아니, 「논어」에서는 그토록 남성 중심적인 이야기를 기술하신 분으로부터 날카로운 공격을 받으니 조금 당혹스럽습니다.

**공 자** (멋쩍은 웃음) 그 점에 있어서는 드릴 말씀이 없습니다만, 이번 대화를 위해 굳이 플라톤 선생의 주장에 반박을 하자면 이런 비판도 가능하다 정도로 양해해 주신다면 감사하겠습니다. 더불어, 이 자리를 빌려 말씀드리자면, 플라톤 선생의 「국가론」은 여성에 대한 제 사고의 지평을 비약적으로 확장시켜 주었습니다.

**플라톤** 무슨 말씀을요. 조금 전의 말은 농담이었으니 너무 괘념

치 말아 주십시오. (웃음) 그나저나 공자 선생께서 제기하신 부분에 대해 생각해 보니, 우리 두 사람 다 생물학적 차이가 규정지은 역사적, 문화적, 사회적 차이를 쉬이 극복할 수 없다는 생각이 드네요.

**공 자** 저 역시 동감합니다.

**플라톤** 특히, 선생님의 말씀을 듣고 보니 세계적인 철학자들은 모두 남성이라는 생각이 머리를 스칩니다. 공자 선생과 저를 비롯해서 서양의 데카르트, 로크, 칸트, 헤겔과 동양의 맹자, 노자, 장자, 주자 등이 모두 남성이라는 것이죠. 그렇다면, 우리 두 사람 모두 우리의 후계자가 비판할지도 모를 남성 중심적인 철학 담론에 관해서는 도의적인 책임을 져야 할 것 같습니다.

**공 자** 그렇습니다. 그렇기에 이제부터라도 여성적인 관점을 반영한 철학을 전개해야 되겠습니다.

**플라톤** 20세기 중반 사르트르와의 계약 결혼으로 유명했던 시몬느 드 보부아르라는 여성 사상가가 문득 생각납니다. 「제2의 성」이라는 책으로 프랑스는 물론, 유럽 사회에 일대 센세이션을 불러일으켰던 그녀는 자신의 저서에서 여성이 생물학적으로 다르다는 이유로 얼마나 많은 편견과 선입관 속에 역사적으로 고통받아 왔는지를 적나라하게 드러내었습니다.

**공 자** 호, 그런가요?

**플라톤** 예를 들면, 남성과는 다른 신체 구조, 그 가운데에서도 특히 월경과 관련된 신체 작용은 여성이 불결하고 음습하다는 인식으로 연결되며 각종 신화와 전통, 관습과 전래 동화 등에서 숱한 편견과 차별을 가하는 기제로 작용해 왔다고 상세히 밝히고 있죠.

**공 자** 그렇게 말씀하시니, 저로서는 미처 생각해 보지도 못한 바를 훌륭히 다뤘다는 생각이 듭니다. 정말이지 플라톤 선생과 이야기를 나누면 나눌수록 제가 추구하는 도에 한 발짝 다가가는 듯한 느낌이 듭니다.

**플라톤** 부끄럽게 왜 그러십니까? 그 점에 있어서는 저도 마찬가지입니다. 저 역시, 시몬느 드 보브와르의 책을 접하고 나서야 여성의 입장을 남성들이 고려하는 데는 한계가 있을 수밖에 없는 현실을 깨달았으니까요. 물론 이 모두가 남성중심적인 문화와 가치관이 만든 또 다른 '동굴의 이데아'일 테지만요.

**공 자** 아, 그러고 보니 기억납니다. '동굴의 이데아'에 관한 예시 말입니다.

**플라톤** 허상과 실상을 명쾌하게 설명하기 위해 나름대로 고심해서 창안한 예시인데 마음에 드셨는지요?

**공 자** 아까부터 누누이 말씀드렸지만 참신성에 있어서, 더불어 적확성에 있어서 플라톤 선생은 그야말로 타의 추종을 불허하는 것 같습니다. 그만큼 독보적인 동시에 독창적이라는 말씀이지요.

**플라톤** 하하. 꼭 그렇게까지 칭찬을 들으려 했던 것은 아닌데, 이거 엎드려 절 받는 꼴이 되고 말았습니다.

**공 자** 왠걸요. 여하튼 우리가 나누던 이야기를 마저 이어보면 저 역시 남성으로서 여성의 입장을 헤아리는 데는 분명히 한계가 있을 수밖에 없다고 인정합니다. 그럼에도 불구하고 저와 달리 플라톤 선생께서 「국가론」을 통해 인류 문명에 끼친 공헌은 여성의 권리 신장에 있어서 남성과의 완전한 평등을 주창하셨다는 데 있지 않겠습니까? 그것도 서양사, 아니 인류사 최초로 말입니다. 동양에서 여성에게도 동등한 교육 기회를 주어야 한다는 생각은 서양 문물의 영향을 받기 전까지 존재하지 않았으니까요.

**플라톤** 그렇게 말씀해 주시니 진심으로 감사드립니다.

**공 자** 다만 플라톤 선생의 주장 가운데 다소 안타까운 것이 있다면 저의 경우는 사람들의 자율 의지를 북돋는 방향으로 「논어」를 설파한 반면, 플라톤 선생께서는 제도를 구축하는 방향으로 「국가론」을 역설하셨다는 점일 것입니다. 더불어, 그런 제도 구축에 있어서 성과 결혼에까지 관여하셨으니까요. 따라서, 제가 걱정스러운 바는 플라톤 선생의 좋은 의도와는 달리, 훗날의 정치인들이 자의적으로 재단해 자신들만의 이상 국가를 만든다는 명분 아래, 국민들을 고통의 나락 속에 빠뜨릴 수 있다는 것입니다.

**플라톤** 그렇습니다. 사실 「국가론」을 저술할 땐 그와 같은 생각을 해본 적조차 없습니다만, 이제 공자 선생의 말씀을 듣고 보니 훗날에 제가 제 생각 이상으로 높은 대우를 받게 된다면 그럴 가능성도 충분히 있겠다는 생각이 듭니다. 그런 국가가 불가능하다는 것을 알고 있는 가운데 관념적인 차원에서 그 필요성을 한번 생각해 보라는 의미로 논의한 것이지만 말입니다.

**공 자** 물론, 저라고 왜 모르겠습니까? (조심스러운 표정으로) 하지만, 관념만으로 이상국가를 건설한다 해도 인간의 자율의지가 중요한 분야에 대한 논의는 좀 더 신중한 자세가 필요하다고 봅니다.

**플라톤** (다소 정색하며) 무슨 말씀이신지요?

**공 자** (역시 표정을 조금 고쳐 지으며) 예를 들어 정치 체제나 법률 같은 제도는 상관이 없지만 결혼처럼 사랑이라는 감정이 필연적으로 결부되게 마련인 영역에서는 개개인의 자유가 가급적 존중되어야 한다는 것입니다. 그것이 비록 수호자나 통치자 집단이 돼도 말이죠. 사랑이라는 감정 없이 지배 계층의 존속을 꾀하기 위해, 더불어 최고의 능력자들을 지속적으로 배양하기 위해 결혼이라는 제도를 이용한다면 인류 공동체는 그야말로 끔찍한 사회로 전락할 우려가 높습니다. 무엇보다 사랑을 모르는 이들과 그런 이들 사이에서 태어난 2세 철인들이 어찌하여 백성들을 제대로 사랑할 수 있겠습니까? 플라톤 선생께서도 잘 아시겠지만 인간이 동물과 다른 이유 가운데 하나가 바로 남녀 간의 사랑, 더불어 부모와 자식 간의 사랑이라는 감정이 존재하기 때문 아니겠습니까?

**플라톤** 물론입니다. 지금 공자 선생께서 말씀하신 그대로입니다. 하지만, 저는 인간이 동물로부터 배워야 할 것은 배워야 한다는 입장에서 그런 주장을 취하게 된 것입니다. 동물 세계를 살펴보면 적자생존의 원칙 아래, 가장 우수하고 강한 종이 계속해서 자신의 종족을 퍼뜨리니까요. 나중에 우생학優生學과 관련된다는 비판을 받을지언정, 무엇보다 해당 민족, 해당 공동체, 해당 도시국가가 약육강식의 인간 사회에서 살아남아야만 정의 사회 구현과 이상 국가 건립이라는 웅대한 목표가 달성되는 것 아니겠습니까? 15년 만에 망했다고는 하지만 중국의 500년 춘추전국시대를 끝낸 진나라 통치 철학이 한비자의 법가法家였다는 사실을 상기해 보시기 바랍니다. 톱니바퀴처럼 맞물려 돌아가는 율律과 영令의 시행은 남들이 쉽게 넘볼 수 없는 강한 국가, 더불어 국내외의 혼란상을 일거에 종식시킬 수 있는 가장 강력한 기제로 작용할 수 있습니다.

**공 자** 그런 취지를 저인들 왜 모르겠습니까? 아까 대화의 시작 즈음에 말씀드렸다시피 플라톤 선생의 성 평등에 대한 창발創發은 아무리 강조해도 지나치지 않습니다. 하지만 자신이 사랑하지도 않는데 전쟁터에서 공을 세웠다는 이유로 종자가 우수한 여자와의 동침을 허락받거나 또 우수 집단 내에서도 제일 변변찮은 이가 역시 제일 변변찮은 이성과만 관계를 맺어야 한다는 플라톤 선생의 각론各論[3]은 사람을 사람으로 보기보다 우수한 유전자 보유자만 볼 우려가 있습니다. 더불어, 여자의 입장에서 볼 때 사랑하는 사람이 있음에도 불구하고 사랑하지도 않는 이와의 동침을 강제당하는 것은 받아들이기가 무척 힘듭니다. 플라톤 선생께서 주창하시는 결혼 제도에서는 사람이 사람으로서 '대접'받기보다는 종족 유지와 종족 번식을 위해 하나의 도구로 '취급'된다고밖에 볼 수 없습니다. 그렇게 되면 목적이기보다 수단으로 전락한 인간의 운명이 슬프고 암울하지 않을까요? 이거, 말씀을 드리다 보니 저도 모르게 감정을 제어하지 못하고 실례를 한 것 같습니다.

**플라톤** 괜찮습니다. 저 역시 공자 선생의 심경은 충분히 이해합니다. 하지만 완벽하고 이상적인 국가를 만들기 위해서는 어쩔 수 없이 희생해야 하는 부분이 있다고 봅니다. 더불어 제 결혼 제도를 그저 자연스러운 관습으로 받아들이게 될 경우, 커다란 문제는 되지 않을 수도 있다는 생각입니다. 앞서 부탄이라는 나라의 이야기를 언급해 주셨지만 저는 일부다처제와 일처다부제의 혼용이 과연 사랑만으로 유지되는지에 대해서는 궁금하기 짝이 없습니다. 이와 관련해서는 조만간 부탄을 방문해 남녀 간의 통정通情에 대해 연구를 해보아야 할 것 같습니다.

**공 자** 플라톤 선생 말씀은 결혼 제도도 여타 제도처럼 강한 국가, 이상 국가, 철인 국가를 구현하기 위한 수단으로 활용해야 한다는 것이지요?

---

3 논문이나 저술 따위에서 하나의 주제 가운데 구체적인 낱낱의 문제를 떼어 자세히 논함. 또는 그런 낱낱의 학문 분야.

**플라톤** 그렇습니다. 수호자들이 처자를 공유해 서로 한 가족이 되고 또 고통과 즐거움을 함께 나누는 공동체가 되어야만 이상 국가 건설에 가까이 다가갈 수 있으니까요. 예를 들어, 저희 아테네의 가장 큰 골치였던 지배 계층 간의 고소와 고발에 따른 소송 홍수도 제 결혼 제도를 도입하게 되면 사라질 것으로 봅니다. 선별된 수호자 집단이 서로 배우자를 공유하는 동시에 사적 재산마저 공유해야 하기 때문입니다. 아, 소유에 대한 부분은 미처 말씀드리지 못했습니다만, 「국가론」을 읽어 보셨기 때문에 충분히 이해하고 계시리라 믿습니다.

**공 자** 네, 물론 잘 기억합니다. 하지만 지금은 성에 대한 토론을 진행 중이니 우선 성 문제에 집중하고자 합니다.

**플라톤** 옳으신 말씀입니다.

**공 자** 그럼, 계속해서 플라톤 선생의 말씀을 이어 나가도록 하겠습니다. 저는 사적 재산은 물론, 배우자를 공유하는 것으로 수호자 집단이 한 가족과 같은 유대감을 갖게 될 뿐 아니라, 친, 인척을 둘러싼 도덕적, 금전적 비리가 타파될 수 있다고 믿지 않습니다.

**플라톤** 제 이야기의 방점은 수호자들이 일치단결해야 된다는 데 있습니다. 그리고 일치단결하기 위해서는 가족처럼 가까워져야 하며 그러기 위해서는 처자를 공유해야 한다는 것이지요.

**공 자** 네, 물론 취지는 충분히 공감하는 바입니다. 플라톤 선생의 발상 자체는 대단히 창의적이니까요.

**플라톤** 감사합니다.

**공 자** 하지만 그런 국가가 있다손 치더라도 수호자 집단으로부터 국민에 이르기까지 모두가 행복하게 삶을 영위할 수 있을까요?

**플라톤** 저 역시 모르겠습니다. 단지, 후배 정치가들에게 새로운 실험 정신을 주입시켜 지금과는 다른, 아니 지금보다 진일보한 사회 건설에 도전해 보라고 말하고 싶을 따름입니다. 이미 제 시대 제 사회에서도 공자 선생께서 말씀해 주신 것과 같은 비판은 상존했습니다만, 저는 그러한 비판에 굴하지 않고 미래 지향적인 사회 건설을 꿈꿔왔으며 지금도 꿈꾸고 있는 중이니까요.

**공 자** (무척 조심스럽게) 외람된 말씀이기는 하지만 이전에 말씀해 주신 플라톤 선생의 어린 시절이 이처럼 다소 극단적이고 강제적인 결혼 제도를 부지불식간에 잉태하지 않았나 생각합니다.

**플라톤** (표정을 고쳐 지으며) 조금 더 자세히 말씀해 주시겠습니까?

**공 자** (더욱 조심스러운 표정으로) 네, 그나저나 제 말씀이 플라톤 선생께 언짢게 들리지나 않을까 심히 걱정이 됩니다만…….

**플라톤** (태연하지만 궁금한 얼굴로) 그럴 리가 있나요? 단지, 제 유년 시절과 저의 결혼관이 연관 있다는 말씀을 하셨기에 궁금해서 여쭤보는 겁니다.

**공 자** 네, 그럼 말씀 드리겠습니다. 앞서 우리의 어린 시절이 그리 순탄치만은 않았다는 이야기를 기억하실 겁니다.

**플라톤** 기억하다마다요. 계속하시지요.

**공 자** 다시 말씀 드리자면 저의 경우에는 아버님이 칠십 노인이셨고 어머니께서는 10대의 젊은 처자였기에 그 궁합에 있어 세간의 놀림과 조롱을 많이 받았더랬습니다.

**플라톤** 충분히 짐작이 갑니다. 부친과 모친의 결혼을 놓고 주변에서 얼마나 말들이 많았겠습니까?

**공 자** 그렇지만, 나이 일흔에 얻은 아들이어서 그랬는지 아버지께서는 저를 끔찍이 아껴 주셨습니다. 그런 아버지를 잘 공경하고 어려워하신 어머니께서도 분에 넘치는 사랑을 제게 주셨고요.

**플라톤** 아하, 그러셨군요. 부럽습니다.

**공 자** 플라톤 선생과 말씀을 나누면서 저 역시 깨닫게 된 것이지만, 그렇게 어린 시절 부모님으로부터 듬뿍 받은 사랑이 부지불식간에 저로 하여금 부모에 대한 효와 형제에 대한 제悌는 물론, 타인에 대한 애정과 배려, 사랑을 가장 중요하게 생각하도록 만들었지요.

**플라톤** 잘 알겠습니다. 한데 저의 경우는 유년 시절에 공자 선생과 같은 사랑을 받을 수 있었던 기회 자체가 무척 적었단 말씀이군요.

**공 자** 굳이 말씀을 드리자면 그러한 가정적인 배경도 플라톤 선생의 결혼 사상에 대해 어느 정도 영향을 끼치지 않았을까 유추할 수 있겠죠.

**플라톤** 사실 부끄러운 가정사입니다만, 말씀하신 대로입니다. 저의 경우에는 아버지인 아리스톤이 워낙 일찍 돌아가셨기에 아버지에 대한 기억이 사실상 없다시피 합니다. 그렇다 보니 아버지란 존재가 그렇게까지 꼭 필요한 것인가 하는 생각을 하게 되었고요. 물론 지금도 결혼에 별 관심이 없는 가운데 혼자 지내고 있답니다.

공 자 저런, 지금까지 독신이셨군요. 저는 플라톤 선생께서 결혼을 하셨고 자녀분들도 상당히 많을 것이라고 생각했습니다만. 이거 사적인 대화를 나누게 돼서 본의 아니게 실례를 한 것 같습니다.

플라톤 괜찮습니다. 제가 독신이라는 사실이 잘못된 것도 아니고 그렇다고 부끄러울 것도 없으니까요.

공 자 그렇긴 합니다. 하지만, 동양적인 사고방식으로는—보다 구체적으로 말씀드려 유가적인 사고방식으로는—남자란 모름지기 가정을 꾸려야 합니다. 농경문화를 기반으로 하고 있다 보니 밖에서 농사를 짓고 안에서는 이를 내조하는 아내가 서로 돕고 살아야 하기 때문이죠. 자식들을 낳아 늘그막에는 자식들로부터 부양을 받아야 하는 노후 설계의 목적도 다분하고요.

플라톤 잘 알겠습니다. 그야말로 농사를 짓지 않고는 생계를 이어나가기가 힘든 구조가 중국 사회였기에 결혼에 대한 고정 관념도 확고했나 봅니다.

공 자 그렇습니다. 플라톤 선생의 경우에는 친어머니께서 일찌감치 재혼을 하셨다고 했는데 그와 같은 가정환경이 플라톤 선생으로 하여금 가정이라는 곳이 따스하고 행복한 곳이라기보다 사회를 구성하는 가장 작은 단위의 공동체일 뿐 그 이상도 그 이하도 아니라고 생각하게 유도했을 수도 있을 겁니다. 플라톤 선생께서는 어렸을 때부터 아이들을 떼어 놓고 누가 아버지인줄 모르게 키워서 혈연에 대한 애착을 없애야 한다고 말씀하셨습니다만, 이 역시 저와는 관점이 다릅니다.

**플라톤** 계속 말씀하시지요.

**공 자** 앞서 정치 편에서 말씀을 드렸다시피 일전에 어떤 이가 제가 왜 정치를 하지 않는지 물어온 적이 있습니다.

**플라톤** 아, 네 기억납니다. 그래서 서書에 이르기를 "오, 효로구나. 효도와 형제간의 우애를 정사에 배운다"라는 답을 돌려주셨지요. 더불어 "이 또한 정치하는 것이니 어찌 그것만을 정치라고 할 수 있을까?"라고 답해 주셨죠?

**공 자** 그렇습니다. 플라톤 선생의 논리대로라면 수호자 집단에서 아버지를 모른 채 자란 아이들은 미래의 철인이 될 겁니다. 하지만 아버지에 대한 살가운 효 없이 자란 아이가 과연 훗날 철인이 되거나 또는 철인이 되지 않는다 한들, 국가를 위해 진실되게 봉사할 수 있을지는 심히 의심스럽습니다. 친부모로부터 제대로 된 애정을 받지 못하고 자란 이가 친부모의 사랑을 듬뿍 받았기에 가슴 속에서 우러나오는 효를 실행하는 이보다 국가에 대해 바람직한 충성을 행할 수 있으리라고는 보지 않습니다. 어찌 보면 북한 같은 사회가 플라톤 선생의 「국가론」이 유발할 수 있는 부정적인 측면을 고스란히 보여주고 있다고 생각합니다. 자신의 친부親父, 친모親母조차 거리낌

없이 고발하며 국가 지도자에 맹목적으로 충성하도록 함으로써 인간의 자연스런 도리를 저버리게 만드는 사회가 결국은 지구 상 어디에서도 볼 수 없는 초현실 괴물 국가를 만드는 것이 아닐까요?

플라톤 물론, 공자 선생의 말씀에 대해 크게 이의를 달 생각은 없습니다. 「국가론」에서는 국가의 정체에서부터 이데아는 물론, 이상 국가 및 철인 통치에 이르기까지 수많은 주제와 개념들에 대해 논하고 있지만, 공자 선생께서 정치의 출발점으로서 가장 중요하게 여기시는 효孝와 제悌에 대한 이야기가 없으니까요. 그 점에 대해 「국가론」이 매우 소홀했다는 사실은 인정합니다.

공 자 이거, 그런 말씀을 들으려 했던 것은 아닌데, 막상 플라톤 선생께서 인정해 주시니 오히려 제가 더욱 송구스럽습니다.

플라톤 아닙니다. 인정할 것은 인정해야지요. 솔직히 말씀 드리자면 이상 국가를 건설함에 있어 저에게 가장 중요했던 사회 구성단위는 국가였습니다. 즉, 위에서부터의 설계를 통해 사회의 구석구석까지 통솔하고 제어하고자 했던 것이지요. 그런데 지금 공자 선생의 말씀을 듣고 보니, 유가儒家에서는 오히려 아래에서부터의 설계를 중요시했다는 느낌이 듭니다. 물론, 이러한 점은 제가 간과했던 부분이고요.

공 자 그렇게 말씀해 주시니 더욱 부끄러워집니다.

플라톤 여담입니다만 같은 사안에 대해 서로가 어떨 때는 완전히 다른 접근법을 선보이지만 궁극적으로는 서로의 생각이 닿는 것을 확인하면서 깜짝깜짝 놀라곤 합니다.

**공 자** 저 역시 마찬가지입니다. 사실, 이상 국가를 만들고자 하는 것이 우리의 궁극적인 목표이니까요. 더불어, 우리 두 명의 생각이 똑같다면 오늘의 만남에 무슨 의미가 있겠습니까? 다른 사회, 다른 환경, 다른 역사, 다른 문화 속에 각자가 최선을 대해 고안해 낸 이상 국가 및 철인에 대한 사려 그 자체에 의의가 있을 따름이지요.

**플라톤** 옳은 말씀입니다. 그래서 다음에 나눌 이야기도 무척 기대됩니다. 대화 주제는 무엇으로 할까요?

**공 자** 네, 예술로 정하는 것이 어떨까요? 「국가론」을 보면 예술에도 조예가 깊으신 플라톤 선생의 '이상 예술론'이 곳곳에 펼쳐지니 말입니다. (웃음)

**플라톤** 좋습니다. 저 역시, 「논어」 곳곳에서 음악과 시를 논하시는 공자 선생을 접하고서는 묘한 동질감을 느꼈으니까요. (맞웃음) 그럼 이제부터 예술에 관한 대화를 예술적으로 진행해 볼까요? (미소)

**공 자** 그러시죠. (맞미소)

七

# 시와 표현의 자유 VII

**플라톤** 이번엔 제가 대화의 물꼬를 트겠습니다.

**공 자** 그러시지요.

**플라톤** 제 기억이 맞는다면 공자 선생께서는 「논어」에서 시와 음악에 대해 자주 언급하셨습니다.

**공 자** 그렇습니다.

**플라톤** 위정爲政 2장이던가요? 시경詩經에 나오는 300개의 시를 한마디로 표현하자면 생각에 사악함이 없다[1]는 말씀이 가장 먼저 등장하는 예술론인 것 같습니다. 이른바 '시론' 또는 '시학詩學'이라고나 할까요?

---

1 詩三百 一言而蔽之 曰 思無邪(시삼백 일언이폐지 왈 사무사).

**공 자** 정확하게 기억하시고 있군요. (웃음) 더불어, 시를 논하는 학문이라는 의미에서의 '시론'과 '시학'이라는 어감이 무척 좋습니다.

**플라톤** 감사합니다. (부드러운 미소를 띠며) 한데 제가 잘 몰라서 그러는데 시경이 무엇인지요?

**공 자** 앗, 이거 죄송하게 됐습니다. 시경에 대한 설명을 먼저 드렸어야 하는 것인데 말이죠. 플라톤 선생께서 「논어」와 한자어에 밝으시다 보니 때때로 아테네 출신이라는 것을 새까맣게 잊어버리지 뭡니까?

**플라톤** 괜찮습니다. (웃음)

**공 자** 네, 시경이란 시를 모아놓은 경전의 줄임 말로, 주나라 초기인 기원전 11세기부터 제가 태어나서 대륙을 풍미한 기원전 5~6세기까지의 시들을 한 권에 수록한 책입니다. 원래 3,000여 편이 있었는데 제가 311편[2]으로 간추려 정리했죠. 시경에 나오는 시들은 노래 가사에 해당하는 것들로, 남녀 간의 정과 이별을 다룬 내용에서부터 공식 연회에 쓰이는 의식가儀式歌나 제사에 사용되는 악시樂詩 등이 있답니다.

**플라톤** 아하, 그러셨군요. 정말이지 대단하십니다. 사실, 도덕이나 윤리에 관심을 지니고 있는 이들이 음악과는 그다지 친하지 않을 것 같은데 공자 선생께서는 무척 예외적인

2 현재 전해지는 것은 305편이다.

것 같습니다. 굳이 말씀드리자면, 학문과 예술, 모두에 능하시다고나 할까요?

**공 자** 부끄럽게 또 왜 그러십니까? 그렇게 따지면 플라톤 선생도 마찬가지 아니십니까? 「국가론」이라는 다소 딱딱한 주제를 다룸에 있어 시인과 음악가에까지 그 논의를 확장하셨으니 말이죠.

**플라톤** 아, 이야기가 또 그렇게 흘러가게 되나요? 어쨌든 시경 편찬과 관련해 공자 선생께서 하신 작업을 들여다보노라면 시쳇말로 K팝이나 응원가, 축가, 추모가 등 대중적인 음악의 가사들을 핵심적으로 총정리하신 것 같습니

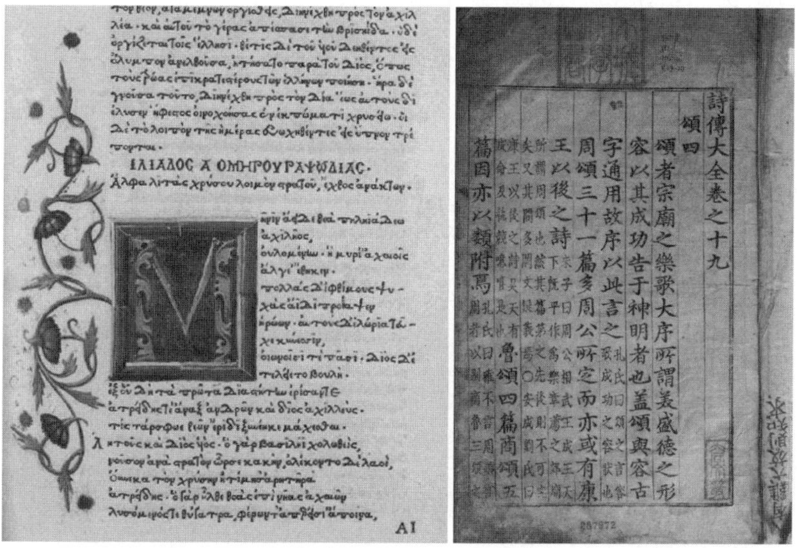


표현의 자유와 함께 시를 대하는 플라톤과 공자의 입장은 매우 다르다. 호메로스의 대서사시 일리아드와 오디세이가 어린아이들에게 해악을 끼치는 작품이라고 본 플라톤과 달리, 공자는 고대의 시가들을 모아 놓은 시경(詩經)을 최고의 인문학 교재로 인식한다. 물론, 양측의 입장 차에는 동양과 서양에서 다루고 있는 시의 내용들이 워낙 상이하다는 요소가 자리한다. 사진은 위키피이아 커먼스와 한국학중앙연구원에서 제공하고 있는 일리아드와 시경.

다. (웃음)

공 자 무슨 말씀이신지 정확히 이해가 되지는 않습니다만, 대략 알아는 듣겠습니다. (역시 웃음)

플라톤 그런데, 음악에, 아니 보다 정확히 말씀을 드리자면, 가사에 관심을 기울이시게 된 계기나 이유가 있습니까?

공 자 아까도 말씀하신 바와 같이 도덕적이고 윤리적인 측면에만 몰입하다 보면 인생이 자칫 빡빡해질 뿐만 아니라 세상을 보는 시야도 좁아지기 쉽다고 봅니다. 따라서, 음악을 통해 마음을 가다듬거나 여유롭게 사고함으로써 이전보다 한층 발전적인 사고를 도출해 내기 위함이라고 보시면 될 것 같습니다. 물론, 우리 시대 민초들의 생활상을 후대에 보다 생생하게 전달하기 위해 민속지학적인 작업을 수행하고자 했던 의도도 있습니다만.

플라톤 「논어」를 통해 보여주신 인간과 인생, 더불어 공동체 및 정치 등에 대한 통찰력 있는 단상들은 예술적 감상을 통해 이완된 두뇌 활동의 산물이 아닐까 살짝 생각해 봅니다. (웃음)

공 자 이거, 꿈보다 해몽이 좋은 플라톤 선생의 말 재간에는 도무지 당할 도리가 없습니다. (역시 웃음)

플라톤 과찬이십니다. 그나저나 아까 시경 편에서 말씀하던 바를 계속 이어주시겠습니까?

공 자 네. 조금 전에 시경 속의 작품들은 "생각에 있어 사악함이 없다"는 말씀을 전해 드렸습니다만, 팔일八佾편 20장에서도 시경의 "관저關雎편은 즐거우면서도 음란하지 않고 애틋하면서도 몸을 상하게 하지는 않는구나!"[3] 하고 일컬었죠. 제게 시란 그 기본 정신이 가장 중요하니까요.

**플라톤** 전적으로 공감합니다. 저 역시, 「국가론」에서 시인과 이야기꾼들에 대해 언급했습니다. 물론, 사람들에게 지나친 망상과 그릇된 가치관을 강요하기에 매우 부정적으로 묘사했지만요.

**공 자** 하지만 그런 시들이 사악하거나 음란한 것은 아니지 않습니까?

**플라톤** 공자 선생의 기준으로 볼 때 그렇긴 합니다. 하지만 아테네, 더불어 그리스의 폴리스는 신정神政 정치가 대단히 강한 효력을 발휘했습니다. 이에 따라 시인과 이야기꾼들의 입을 통해 전달되는 신화와 이에 대한 유비類比[4]가 그리스인들의 일상생활 속에서 대단히 큰 영향력을 발휘했지요.

**공 자** 저 역시 플라톤 선생께서 이전에 말씀해 주셔서 잘 알고 있습니다.

**플라톤** 제 고향 아테네는 신들과 관련된 관습이 의, 식, 주 전반에 걸쳐 사회 구석구석까지 뿌리 내리고 있었습니다. 오죽했으면 소크라테스 스승님께서 신을 믿지 않는다는 이유로 사형을 당하셨겠습니까?

**공 자** 네, 그렇군요. 계속하시지요.

---

3 關雎 樂而不淫 哀而不傷(관저 낙이불음 애이불상)
4 맞대어 비교함.

**플라톤** 감사합니다. 그리하여 시인과 이야기꾼들이 전해주는 신에 대한 찬가와 함께, 신들 간의 사랑, 다툼, 질투, 반목 등에 관한 이야기는 아테네인들로 하여금 부지불식간에 인간 사회의 모든 일들이 인간이 아닌, 신들에 의해 주관되는 것으로 인식하도록 유도했습니다.

**공 자** 그렇군요.

**플라톤** 적이 침입해 들어와도 자기 자신과 국가의 잘잘못을 돌아보기보다 신들에 대한 제사를 게을리 하였거나 신들의 노여움을 샀기에 비극이 초래됐다고 해석하는 것은 물론, 부부간에 불화가 생겨도 신들의 질투가 원인으로 작용했다는 식으로 풀이하는 것이 아테네의 일상사였습니다. 마치, 종교에 지나치게 빠지면 세상만사를 신의 의도로 치부하는 것처럼 말입니다.

**공 자** 그러고 보니 그와 관계된 심리학 용어를 들은 기억이 있습니다만. 뭐라고 하더라. 맞다. '기본적 귀인 오류' 또는 '근본 귀인 오류'fundamental attribution error라고 하더이다.

**플라톤** '기본적 귀인 오류'라…… 말이 좀 어렵군요.

**공 자** 어떤 사람의 행동을 설명할 때 상황적인 원인보다는 행위자의 내부 원인을 더 중요하게 간주하는 경향이라고 하더군요. 예를 들어, 밤늦게 귀가하다가 돌부리에 채여 길바닥에 넘어졌을 경우, 주변에 변변찮은 조명 시설이 없었거나 또는 길 한가운데에 있는 돌부리가 제거되었어야 하는데도 불구하고, 그러한 외부적 상황은 전혀 고려하지 않은 채 밤늦게 돌아다니다가 넘어진 자신만을 책망한다는 것입니다. 잘은 모르겠지만, 그리스의 경우는 뭐든 잘 풀리지만 않으면 신들이 노해서 그렇다거나 신들이 질투해서 그렇다는 식으로 '신화적,' '운명론적' 귀인 오류에 천착했던 것은 아닐까 싶습니다.

**플라톤** 대단하십니다. 어찌 한 마디만 건네 드렸는데 열 마디를 이해하실 수 있는지요? 네, 그렇습니다. 트로이와 그리스가 10년 전쟁을 벌이게 된 데에는 해상무역을 둘러싼 패권 다툼이 배경으로 작용했음에도 호메로스는 트로이의 왕자 파리스가 미의 여신 아프로디테의 도움으로 메넬라오스의 아내, 헬레나를 유혹해 트로이로 도망갔기 때문에 발발했다고 오도誤導[5]하였지요.

**공 자** 잘 알겠습니다. 어찌 보면 신과 인간의 매개자인 시인과 이야기꾼들이 아테네 시민들의 정신을 흐린다고 보셨던 것이군요. 굳이 표현하자면 막장 드라마가 아닌 신화 드라마에 아테네 시민들이 푹 젖어 살도록 했다고나 할까요?

**플라톤** 비록 막장 드라마가 무엇인지는 잘 모르겠습니다만, 신화에 관한 드라마만 죽어라고 틀어 대며 신의 존재와 신화의 사실성을 공고히 한 일등 공신이 시인과 이야기꾼들이었다는 것이 제 견해입니다. 각종 집회와 연회, 향연과 공청회 등에서 이들은 신을 찬양하고 경배하며, 신

5 그릇된 길로 이끎.

들 간의 이야기가 그리스의 역사와 어떻게 연관돼 있는가를 끊임없이 방송했지요. 그렇게 볼 때 공자 선생께서는 "음란하지 않고 애틋하면서도 '몸'을 상하게 하지는 않는 시"에 대해 언급하셨지만, 저는 "음란하지 않고 애틋하면서도 '마음'을 상하게 하는 시와 이야기"에 대해 논했던 것입니다.

**공 자** 아테네에서 시인과 이야기꾼들의 역할이 그 정도로까지 막중한 영향을 미치리라고는 전혀 짐작하지 못했습니다. 역시, 해당 공동체의 역사적, 사회적, 문화적 배경을 안다는 것과 모른다는 것은 천지차이이군요.

**플라톤** 따라서 저는 아테네를 마음대로 누비며 신들에 대한 이야기를 방송하고 다니는 1인 미디어들이 보다 발전적이고 건전하며 미래지향적인 콘텐츠를 전달해야 된다며, 만일 그들이 그와 같은 일에 동참하지 않을 경우에는 아테네에 발을 붙이지 못하게 해야 한다고 보았던 것입니다.

**공 자** 죄송하지만 발전적이고 건전하며 미래지향적인 콘텐츠라고 했는데, 그것이 구체적으로 어떤 것인지요?

**플라톤** 아주 좋은 질문을 해 주셨습니다. 사실, 이에 관한 내용은 「국가론」 2, 3장에서 자세히 언급했습니다. 신은 선하고 착한 존재이기에 본받을 만한 내용만 전달해야 한다는 것과 어버이를 공경하고 친구 사이의 우정을 하찮게 생각하는 일이 없도록 이야기를 들려주어야 하는 것이 그것이지요. 아테네의 아이들은 어렸을 때부터 유치원 등에서 수도 없이 그리스 신화를 듣고 자라는데 그들의 어린 영혼이 도덕적으로 잘 성장하기 위해서는 교훈적인 이야기들을 지속적으로 들려주어야 하니까요.

공 자 아, 그러고 보니 기억이 납니다. 「국가론」이 시작되는 초입에서 시와 설화에 대한 이야기를 전개하셨더랬죠?

플라톤 그렇습니다.

공 자 죄송합니다. 아무래도 플라톤 선생의 「국가론」에서 제 관심이 철인과 이데아, 그리고 이상 국가에 집중되다 보니 초입에서 제기하신 논제에 다소 소홀히 했나 봅니다.

플라톤 괜찮습니다. 저 역시 「논어」의 모든 부분을 다 기억하지는 못하니까요.

공 자 그렇게 말씀해 주시니 감사합니다. 그런데 그리스 신화에는 비도덕적인 이야기들이 많이 나오는가 봅니다.

플라톤 아, 제가 그리스 신화에 대한 설명을 드리지 못했군요. 그럼, 아주 간단하게나마 말씀드리겠습니다. 먼저, 그리스 신화에 처음으로 등장하는 1대 주신主神은 우라노스입니다. 다음으로 크로노스가 2대 주신, 그리고 제우스가 3대 주신이죠. 그런데 1대 주신인 우라노스는 하늘이고, 그를 낳은 동시에 그의 아내가 된 가이아는 땅입니다. 우라노스는 자신의 아이들이 세상에 나오는 것을 싫어해 가이어의 자궁 속에 가두어 두었습니다. 하지만 그 고통을 견디지 못한 가이아가 막내아들인 크로노스를 설득해 우라노스가 자기와 교접하려 할 때 크로노스가 우라노스의 남근을 자르게 합니다. 그렇게 해서 2대 주신이 된 크로노스 역시, 자기와 아내 레이아 사이에서 난 자식이 언젠가는 자신의 자리를 빼앗게 될 것이라는 예언을 듣고 레이아가 낳은 아이들을 모두 삼켜 버리죠. 하지만 레이아는 한 아이를 몰래 낳고 그 아이는 성장해서 아버지 크로노스가 삼킨 형제들을 꺼낸 후, 그들과 힘을 합쳐 크로노스와 그 형제들을 지하 세계의 맨 밑바닥에 가둬버리죠.

**공 자** 이런, 풍문으로만 재미있게 들었던 그리스 신화가 대단히 충격적으로 시작된다는 데 깜짝 놀랐습니다. 정말, 플라톤 선생께서 그러한 내용들이 스스럼없이 전송되는 것에 문제 의식을 가지실 수밖에 없었다는 것을 충분히 공감하겠습니다.

**플라톤** 알아주시니 감사합니다. 더불어, 그렇게 해서 올림포스 산의 3대 주신이 된 제우스와 나머지 11명의 신들은 서로에 대한 간통과 배신, 질투와 비난을 밥 먹듯이 하니 이상적인 국가 건설에 매진하고자 했던 저로서는 그와 같은 신화들이 무차별적으로 유통되는 것을 도저히 받아들일 수가 없었던 것입니다. 물론, 신들의 이러한 비도덕적인 행위는 비단 자신들의 공동체 안에서만 그치는 것이 아니라 인간 사회에까지 확장됐기에 그 문제의 심각성이 더욱 크다고 보았던 것입니다.

**공 자** 이제야 이해가 갑니다. 그러니까 플라톤 선생은 아테네 곳곳을 누비는 1인 미디어로서의 시인과 이야기꾼들이 비도적적인 동시에 운명론적이기까지 한 신화와 설화들을 퍼뜨리고 다니는 까닭에 시민들의 이성에 패악悖惡[6] 을 끼친다고 보셨던 것이군요.

**플라톤** 역시 공자 선생이십니다. 그리하여 비록, 사악함이나 음란함이 시가와 설화 속에 담겨 있지는 않더라도 시인과 이야기꾼들이 이상 국가 건설에는 그다지 필요가 없는 존재라고 보았던 것입니다.

**공 자** 이제야 플라톤 선생께서 「국가론」을 통해 주장하신 요지를 잘 알겠습니다. 아마 모르긴 해도, 미래에도 이와 같은 주장들이 반복적으로 되풀이되리라 여겨집니다.

**플라톤** 예를 들어서요?

**공 자** 비록 제가 능력은 없지만 굳이 예를 들자면, 미래엔 또 다른 종류의 미디어들이 사회 발전에 하등 도움이 되지 않는 이야기들을 뿌려댈 수 있다는 것이죠. 중국에도 진기하고 음탕한 그림책과 소설책들이 있기는 합니다만, 유통이 제한적이다 보니 아직까지는 별 문제가 없는 실정입니다. 하지만, 그런 것들이 대량으로 유통되고 또 아테네처럼 사회 전반에 걸쳐 큰 영향을 미친다면 무시 못할 문제가 되리라 여겨집니다.

**플라톤** 그렇습니다. 그래서 저는 시인과 이야기꾼이 신들의 존경스러운 모습을 중심으로 한, 보다 건전하고 미래지향적인 콘텐츠로 재무장해야 하다고 주장한 것입니다.

6 사람으로서 마땅히 하여야 할 도리에 어그러지고 흉악함.

**공 자** 당시의 상황이 이해가 갑니다. 하지만, 시 역시 잘만 다스리면 얼마든지 긍정적인 효과가 있는 것 아니겠습니까? 시와 예술이 발달한 나라는 열린 사회이며 이러한 사회가 곧 선진국일 터이니까요.

**플라톤** 물론, 제가 시와 서사의 순기능을 무시하는 것은 아닙니다. 저 역시 이들이 지닌 순기능을 잘 알고 있습니다. 문제는 시대적 환경이 쾌락 위주의 소비 사회를 장려할 경우, 언제든지 악화惡貨가 양화良貨를 구축할 수 있다는 사실입니다. 한번 돌아보시기 바랍니다. 음란하고 퇴폐적인 내용들이 제재받지 않고 유통되면, 소비와 공급은 순식간에 순기능적 예술을 시장에서 몰아낼 것입니다. 만약, 공자 선생께서 21세기 한국의 텔레비전과 케이블 채널, 인터넷을 둘러보신다면 TV 상에 넘쳐흐르는 프로그램의 질이 얼마나 낮은지 생생하게 목도目睹[7]하실 겁니다. 그런 까닭에 제가 꿈꾸는 철인 국가에서는 그러한 사태를 방지하기 위해 국가가 개입해야 한다고 봅니다.

**공 자** 마치 1970년대, 1980년대 한국에 있었던 방송심의위원회의 검열을 보는 것 같습니다. 결국, 그러한 사고 방식을 지닌 통치자와 지배 계층이 불륜을 부추길 우려가 있다는 명목 아래 아내가 나오는 가사를 금지시키거나 반항, 복수 등과 같은 단어의 사용을 허락하지 않게 되는

7 눈 목, 볼 도 눈으로 직접 봄.

것이죠. 그런 사회라면 자유로운 영혼을 지닌 예술가들은 얼마나 답답하겠습니까?

**플라톤** 「논어」 위정으로 기억합니다만, 공자 선생께서 편찬하신 시경 3백 편을 한마디로 요약해서 생각에 사악함이 없다고 평가하지 않으셨습니까? 생각에 사악함이 없을 경우에는 저 역시 예술가들의 자유로운 창작 활동을 얼마든지 보장합니다.

**공 자** 그렇다면 그 사악함의 정의는 누가 내리는 것인가요? 만일 군자이자 현자인 통치자가 해당 노래를 일일이 검토하면 모를까, 결국에는 그가 임명한 또 다른 이가 자신만의 잣대로 판단을 내린다면 어떻게 될는지요?

**플라톤** 중요한 사실은, 그만큼 풍기를 문란케 하는 내용의 시와 서사는 마땅히 제지되어야 한다는 것이지요. 모르긴 해도 공자 선생께서 모든 시를 다 편찬하지는 않으셨을 겁니다. 생각에 사악함이 없고 여러 면에서 교훈적이고 교육적인 시들만 모으신 것 아니겠습니까? 그런 면에서 예술의 창작 활동도 어느 정도 규제가 필요하다고 봅니다.

**공 자** 잘 알겠습니다. (조심스럽게) 한데, 플라톤 선생께서는 저와 향하는 곳이 같지만 그곳에 도달하기 위한 방법에서는 조금 차이가 있는 듯합니다.

**플라톤** (다소 의아하다는 듯이) 무슨 말씀인지요?

**공 자** 굳이 덧붙여 말씀드리자면, 저는 음란하고 사악한 시가와 이야기들을 제도적으로 규제하는 대신 예술적, 학문적 목적으로서의 가치가 높은 시가들을 제 자신이 직접 선별함으로써 자율성에 기반한 표현의 자유 및 출판 방식을 택했습니다. 반면, 플라톤 선생께서는 흔히 '허가제'라고 일컬어지는 시스템을 통해 일정 기준을 통과한 시가와 설화만 공동체 내에서 유통될 수 있도록 허락하신 것이지요. 그런 의미에서 비록 플라톤 선생과 제가 지향하는 목표 지점은 같지만 이에 이르기 위한 방법은 조금 다르다고 봅니다.

**플라톤** 저 역시 공자 선생의 날카로운 지적에는 백 번 공감합니다. 하지만, 해당 사회가 처한 지리적, 역사적, 문화적 환경에 따라 문제의 해법 역시, 영향을 받을 수밖에 없다는 점도 말씀드리고 싶습니다.

**공 자** 과연 그렇게 바라볼 수 있을까요?

**플라톤** 이를테면 공자 선생께서 저와의 대화를 통해 지속적으로 강조해 오신 바가 바로 면적과 인구에 있어 중국 사회가 지니고 있는 거대함이었습니다. 아테네라는 도시국가와는 비교할 수도 없는 그 엄청난 스케일 말이죠.

**공 자** 그렇습니다.

**플라톤** 따라서, 중국에서 시가나 이야기를 규제한다는 생각이 나올 리가 만무하겠지만 설령 나온다 하더라도 현실적으로 이를 규제할 수 있는 방법도 없을 겁니다. 이와 관련해 법학에서는 실정법이 정당성을 지니고 있다 하더라도 실효성이 없으면 아무런 의미가 없다는 사실을 적시하고 있죠. 반면, 아테네는 인구가 40만 안팎에 불과한 도시국가이기에 웬만큼 정당성을 확보한 규제는 실효성을 거두기가 무척 수월합니다. 바로 그러한 이유로, 소크라테스 스승님께서는 합법적으로 사형을 당하셨으니까요.

**공 자** 흠……. 플라톤 선생의 말씀은 잘 이해하겠습니다. 계속 말씀하시지요.

**플라톤** 이야기가 살짝 옆으로 샜습니다만, 제가 말씀드리고자 했던 바는 더도 말고 덜도 말고, 아테네 고유의 역사적, 문화적 환경에 주목해 달라는 것입니다. 고도의 경제적 번영을 구가해 왔다고는 하나, 정치적인 상황은 늘 어수선한 가운데 이웃 도시국가인 스파르타와의 전쟁에서 모조리 패한 나약한 아테네가 스파르타와 같이 이상적인 강국으로 발돋움하기 위해서는 부정적인 영향만 미치며 인간의 정신을 나약하게 만드는 시인들이 표현의 자유를 제한받아야 한다고 생각합니다. 그리하여 절제되고 교훈적인 이야기들을 듣고 자란 우수한 아이들 가운데에서 이상 국가를 이끌어 갈 철인 군주가 탄생하는 것이고요.

**공 자** 그렇다면 플라톤 선생께서는 이른바, 문화 강국보다는 군사 강국을 꿈꾸시는지요? 스파르타란 군사 대국은 최강의 군대를 보유하고 있지만, 문화적으로는 거의 불모지에 가깝다고 하더이다. 반면, 아테네는 인류의 지적 양식을 수도 없이 양산해온 인류 문명의 보고寶庫가 아니겠습니까? 아테네의 시인과 이야기꾼들 역시, 그처럼 찬란한 아테네의 문명 건설에 일조했다고 봅니다. 그리스의 대서사시, 「일리아드」[8]와 함께 「오디세이」[9]를 지은 호메로스도 그러한 이들 가운데 한 명이었고요.

**플라톤** 아니, 호메로스의 작품, 「일리아드」와 「오디세이」를 아시다니 정말 깜짝 놀랐습니다. 저도 중국에 대해서는 공부를 좀 하고 왔습니다만, 공자 선생께서도 보통이 아니십니다.

**공 자** 호메로스의 시들이 워낙 유명하다 보니 어디에서 귀동냥으로 주워들은 모양입니다.

**플라톤** 다시 공자 선생의 질문에 대해 답변을 드리자면, 아테네의 문명 수준이 스파르타에 비해 대단히 높은 것은 사실입니다. 그럼에도 제가 바라는 이상 국가는 문화보다 군사력에 방점을 둔, 더불어 위정자의 철인 통치에 따라 모든 이들에게 이익이 고르게 돌아가는 공동체라는 점입니다. 비록 예술적, 문화적인 측면에서는 척박할지언정 정치적, 경제적, 군사적인 측면에서는 그야말로 바랄 것이 없는 완벽에 가까운 이상향이 제가 생각하는 철인 국가이겠지요.

**공 자** 하지만 플라톤 선생께서 가장 존경해 마지않는 소크라테스 선생님께서도 신을 믿지 않고 젊은이들을 현혹시

8 그리스 최대의 민족 서사시. 1만5693행 24권. 각 권마다 그리스 문자의 24 알파벳 순으로 이름이 붙어 있다. 일리아드는 도시, 트로이의 별명인 일리오스에서 유래한 것으로 일리오스 이야기라는 뜻이다. 10년에 걸친 그리스군의 트로이 공격 중 마지막 해에 일어난 사건들을 노래한 서사시이다.

9 고대 그리스의 서사시로 트로이 전쟁을 마치고 귀환하는 오디세우스의 10년간에 걸친 귀향 모험담을 그린 작품.

킨다는 이유로 사형을 당하지 않으셨습니까? 그렇다면 생각이 다르고 그것을 말로 표현했다고 처벌받게 되는 상황을 그 누구보다 반대하셔야 할 것 같은 플라톤 선생께서 오히려 표현의 자유를 제한하신다는 것은 지극히 의외라고 생각합니다.

**플라톤** 아주 예리한 점을 지적해 주셨습니다. 이상 국가에 이르기 위한 철인 선발 과정에서 제가 추구하는 교과 과정을 앞서 잠시 설명을 드렸습니다만, 논리에 기초해서 상대방을 수사학적으로 설득하는 것과 검증될 수 없는 신화를 무차별적으로 퍼뜨리며 대중들을 오도誤導하는 것은 별개의 문제라고 생각합니다.

**공 자** 결국 플라톤 선생께서는 비논리적인 동시에 검증될 수 없는 선동적 발언은 제재를 가하는 것이 마땅하다고 보십니까?

**플라톤** 그렇습니다. 대중들, 특히 어린이들에게 그 파급 효과가 큰 신과 영웅들의 부정적인 이야기에 관해서는 더욱 그러합니다.

**공 자** 잘 알겠습니다. 그런데, 플라톤 선생의 말씀을 듣자니 문득, 신화학이라는 학문이 생각납니다.

**플라톤** 좀 더 말씀해 주시겠습니까?

**공 자** 신화학에서는 신화가 해당 민족의 역사에 관한 비밀 금고를 열 수 있는 열쇠라고 인식한답니다. 신화란 은유와 비유로 가득 차 있지만, 결국 해당 민족의 기원과 함께 해당 민족의 문화, 사회적 역사를 추적할 수 있다는 의미에서 말입니다. 예를 들면, 중국의 오른쪽 옆구리에 튀어나와 있는 한반도에서는 단군신화라는 건국 신화를 지니고 있는데 여기에서는 곰과 호랑이 가운데 곰만 100일 동안의 시련을 딛고 사람으로 환생해 하늘의 자손인 환웅과 결혼한다는 이야기가 나옵니다. 신화 학자들은 이러한 단군 신화가 곰을 숭상하는 부족과 호랑이를 숭상하는 부족 간의 전쟁에서 곰을 숭상하는 부족이 패권을 잡아 한반도에 정착했다고 해석하고 있습니다.

**플라톤** 무척 재미있군요. 하지만 그 역시, 신화학적인 해석일 뿐이며 학문적으로 가치가 있을지언정, 이상 국가 건설에는 그다지 큰 도움이 되지 않는다고 봅니다. 더불어, 규범적인 측면에서 그리스와 비교하면 별다른 문제가 있어 보이지도 않고요. 하지만, 비도덕적인 내용과 더불어 인간의 생각을 나약하게 만드는 그리스의 신화 및 영웅담에 관해서는 여전히 일정 수준의 제한이 필요하다고 봅니다.

**공 자** 아, 그렇게 말씀하시니 생각납니다. 「국가론」 초입에서 고자질, 부추김, 간통, 놀림 등과 같은 비도덕적인 행동과 더불어 슬퍼하거나 탄식하고, 아쉬워하거나 눈물짓는 신들의 행위조차도 사회 구성원들의 심지를 나약하게 만들 우려가 있다고 말씀하셨죠?

**플라톤** 안타깝지만, 그렇습니다. 자라나는 새싹들은 아름답고 본받을 만한 것들만 보고 들으며 성장해야 하니까요. 이런 말씀까지 드리면 더욱 놀라실지 모르겠지만, 저는 저

승의 일을 무조건 험하게만 말하지 말고 오히려 찬양하도록 요구했습니다. 장차 전사로 될 사람들을 위해 저승을 긍정적으로 묘사하는 것이 훨씬 유익하기 때문이죠. 아테네의 젊은이들이 웃음을 좋아하는 사람이 되는 것도 바라지 않습니다. 너무 자주 웃게 되면 사리분별이 흐려질 수 있으니까요.

**공 자** 지금까지 플라톤 선생과 여러 주제를 놓고 토론을 벌여 왔지만 시와 시인에 관한 대화를 나누면서 가장 많이 놀랐습니다.

**플라톤** 그렇습니까?

**공 자** 네, 동일한 장르인 시를 두고서 어쩌면 이렇게 견해가 다를 수 있을까 하는 생각 때문입니다.

**플라톤** 조금 더 말씀해 주시겠습니까?

**공 자** 사실, 신들의 비도덕적인 행위에 관한 시인들의 전언傳言을 허락하지 않는다는 말씀을 들었을 때만 해도 충분히 그럴 수 있다고 보았습니다. 하지만, 인간과 다름없이 생각하고 느끼는 신들의 희, 노, 애, 락 가운데 슬프거나 노여워하고 또 아쉬워하는 감정들도 시인의 낭송에서 제한해야 한다는 말씀을 확인했을 때는 무척 놀랐습니다.

**플라톤** 그렇습니까?

**공 자** 기본적으로 시에 관한 제 생각과 상당한 차이가 있기 때문이죠. 예를 들어 저는 양화陽貨편에서 “얘들아! 어찌 시를 배우지 않을 수 있겠느냐? 시는 감정을 표현할 수 있게 하며興, 사물을 보는 눈을 키우게 하고觀, 사람들과 어울릴 수 있게 하며羣, 잘못을 비판하게 한다.怨 더욱이 가까이로는 어버이를 섬기고, 멀리는 임금을 섬기며, 새, 짐승, 풀, 나무의 이름도 알게 하나니"[10]라고 말이죠.

**플라톤** 아, 불현듯 그 구절이 생각납니다. 저 역시, '중국의 시는 교육적인 동시에 교훈적인 내용을 담고 있는가 보다' 하고 생각했으니까요. 그렇다면, 이 대목에서 중국 시에 관해 공자 선생의 말씀을 청해 듣고자 합니다. 시경까지 편찬하셨기 때문에 중국의 시에 관한 한 가장 적임자가 아니시겠습니까? (웃음)

**공 자** 이거, 부끄럽게 또 왜 이러십니까? 혹시 부정적인 의미에서 말씀하시는 것은 아니겠지요? (웃음)

**플라톤** 그럴 리가 있겠습니까? 진정으로 시에 관한, 특히, 중국의 시에 관한 공자 선생의 말씀을 듣고 싶기 때문입니다.

**공 자** 그럼, 간단하게 말씀을 드리도록 하지요. 기본적으로 시란 저에게는 버릴 것이 하나도 없는, 대단히 소중한 대상입니다. 무엇보다 인간에 대한 이해를 깊이 할 수 있는 매개체이기에 정치를 함에 있어 선비들은 기본적으로 과거와 현재의 좋은 시들을 많이 알아야 한다고 생각

10 9장. 子曰, 小子! 何莫學夫詩?(자왈, 소자! 하막학부시?) 詩, 可以興, 可以觀, 可以羣, 可以怨(시, 가이흥, 가이관, 가이군, 가이원). 邇之事父, 遠之事君(이지사부, 원지사군), 多識於鳥獸草木之名(다식어조수초목지명).

합니다. 더불어, 시는 "언어의 용례가 가득 실린 백과사전" 같아서, "사물과 대상의 언어가 담긴 물명 사전"이라 해도 과언이 아니라는 생각입니다.[11] 그리하여, 시를 통해 선비들은 과거에서부터 현재에 이르기까지 인간사와 관련된 모든 이야기들을 정밀하게 더듬을 수 있음은 물론, 자연을 둘러싼 수많은 용어들을 자연스럽게 익힐 수 있으니 이 얼마나 좋은 매개체이겠습니까?

**플라톤** 잘 알겠습니다. 공자 선생의 말씀을 듣자 하니, 중국의 시들은 주로 인간사와 인간 사이의 감정, 그리고 자연에 대해 많이 논한 듯합니다. 그렇다면, 중국의 경우는 아테네에 비해 대단히 바람직하다고 볼 수 있습니다. 만일, 중국의 시들이 모두 건국 신화를 비롯해 신들에 대해서만 논하며 중국의 비판적인 사회상에 대해서는 말문을 닫는다면 어찌하겠습니까?

**공 자** 물론 그렇게 되면 저 역시 플라톤 선생과 같은 방식으로 생각할 확률이 높을 겁니다. 그럼에도 무엇을 금지시키고 무엇을 허용하게 하는 방식은 제게 그다지 살갑게 와 닿지 않습니다. 다만, 사안의 양 끝을 두드려 짐작할 뿐이죠.

**플라톤** 실례지만, 조금 전에 말씀하신 것이 무슨 뜻인지요?

**공 자** 앗, 이거 죄송하게 됐습니다. 제가 자한子罕편에서 언급

11 배병삼, 『한글세대가 본 논어 2』(2002), 384쪽.

한 말인데, 누가 제게 "당신은 나면서부터 모든 것을 다 아는 사람이냐?"고 묻자, "아니다. 단지 사안의 극과 극에 해당하는 주장을 면밀히 듣고 살핀 후에 그 중간 지점을 택해 가장 중용적인 결론을 내리고 이를 실천할 뿐이다"[12]라고 했죠.

플라톤 표현의 자유와 관련된 제 견해가 한쪽 끝에 위치해 있기에 그 자리에는 함께 서지는 않으시겠다는 말씀인지요?

공 자 꼭 그렇게까지 직접적으로 말씀드리는 것은 결례인 것 같고, 다소 적나라하게 표현이 되기는 했습니다만, 한쪽으로 치우치는 것은 다소 문제가 있다고 봅니다. 그 분야는 시뿐만 아니라 음악, 그림 등에 이르기까지 똑같이 적용된다고 보고요.

플라톤 제가 시와 함께 시가, 즉 음악에서도 비슷한 주장을 펼치고 있다는 사실에서 말씀하시는 것이죠?

공 자 그렇습니다.

플라톤 계속 말씀하시지요.

공 자 혹자는 저를 음악 평론가라고까지 일컫습니다. 실제로 「논어」 곳곳에서 저는 음악에 대해 언급했습니다. 예를 들어, 팔일八佾편 25장에서는 "선생님 소韶를 두고 이르시다. 아름다움을 다하였고 또 선을 다하였구나!"[13]라며

12 7장, 我叩其兩 端而竭焉(아고기량 단이갈언)

13 子謂韶 盡美矣, 又盡善也! 謂武 盡美矣, 未盡善也!(자위소 진미의, 우진선야! 위무 진미의, 미진선야!)

제 말을 전하고 있죠. 또 술이述而 편 13장에서는 "선생님, 제나라에 있을 적에 소를 듣고, 석 달 동안 고기 맛을 몰랐다. 말씀하시다. 음악이 이 지경에 이를 줄은 몰랐노라"[14]라고 제 음악적 취향과 감상을 정밀하게 전달해 주고 있습니다. 그런 만큼 제게 있어 시와 더불어 음악은 무척 중요합니다. 어떻습니까? 플라톤 선생께도 음악은 무척 중요한 것으로 알고 있는데 말이죠.

**플라톤** 물론, 그렇습니다. 하지만 공자 선생의 물음에 대답하기 앞서, 조금 전에 언급하신 소韶가 무엇을 뜻하는지 궁금합니다. 이에 대한 부가 설명을 좀 들을 수 있을까요?

**공 자** 앗, 이번에도 죄송하게 됐습니다. 소韶란 제가 이상적인 군자로 떠받들고 있는 순 임금의 예악禮樂입니다. 인仁이라는 도덕적 규범으로 만천하를 평화롭게 다스린 순 임금의 소韶가 인치, 덕치를 추구하는 제게 가장 아름답게 들릴 수밖에 없었다는 의미죠.

**플라톤** 간단명료하게 설명해 주셔서 감사합니다. 그럼, 이번엔 음악에 대한 제 견해를 말씀드리겠습니다.

**공 자** 그러시지요.

**플라톤** 시나 이야기처럼 음악에 있어서도 좋은 음악과 나쁜 음악은 각각 이를 듣는 사람의 성품에 커다란 영향을 끼친다고 봅니다. 이에 대해서는 공자 선생께서 말씀해 주신

---

14 子在齊聞韶, 三月不知肉味, 曰 不圖爲樂之至於斯也(자재제문소, 삼월부지육미, 왈 부도위락지지어사야)..

바와 같이 순 임금과 무왕의 음악을 예로 들 수 있겠지요.

**공 자** 잘 알겠습니다. 계속하시지요.

**플라톤** 따라서 우아하고 고상한 리듬은 청자에게 긍정적인 영향을 미치는 반면, 저급하고 경박한 리듬은 인간의 혼에 부정적인 영향을 끼치기 마련입니다. 예전에 만들어진 고전 명곡들이 사라지지 않고 계속해서 꾸준히 사랑을 받는 것도 이러한 측면 때문일 것입니다.

**공 자** 저 역시, 그렇게 생각합니다.

**플라톤** 결국, 시인과 이야기꾼들이 좋은 성품과 상像을 시가와 이야기에 새겨 넣어야 하는 것처럼 음악 역시, 우아한 리듬과 고상한 운율을 집어넣도록 해야 합니다. 그러한 노력은 비단 시와 이야기, 음악에서만 그치는 것이 아니라, 조각과 그림, 건축과 그 밖의 장식물 등에 이르기까지 확장되어야 하고요.

**공 자** 그렇게까지 할 필요가 있을까요?

**플라톤** 그렇지 않다면 시와 음악, 미술과 건축 등 모든 방면에서 부정적인 성품과 나쁜 상들로 둘러싸인 수호자와 전사, 시민들이 부정적인 영향을 받을 수밖에 없을 겁니다.

**공 자** 플라톤 선생의 말씀을 듣노라면 온도와 습도가 완벽히 통제된 무균실이 떠오릅니다. 그런 환경에서 자란 시민들이 과연 거친 세상을 제대로 살 수 있을지도 궁금합니다. 진나라가 무너지고 난 다음, 초나라와 한나라가 천하의 패권을 차지하기 위해 치열하게 다투었던 것을 말쓺드린 적이 있지요?

플라톤 네, 기억하고 있습니다.

공 자 초와 한 사이의 30년 전쟁 마지막에서 초나라 군대를 둘러싼 한나라는 마지막으로 비책을 썼답니다.

플라톤 그것이 무엇이었는지요?

공 자 이미 대세는 기울었지만 결사 항전을 다짐하는 초나라 군대에게 한나라 진영에서 초나라의 애닯은 고향 노래를 피리로 들려준 겁니다. 이 노래를 들은 초나라 군대는 사기가 크게 꺾여 대부분의 병사들이 칼과 방패를 버리고 고향으로 도망갑니다.

플라톤 그런 이야기가 있었군요.

공 자 네, 그런데 평소 슬픈 노래에는 이골이 난 초나라 병사들조차 고향 노래를 듣고 도망가는 판에 슬프고 애절한 노래를 생전 들어본 적도 없는 무균실 속의 시민과 수호자, 전사들이 그러한 노래를 처음 듣는다면 어떤 일이 벌어질지 상상이 가지 않습니다.

플라톤 글쎄요. 익숙하지 않은 노래는 쉬이 마음속으로 들어오지 못하는 법이 아닐까요? 전 그런 의미에서 좋고 건전한 것에만 시민과 수호자, 전사들을 노출시키려 하는 것이고요.

공 자 단도직입적으로 여쭤보겠습니다. 플라톤 선생께서는 표현의 절대적인 자유에 대해 반대하시는 편입니까?

플라톤 만일, 그렇게 단도직입적으로 물어오신다면 "그렇습니다"라고 대답할 수밖에 없습니다. 사실, 제 주장이 독재자들에 의해 악용될 소지가 크다는 것도 잘 알고 있습니다. 하지만, 제 의도는 사상의 자유를 억압하고자 하는 것이 아니라 퇴폐적이고 자극적이며 반사회적인 텍스트들이 어느 정도 규제가 되어야 한다는 데 있습니다. 사실 말이 나왔으니 말이지, 인류 문명 5,000년 역사에 있어 오늘날처럼 표현의 자유가 폭넓게 인정된 시기가 있었습니까? 문제는 퇴폐적이고 자극적이며 비도덕적인 내용도 시청률과 구독률, 판매 증진과 돈벌이를 위해 얼마든지 악용될 수 있다는 겁니다. 그런 의미에서 아무런 제약을 받지 않는 표현의 자유는 남용으로 이어지며 건전한 문화와 예술을 몰아낼 가능성이 매우 높다고 봅니다.

**공 자** 하지만, 문제는 사악함이나 비도덕적이라는 개념에 대해 명백한 정의를 세우기가 어렵다는 것입니다. 통치자나 집행자의 의지에 따라 표현의 자유가 악용될 소지가 크기에 플라톤 선생께서 주장하시는 바가 검의 양날과 같다는 생각입니다.

**플라톤** 저 역시, 그 같은 점을 우려하기에 가장 현명한 철학자가 덕과 인, 그리고 중용의 미덕으로 나라를 다스려 나가야 한다고 봅니다.

**공 자** 제 이야기를 빌려 결론을 내리시니 그야말로 이경증경而經證經이십니다. 그렇게 말씀하시니 당할 재간이 없네요. 허허.

**플라톤** 무슨 말씀을요. (웃음) 사실, 제 주장이 다소 과격할 수 있다는 사실은 충분히 인지하고 있습니다. 하지만 이는 국가가 부강해지기 위해 어느 정도의 희생이 필요하다고 보기 때문입니다. 군사 강국인 동시에 국민들이 평화로운 삶을 유지할 수 있는 이상 국가에서 철인을 포함해, 국민 개개인이 조금의 희생이라도 하지 않는다는 것은 말이 안 되니까요.

공 자 역시 플라톤 선생의 말씀에 충분히 공감합니다. 하지만, 제가 바라는 이상 국가에서는 분명, 예藝와 술術에 대한 표현의 자유가 허용되고 있습니다. 그런 면에서 볼 때, 이번에는 우리 사이에 어느 정도의 견해 차가 있는 것 같습니다.

플라톤 제 입장에서는 공자 선생께서 신화를 둘러싼 아테네의 특수한 환경을 고려해 주신다면 바랄 나위가 없겠습니다만, 이러한 의제를 거론하는 것 자체도 의미가 있을 것 같습니다. 비록, 제 논의가 관철되지 않더라도 이에 대해 생각하는 자체가 바로 철학이라는 학문의 물꼬를 틀 수 있으니까요. 이와 관련해서는 앞으로 구름 같은 논의가 일어났으면 좋겠습니다.

공 자 아주 좋은 말씀을 해 주셨습니다. 사실, 중국은 아직까지 표현의 자유와 관련해서 커다란 문제가 발생하고 있지 않지만 먼 훗날 특별한 정권, 특별한 사상, 특별한 인물들에 의해 얼마든지 상황이 뒤바뀔 수 있다고 봅니다. 그래서 그런지 표현의 자유에 대해서는 결론을 내리기가 참으로 어려울 것 같습니다. 분명한 것은 과유불급過

猶不及이라고, 모자라도 문제이지만 넘쳐도 문제라는 것입니다.

**플라톤** 전적으로 찬성하는 바입니다. 미래에는 인종 차별적인 발언, 성적인 발언을 법적, 제도적으로 무겁게 처벌할 시대가 올지도 모릅니다. 지금이야 인종 차별에서부터 여성 차별, 동성애자 차별, 장애인 차별 등에 이르기까지 막말을 해도 처벌받지 않지만 훗날 사회를 형성하는 기준이 바뀌게 되면 또 어떨지 알 수가 없을 겁니다. 모르긴 해도 인종 차별에 따른 대량 학살을 경험한 사회에서는 역사적인 교훈을 바탕으로 인종 차별적 발언에 대한 제재를 매우 엄격하게 가할 수도 있겠지요. 반대로, 모든 표현의 자유를 허락하는 나라에서는 인종 차별에 대한 발언조차 허용할지 모릅니다. 따라서 이 모든 것들은 역사적, 문화적, 사회적인 맥락이 총체적으로 고려되어야 한다고 봅니다.

**공 자** 잘 알겠습니다. 그럼, 시가 및 표현의 자유를 둘러싼 논의는 이쯤에서 끝내기로 하고 다음 주제로 넘어가면 어떨까요?

**플라톤** 좋습니다. 다음으로는 어떤 주제가 준비돼 있나요?

**공 자** 아직 준비된 것은 없지만, 소유를 주제로 이야기를 나누면 좋을 것 같습니다. 아시다시피 플라톤 선생께서는 「국가론」에서 소유에 대해 여러 차례 언급하셨기에 「논어」를 통해 소유에 대해 지속적으로 말을 내놓은 저와 관심을 공유하고 계시니까요.

**플라톤** 좋습니다. 그럼, 다음 주제는 소유로 하시지요.

**공 자** 감사합니다. 그나저나 밤이 깊었는데 오늘은 대화를 이만 끝내기로 하고 내일 이야기를 다시 시작하면 어떨까요?

**플라톤** (창밖을 둘러보고는) 저런, 벌써 바깥이 깜깜해졌군요. 공자 선생과 대화를 나누다 보니 밤이 이렇게 깊은 줄도 몰랐습니다. 그럼, 편히 주무시고 내일 좋은 대화를 이어가도록 하시지요.

**공 자** 네, 안녕히 주무시기 바랍니다.

**플라톤** 공자 선생께서도 푹 주무시기 바랍니다.

八

# 소유 VIII

**플라톤** 밤새 평안히 주무셨는지요?

**공 자** 신경 써 주신 덕분에 잘 잤습니다. 플라톤 선생께서도 잠자리에 잘 드셨는지요?

**플라톤** 저 역시 마찬가지입니다. 그나저나 이젠 꿈속에서도 공자 선생과 덕담을 주고받고 있었습니다.

**공 자** (놀란 듯 토끼 눈을 뜨며) 그러셨습니까? 이번 만남에서 온갖 열정을 쏟아붓고 계시는 플라톤 선생의 정성이 이와 같을진대 저는 아직까지 꿈에서 플라톤 선생을 뵌 적이 없으니 실로 부끄럽습니다.

**플라톤** 왜 그러십니까? 또 부끄러워지게요. 말이 나왔으니 말이지만 공자 선생께서는 평소에 자주 주공周公을 꿈속에서 뵙는 것으로 알고 있습니다만.

**공 자** 저런, 역시 「논어」를 꼼꼼하게 읽어 주셨군요. 네, 젊었을 적에는 꿈에서 종종 뵙곤 했었지만 나이가 든 요즘에는 잘 뵙지 못하고 있는 것이 사실입니다. 아무래도 젊었던 시절에 비해 몸도 마음도 조금씩 지쳐 가고 있나 봅니다.

**플라톤** 그럴 리가 있겠습니까만, 저로서는 평소에 흠모하던 분이 소크라테스 스승님인데, 아직까지 스승님을 꿈에서 뵌 적이 없는 까닭에 공자 선생과 같은 덕을 쌓지 못한 듯합니다.

**공 자** 대신 플라톤 선생께서는 「국가론」을 통해 자신의 사상을 피력하는 주인공으로 소크라테스 선생님을 설정하시지 않으셨습니까?

**플라톤** 이야기가 또 그렇게 진행되나요? 잘 알겠습니다. 저 역시 공자 선생과 같은 반열은 아니더라도 나름대로 노력하고 있다는 덕담으로 받아들이겠습니다. 그럼, 아침에 이야기를 나눌 주제로 대화를 슬슬 시작해 볼까요?

**공 자** 그러시죠. 다행히 아직 배가 출출하지 않으니 한번 깊이 있는 대화를 나눈 후에 맛있는 아침을 드시도록 하죠.

**플라톤** 좋으신 생각입니다. 우리가 오늘 이야기를 나누기로 정했던 주제는 '소유'랍니다. 인류가 지구 상에 족적을 남기기 시작한 이래, 소유는 언제나 가장 뜨거운 화두話頭가 되어 왔지요.

**공 자** 그렇습니다. 동양 속담에 빈손으로 태어나 빈손으로 돌아가는 것이 인간이거늘, 찰나의 인생 속에 뭘 그리들

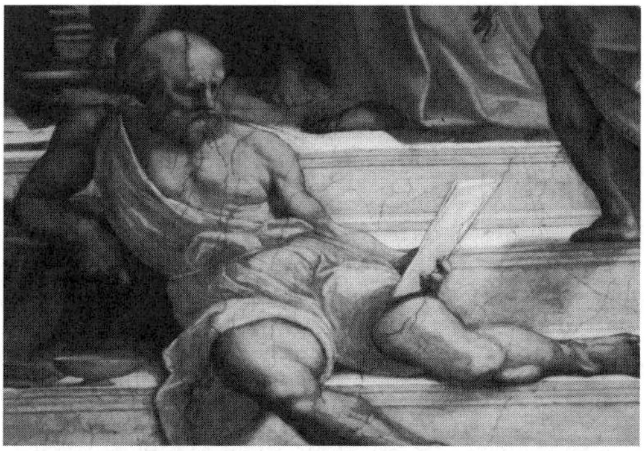

무소유를 대표하는 동양과 서양의 철인들을 꼽아 본다면 동양에서는 공자의 애제자 안회(顏回)를 서양에서는 디오게네스를 들 수 있을 것이다. 청빈하기 이를 데 없었던 안회는 집안이 찢어지게 가난했음에도 재물 욕심이 전혀 없었고, 술통을 집으로 삼던 디오게네스는 알렉산더 대왕 앞에서 햇빛을 가리지 말라는 말로 자신의 청렴함을 회자시켰다. 사진은 라파엘로가 그린 '아테네 학당' 속의 디오게네스와 위키피디아 커먼스에서 제공하고 있는 안회의 초상화.

많이 가지려 하는지 알다가도 모르겠습니다.

**플라톤** 저 역시 그 말씀에 전적으로 찬성합니다. 그렇다면 먼저 공자 선생 말씀부터 들어도 될는지요?

**공 자** 그럼 먼저 시작하겠습니다. 제 기억이 맞는다면 소유와 관련돼 제가 「논어」에서 가장 먼저 끄집어 낸 구절은 학이學而편에 있을 겁니다. 제자 가운데 한 명이 "가난하지만 알랑대지 않고 부유하지만 교만하지 않으면 어떠한가요?"라고 물어오는데 저는 이에 대해 "가난하지만 이를 즐기고 또 부유하지만 예를 좋아하는 것만 못하다"[1] 라고 대꾸하였지요.

**플라톤** 아, 기억납니다. 저 역시 전사戰士에 해당하는 수호자들이 가난하더라도 괴로워하기보다는 국가의 안녕과 국민의 행복을 위해 이를 기쁘게 받아들이도록 요구했기 때문이죠. 참, 공자 선생께서는 가난함을 기쁘게 받아들여야 하는 이가 군자나 선비라고 언급하지는 않으셨지만 저는 그 행위의 실천 대상자를 군자와 선비로 인식하고 있습니다.

**공 자** 정확하게 보셨습니다. 그런데 플라톤 선생의 말씀을 듣고 보니, 「국가론」에 나오는 소유에 관해 먼저 들어보고 싶네요. 제 경우는 「논어」 여기저기에서 단편적으로 소유에 대해 언급했지만, 플라톤 선생께서는 체계적인 동

1 15장 1절. 子貢曰 貧而無諂 富而無驕 何如?(子貢曰 빈이무첨 부이무교 하여?) 未若貧而樂 富而好禮者也(미약빈이락 부이호례자야).

시에 규범적으로 소유를 논하셨으니까요.

**플라톤** 아이쿠. 이거 본의 아니게 실례를 하고 말았습니다. 제가 말씀을 끊어서 면박을 주시려는 것은 아니겠지요? (웃음)

**공 자** (역시 웃음) 아, 그럴 리가 있겠습니까? 저는 플라톤 선생의 말씀을 들어가며 추임새를 넣다가 궁금한 점이 생기면 즉시 여쭤보겠습니다. 혹시 또 압니까? 플라톤 선생께서 말씀을 건네주시는 와중에 제게 물어보실 궁금증이 생길지요?

**플라톤** 참으로 공자 선생의 기지에는 도저히 당하지 못하겠습니다. 그럼 말씀을 드리겠습니다. 먼저, 저는 「국가론」 3장과 4장을 통해 이상 국가의 수호자로 선발된 이들은 필요하다고 인정되는 경우 외에는 일체의 사유재산을 갖지 못하도록 주장했습니다.

**공 자** 기억납니다. 이상 국가의 여러 제도들, 그리고 그중에서도 수호자인 전사들의 소유에 대해서는 엄격할 만큼 규제를 가하셨더랬죠?

**플라톤** 그렇습니다. 제가 생각하는 이상 국가에서는 수호 계층이 사유 재산에 관심을 지니지 않도록 함으로써 혹 있을지도 모르는 재산 증식이나 편취[2] 등을 멀리하도록 했습니다. 공자 선생께서도 잘 아시다시피 물건과 재산을 탐

2 남을 속이어 재물이나 이익 따위를 빼앗음.

하는 사람치고 더욱더 차지하지 않으려는 사람이 없고, 가지면 가질수록 남의 물건까지 빼앗으려 드는 것이 인간이니까요. 그러한 가운데 백성들의 재산을 앗아가며 원성만 높이 사는 이들은 국가의 안위와 존속을 갉아먹는 사회악이 돼 버리지요.

공 자 백 번 지당한 말씀입니다.

플라톤 이에 따라 저는 특히 전사들의 경우, 어떤 사유재산도 가져서는 안 된다고 강조하였습니다. 예를 들면, 전사들은 집이나 곳간을 소유해서는 안 되며 생활 필수품은 시민들로부터 받되 연간 소요량을 초과하지도 부족하지도 않을 정도로만 받아야 합니다. 또한 이들은 늘 함께 식사를 하면서 야영하는 군인들처럼 공동으로 생활해야 합니다.

공 자 플라톤 선생께서는 수호자들이 금은을 다루거나 만져서도 아니 된다고 말씀하셨죠?

플라톤 그렇습니다. 이는 오로지 전사들에게만 해당되는 것으로 그들은 금은과 같은 지붕 밑에 기거해서도 아니 되며 금은을 몸에 걸쳐서도 아니 되고 또 황금이나 은잔에 술을 마셔서도 아니 됩니다.

공 자 그렇다면 몰래 금붙이와 집을 소유하다 들키거나 뒤늦게 재물을 탐하며 자신을 잘 제어하지 못하는 수호자들의 경우는 어떻게 되는 겁니까?

플라톤 그러한 이들은 땅과 집 그리고 돈을 소유하도록 허용할 수는 있습니다만, 그렇게 되면 전사 대신 집주인과 농부로 살아가게 될 것이며 재물에 대한 욕망을 버리지 못한 속물로 취급받게 될 겁니다. 그러므로 저는 「국가론」에서 수호자들이 거처 및 재물 소유 등과 관련해 극도로 절제된 삶을 살 수 있도록 법을 정비해야 한다고 주장하였습니다.

**공 자** 잘 알겠습니다. 계속하시지요.

**플라톤** 공자 선생께서도 아시겠지만, 국가의 안위를 담당해야 할 수호자들이 사유재산에 눈이 멀게 되면 이상 국가를 건설할 수 없다는 것은 자명합니다. 한데, 그런 저에게 —물론 「국가론」에서는 소크라테스 스승님의 입을 빌려 이야기를 했습니다만—대화자로 등장하는 아데이만토스가 "사적 재산을 전혀 소유할 수 없는 수호자들이 자신들의 운명을 받아들이려 할까요?"라고 묻는 장면이 나옵니다.

**공 자** 치밀하게 논지를 전개하시는군요. 계속하시지요.

**플라톤** 그런 아데이만토스에게 저는 공자 선생의 말씀처럼 가난하지만 이를 즐겨야 한다고 대답합니다. 이상 국가를 건설하기 위해 누군가는 희생을 해야 하며, 어려서부터 엄격한 교육 과정과 수많은 테스트를 통과해 전사로 선별된 이들은 끊임없는 사상 무장을 통해 사유재산에는 털끝만치도 관심이 없는 진정한 수호자로 자리매김할 테니까요. 굳이 말씀드리자면, 공자 선생의 제자 가운데 제가 그리는 이상적인 수호자로는 안빈낙도安貧樂道[3]의 경지에 이르렀던 안회顔回를 들 수 있을 겁니다. 물론, 안회는 무인이 아닌 문인이었지만 진정 가난을 즐겼다는 의미에서 제가 세우고자 하는 이상 국가의 수호자로 가장 적합하다는 생각입니다.

**공 자** 이거 놀랐습니다. 플라톤 선생으로부터 안빈낙도라는 사자성어와 함께 안회의 이야기를 듣게 될 줄은 꿈에도 몰랐습니다.

**플라톤** 옹야雍也 9장이던가요? 공자 선생께서 이야기하셨죠. "어질구나. 회는. 한 그릇의 밥과 한 모금의 물로 달동네에서 사는구나. 사람들이 그 어려움을 이기지 못하거늘 회는 그 즐거움을 고치지 않으니 어질구나, 회는"[4]이라고 말이죠.

**공 자** 그렇습니다. 저도 제대로 기억하지 못하는 부분을 정확하게 기억하시는군요.

**플라톤** 그리하여 저는 공자 선생을 비롯해, 안회 같은 이들이 수호자 집단에서 가난을 기꺼이 즐기며 백성들의 행복을 위해 맡은 바 임무를 충실히 해주는 나라가 가장 이상적이라고 봅니다.

**공 자** 말씀하신 그대로입니다. 따지고 보면 검소해야 할 주체가 문인이든 무인이든 그것은 중요하지 않습니다. 정작 중요한 사실은 위정자를 받드는 문·무 수호자들이 재

---

3 가난한 생활을 하면서도 편안한 마음으로 도를 즐겨 지킴.

4 子曰 賢哉, 回也(자왈 현재. 회야). 一簞食 一瓢飮 在陋巷 人不堪其憂(일단식 일표음 재누항 인불감기우), 回也 不改其樂 賢哉, 回也(회야불개기락 현재, 회야).

물에 욕심을 내서는 안 된다는 것이지요. 하지만 플라톤 선생의 주장, 즉 수호자가 일체의 사유재산을 소유하지 못하도록 해야 한다는 창발創發[5]은 중국에서 실행되기에 다소 문제가 있다고 생각합니다.

**플라톤** 아, 그렇습니까? 그렇다면 그 문제가 무엇이며 또 어찌하여 그리 보시는지요?

**공 자** 네, 먼저 여쭤보겠습니다. 선생께서 건설하고자 하시는 이상 국가에서는 수호자뿐 아니라 철인 통치자 역시, 검소한 삶을 영위하겠지요?

**플라톤** 수호자와 철인은 물론, 백성들까지 모두 검소하게 사는 나라가 제 이상향이지요. 반면, 상인 계급은 국가의 경제 발전을 위해 어느 정도의 사치함 허용해야 한다는 생각입니다. 따라서 상인 계급 말고는 위에서부터 아래에 이르기까지 모두 자신이 맡은 바 소임을 다하며 재산에 욕심을 갖지 않는 국가가 유토피아입니다.

**공 자** 그렇다면 저는 그리스의 이상 국가가 중국에서 좀처럼 실현되기 힘든 현실을 말씀드리고자 합니다.

**플라톤** 계속하시지요.

**공 자** 잘 아시다시피, 그리스는 민주정을 비롯해, 참주정, 귀족정 등을 번갈아 가며 실시해 온 도시국가입니다. 반면, 중국은 역사 이래 황제가 대륙을 다스려온 중앙집권제

5 남이 모르거나 하지 아니한 것을 처음으로 또는 새롭게 밝혀내거나 이루는 일.

의 거대 국가입니다.

**플라톤** 물론입니다.

**공 자** 그리하여 중국의 황제가 부유함을 멀리하고 검소하게 살아가야 한다는 설정은 현실적으로 대단히 힘들다고 봅니다. 제가 기억하는 한, 중국에서 왕이 검소하게 살아간 예는 고대 국가 시절인 요와 순 임금 시대뿐이었다고나 할까요? 이후 농경 기술의 발달로 농업 생산량이 급격하게 증가하면서 거대한 부를 축적한 왕과 귀족들이 등장하게 됩니다. 그런 가운데 왕은 물론이거니와 천문학적인 사유재산을 축적한 이들이 대륙 곳곳에서 나타납니다. 이러한 환경에서 왕까지는 아니더라도 귀족과 문·무 양반의 사유재산을 극도로 제한할 경우, 해당 왕조는 몇 십 년을 버티지 못할 가능성이 무척 커 보입니다. 잘 아시다시피 인간의 소유에 대한 본능은 어느 욕망보다 크고 강렬하니까요. 모르긴 해도 후대 어느 순간에 플라톤 선생의 창발을 시도하는 예가 나올 수도 있을 것 같습니다만 중국의 지리적, 역사적 예에 비춰볼 때 사유재산 금지의 실현 가능성 및 지속 가능성에 대해서는 다소 회의적입니다.

**플라톤** 이제야 말씀하신 바를 이해하겠습니다. 공자 선생의 말씀을 듣고 보니 소유와 관련된 제 주장은 아테네에 가장 적합한 것 같습니다. 말이 나와서 드리는 말씀이지만 저 역시, 「국가론」이 아테네 이외의 지역에서 모두 획일적으로 적용되어야 한다고 생각하지 않으며 또 실질적으로 통용될 것으로 믿지도 않습니다. 저도 시켈리아 등을 여행하며 해외에서 오랫동안 체류해 보았기에 다른 지역, 다른 문화에서 똑같은 정치 제도를 정착시키기가 얼마나 어려운지를 잘 알고 있습니다. 그런 까닭에 유럽 대륙보다 큰 중국에서 지배 계층의 검소함을 강제적으로 유도하고 정착시키기는 정말 힘들 것이라고 봅니다.

**공 자** 이거, 제가 너무 비관적인 견해를 건네드린 것이 아닌가 염려스럽습니다. 그렇다고 실망하실 필요는 없을 듯합니다. 사유재산의 부정이 중국에서의 정답은 아닐지언정, 최선책 마련을 향한 디딤돌 역할은 훌륭하게 할 수 있을 테니까요.

**플라톤** 무슨 말씀이신지…….

**공 자** 아, 제 말이 좀 성급했나 봅니다. 플라톤 선생께서는 제가 가장 이상적으로 여기는 이가 군자라는 것은 잘 아실 겁니다.

**플라톤** 물론, 알다마다요.

**공 자** 비록 군주가 사유재산을 소유하지 않는다는 것이 중국적인 상황에서 무리가 있어도 신하들이 황금 보기를 돌같이 하며 국가와 백성을 위해 열심히 일한다면 그 역시, 플라톤 선생께서 바라시는 이상국가가 아니겠습니까? 더불어, 가장 현명한 철인이 통치자가 될 수는 없다 하더라도 군왕이 군자를 지향하는 가운데 스스로 검소함을 실천한다면 모든 이들이 그를 본받을 것입니다.

**플라톤** 그렇습니다. 비록, 정치 체제가 다른 사회라 할지라도 국가를 실질적으로 다스려 나가는 이들이 재물을 밝히지 않고 충심을 다해 국왕과 국가, 그리고 백성을 위한다면 그 나라가 어찌 잘되지 않을 턱이 있겠습니까? 물론 그러한 와중에 군왕도 몸소 검소함을 실천한다면 그야말로 금상첨화겠지요.

**공 자** 맞습니다. 더불어 저는 플라톤 선생의 "정의는 강자의 이익, 지배 계급의 이익이 아니라 바로 백성들의 이익을 챙기는 것"이라는 말에서 수호자와 철인을 인仁으로 무장시키고자 하는 플라톤 선생의 의중을 알 수 있었습니다.

**플라톤** 아니, 어제는 저더러 이경증경以經證經[6]이라 하시지 않았습니까? 그런데 이번엔 제 말씀을 빌려 인仁을 언급하시니 당할 도리가 없습니다. (웃음)

**공 자** 이야기가 또 그렇게 흘러가나요? (웃음) 이거 송구스럽게 됐습니다.

**플라톤** 그냥 가벼운 농담이었습니다. 저 역시 공자 선생의 말씀에 백 번 공감하는 바입니다. 자고로 지배 계층이 무인지경無仁之境으로 부를 독점하는 정권치고 오랫동안 지탱돼 온 나라는 없으니까요. 참, 여기에서 무인無仁이라 함은 공자 선생의 말씀을 빌려 제가 한번 만들어본 한자어입니다. 한자어를 이용해 인仁이 없는 상태를 무인無仁으

6 경전으로 경전을 증명하다.

로 칭하고, 무인지경無人之境이라는 고사성사의 구조를 빌린 것이죠.

**공 자** 플라톤 선생의 영민하심에는 그저 놀랄 따름입니다. 어느새 한자어까지 익히셨는지요. 이러다가 곧 한자어로 「국가론」을 번역해 내놓으실지도 모르겠습니다.

**플라톤** 당치도 않은 과찬이십니다. 계속 말씀을 이어 나가자면 무인지경無仁之境의 정권과 달리, 검소한 지배 계층이 백성들을 배부르게 하는 나라는 언제나 강대국으로 자리했지요. 그렇게 보면 위정자와 지배 계급은 사회적인 약자의 이익을 챙기는 인仁으로 무장해야만 자신들의 가난을 즐길 수 있을 겁니다.

**공 자** 옳은 말씀입니다. 그리하여 저는 이익을 좇으면 필히 원망을 얻으리라고 표현하며 이익에 맞춰 행하지 말라는 이야기를 「논어」 곳곳에서 누누이 강조하였습니다.

**플라톤** 저 역시 관련 구절들을 잘 기억하고 있습니다. 예를 들어, 이인里仁편이었죠? '방어이이행, 다원(放於利而行多怨)'[7] 이라는 구절 말이죠.

**공 자** 그렇습니다. 저는 제자들에게 틈만 나면 부富를 경계하라고 일렀죠. 한데 여기에 덧붙이자면 부富를 절대악으로 규정하고 배척하기보다 정당하게 얻은 부富는 어느 정도 누릴 수도 있음은 인정했습니다.

7 12장.

**플라톤** 아, 그러고 보니 생각납니다. 역시, 이인里仁편이었죠? "부귀, 이것은 사람들이 다 바라는 것이지만 그 도道로써 얻은 것이 아니라면 누리지 말아라"[8]라고 말씀하신 부분 말이죠.

**공 자** 그렇습니다. 물론, 여기에서의 도道란 정도正道를 의미하는 것으로 부당하게 비윤리적인 방법으로 부富를 취한 경우만 아니라면 마땅히 누릴 수 있습니다. 하지만, 군자를 지향하는 선비와 수호자를 자처하는 무인들이 부富에 관심을 갖는다는 것은 어불성설語不成說이 되겠지요.

**플라톤** 그렇다면 바다 건너 어느 거대 국가에서 벌어지는 일에 대해서는 어떻게 생각하시는지요? 제가 얘기 듣기로 그 나라에서는 능력만 닿고 또 도에 어긋나지 않는다면 얼마든지 벌어서 자기 마음대로 쓸 수 있게 한다고 합니다. 그 나라의 임금이 사는 궁전 이름은 하얀 지붕을 지녔다는 의미에서 백악관이라 하던데, 그 백악관보다 더 크고 넓으며 화려한 집을 지닌 사람들이 여럿이라 합니다. 이에 대해서는 어떻게 생각하시는지요?

**공 자** 그렇다면, 필히 그 나라 사람들은 국가가 감시를 소홀히 할 경우, 돈을 조금이라도 더 벌기 위해 남을 속이기 십상일 것이며 또 사회적 약자들의 재산을 탐할 가능성이 높을 것입니다. 그 나라에 직접 가보지는 못했기에 저

---

8 5장 1절. 子曰 富與貴, 是人之所欲也, 不以其道得之(자왈 부여귀, 시인지소욕야, 불이기도득지).

역시 선불리 말씀드릴 수는 없지만 군주보다 더 많은 재화의 축적을 허용하는 사회라면 그야말로 나라의 법法과 영令이 가진 자들과 지배 계급 위주로 제정되고 집행될 가능성도 높을 겁니다. 하지만 뭐니 뭐니 해도 가장 큰 문제는 인간의 욕망을 그렇게 대놓고 활활 타오르게 할 경우, 위와 아래의 빈부 격차가 넓게 벌어져 민초들의 삶이 그다지 만족스럽지 못할 가능성이 크다는 것일 겁니다. 생각해 보십시오. 같은 인간으로 태어나 누구는 군주보다 화려하게 살 수 있는 반면, 누구는 평생 가난의 굴레에서 벗어나지 못한다면 사회 안에는 불만이 쌓일 수밖에 없겠지요. 그렇게 되면 해당 공동체는 오래 존속하지 못할 것입니다.

**플라톤** 과연 공자 선생이십니다. 그렇다면 이 대목에서 여쭤보고자 합니다. 오늘 아침, 우리가 소유에 관해 처음 대화를 나누기 시작했을 때 인용하신 학이편 15장말입니다. "가난하지만 이를 즐기고 또 부유하지만 예를 좋아하는 것만 못하다"라는 구절 말입니다.

**공 자** 네. 기억하고 있습니다. 계속하시지요.

**플라톤** "가난하지만 이를 즐기는 것"에 대해서는 저 역시 같은 견해를 지니고 있기에 더 이상 논하지 않겠습니다. 한데, 다음 구절인 "부유하지만 예를 좋아하는 것만 못하다"는 혹시 이러한 경우를 염두에 두신 말씀인지요?

**공 자** 여태껏 그 구절을 기억하고 이 대목에서 끄집어 내시는 플라톤 선생의 명민함에 새삼 감탄할 따름입니다.

**플라톤** 부끄럽게 왜 또 그러십니까?

**공 자** 그럼 계속 이야기를 하겠습니다. 결론부터 말씀드리면 플라톤 선생께서 지적해 주신 바는 아주 정확합니다. 저는 플라톤 선생처럼 소유 제한을 제도화하는 방안까지 생각하지는 못했지만, 부富에도 나름대로의 격과 품위가 있어야 한다고 생각해 왔습니다. 그래야 백성들이 위정자와 지배 계층을 기꺼이 따르고 충심으로 복종할 테니까요.

**플라톤** 옳은 말씀입니다. 계속하시지요.

**공 자** (간단한 목례와 함께) 감사합니다. 그리하여 저는 팔일八佾 22장 1~2절에서 "관중管仲의 그릇이 작구나!"[9]라고 말하기에 이르죠. 참고로 말씀드리자면 관중은 주나라가 무너진 다음에 등장한 강대국 제齊나라의 명재상입니다. 제나라 군주인 환공桓公의 신하로 중국 정세를 쥐락펴락했던 인물이지요. 그렇게 관중에 대해 제가 언급하자, 어떤 이가 물어옵니다. "관중의 손이 작다는 말씀이신지요?"[10] 이에 대한 제 답은 "관중은 공관을 세 곳이나 두고, 일마다 사람을 따로 두었는데 어찌 손이 작다고 하랴?"라며 "나라 임금들만이 문 앞에 숲을 두를 수 있거늘 관중 또한 문 앞에 숲을 둘렀고, 나라 임금들만이 정상 회담 자리에 술 잔대를 둘 수 있거늘 관중 또한 술 잔

9 子曰 管仲之器小哉(자왈 관중지기소재).
10 惑曰 管仲儉乎?(혹왈 관중검호?).

대를 두었다. 관중이 예를 안다면 누군들 예를 모른다고 하랴?"[11]라고 일컫습니다. 다시 말씀드려, 아무리 부富가 넘쳐난들 임금의 권위를 넘어서는 위용은 결코 드러내서는 안 된다는 것입니다.

**플라톤** 이제 잘 알겠습니다. 아직 말씀이 끝나지 않으셨다면 계속하시지요.

**공 자** 네. 그리하여 임금이 100칸짜리 궁궐에서 지낸다면 신하된 자는 마땅히 99칸짜리 집이나 그 이하에서 살아야 한다는 것이 대양 너머 거대 국가에서 행해져야 할 규범 원칙이라고 생각합니다. 자고로 모자라도 곤란하지만 넘쳐도 문제이기 마련이니까요. 중국어 사자성어로는 이를 과유불급過猶不及이라고 일컫는답니다.

**플라톤** 잘 알겠습니다. 여기에서 또 하나의 사자성어를 익히게 되는군요. 어쨌거나 공자 선생께서 그렇게 말씀하셨다는 것은 중국 역사에 비춰볼 때 신하가 임금과 똑같은 규모의 집에서 임금과 똑같은 복식을 갖춘 채 임금의 수라상과 같은 찬반을 취했거나 또는 그 이상으로 부를 행해 온 적이 종종 있었기 때문이겠죠?

**공 자** 부끄럽지만 그렇습니다. 사실, 약육강식의 정글 법칙이 통용돼 온 중국에서는 플라톤 선생께서 말씀해 주신 것

11 (子)曰 管氏有三歸 官事不攝 言得儉?(왈 관씨유삼귀 관사불섭 언득검?) 然則管仲知禮孝?(연즉관중지예효?) 曰 邦君樹塞門, 管氏亦樹塞門(왈 방군수색문, 관씨역수색문), 邦君爲兩君之好(방군위양군지호), 有反坫, 管氏亦有反坫(유반점, 관씨역유반점). 管氏而知禮, 孰不知禮?(관씨이지례, 숙불지례?)

과 같은 예들이 비일비재합니다. 「국가론」을 읽고 느낀 것입니다만, 플라톤 선생께서도 의사는 의사다워야 하고 목수는 목수다워야 하며 철인과 수호자는 각각의 위치에서 최선을 다하는 공동체를 가장 이상적인 사회로 보지 않으셨는지요?

**플라톤** 그렇습니다. 이는 제 「국가론」의 핵심 주제이고 또 공자 선생께서 그것을 적확하게 짚어 주셨습니다.

**공 자** 감사합니다. 저도 「논어」에서 "군주는 군주다워야 하고 신하는 신하다워야 하며 아버지는 아버지답고 아들은 아들다워야 한다"[12]고 강조했습니다. 플라톤 선생과 마찬가지로 저 역시, 자신의 지위에 걸맞은 행동거지를 보이는 것이 무척 중요하다고 봅니다.

**플라톤** 저와 똑같은 생각입니다.

**공 자** 따라서 플라톤 선생께서 제도화를 통해 소유의 금지 등을 논하셨다면 저는 예禮라는 개념을 통해 부와 관련된 사회 구성원들의 비례非禮와 무례無禮, 결례缺禮와 범례犯禮를 경계하고자 했던 것입니다.

**플라톤** 이제야 확실히 이해가 됐습니다. 이번에도 공자 선생께서는 부와 소유라는 뜨거운 감자에 대해 부드럽지만 오롯하게 이르고 계시군요.

**공 자** 플라톤 선생께서도 「국가론」을 통해 저와 같은 주장을

---

12 顔淵(안연)편, 11장 1절 君君臣臣 父父子子(군군신신 부부자자).

펼치신 것이 아닌지요?

**플라톤** 틀림없이 그러합니다. 저 역시 대서양 너머에 존재한다는 국가의 국민들은 모두 이글거리는 눈으로 욕망의 탑을 쌓고자 할 것이며 그러한 와중에서 서로에게 많은 원망을—공자 선생께서 말씀하신 것처럼—주고받을 것이라고 봅니다. 하지만 공자 선생께서 말씀해 주신 것처럼 부를 적게 소유한 중산층이나 사회 최하위 계층의 상대적 박탈감은 결국, 공동체를 하나로 결속시키는 데 하등 도움이 되지 않을 것입니다. 자고로 제가 생각하는 이상적인 국가는 공동체의 구성원 모두가 자신의 자리에서 검소하지만 넉넉하게 최선을 다하는 국가이니까요.

**공 자** 그렇습니다. 사실, 중국 역사에서 지배 계층이 천문학적인 부를 축적해가며 퇴행적이고 병폐적인 행태를 백성들에게 과시한 사례는 수도 없이 많습니다.

**플라톤** 왜 없겠습니까? 땅도 넓고 사람도 많은 데다가 물자마저 풍족하니 지배계층이 천문학적인 부를 축적하는 것은 물론, 이를 드러내 놓고 자랑해 왔음은 가히 명약관화明若觀火입니다.

**공 자** 이제는 중국의 사자성어가 입에 붙으신 듯합니다. 더불어 중국에 관한 이야기라면 하나만 건네드려도 둘을 아시게 됐군요. (웃음)

**플라톤** (역시 웃음) 다 공자 선생 덕분입니다. 그래서 그런지 공자 선생과의 대화는 즐겁고도 유익하기만 하답니다. 오죽했으면 이런 대화가 꿈에까지 나왔겠습니까? (또 웃음) 사실, 소유와 관계된 공자 선생의 말씀을 듣고 있자니 이번에도 상당히 온건한 태도로 주장을 펼치신다는 느낌을 받았습니다. 그에 반해 저는 직설적이고 공격적으로 주장을 개진하고 있고요.

**공 자** 무슨 말씀을요. 플라톤 선생이야말로 제가 확실하게 답하지 못하고 에두르는 주제를 일관성 있는 명쾌함으로 제시해 주시지 않습니까? 그렇기에 우리 두 사람의 사상이 잘 어우러지면 세상에 보다 밝은 빛을 오랫동안 던져 줄 수 있으리라 믿습니다.

**플라톤** 이거, 오늘 아침에는 공자 선생의 말씀을 좀처럼 당하지 못하겠습니다. 어쨌거나 다시 본론으로 돌아와 우리가 하던 이야기를 계속 이어 나가자면, 공자 선생께서는 몸소 검소함을 통해 부富를 경계하고 이를 평생 실천하면서 제자들에게 모범을 보이셨죠?

**공 자** 부끄럽습니다. 나름대로 최선을 다했지만 후학들이 이를 어떻게 평가해 줄지는 알 수 없습니다. 하지만, 먼저 행한 후에 말을 꺼내라[13]는 제 신조대로 살고자 애를 쓰기는 했습니다.

**플라톤** 무슨 말씀을요. 사실, 공자 선생과 저를 가르는 분기점이 이러한 윤리 강령의 선언이 아닐까 합니다. 공자 선

---

13 爲政(위정)편 13장. 先行其言 以後從之(선행기언 이후종지). 하지만 비단 이뿐만이 아니라 『논어』 곳곳에서는 말에 앞서 실천의 중요성을 강조하는 공자의 말씀이 반복적으로 등장한다. 이인(里仁) 편 22장, 24장 참조.

생과 달리 저는 주로 정치 철학에 머물며 정치와 사회, 교육 등에 관한 사상을 논했으니까요. 개인적으로는 학이學而 14장에서 말씀하신, "군자는 먹어도 배부름을 구하지 아니하고 거처함에 편안함을 구하지 않는다"[14]라는 말이 가장 기억에 납니다. 수호자나 전사로 육성되어야 하는 이들이 배부름과 편안함을 구해서는 안 되니까요. 그러고 보니 이 부분은 앞서 첫인사를 나눌 때에도 언급한 적이 있네요.

**공 자** 저 역시, 플라톤 선생께서 배부름 및 편안함과 관련해 일러 주신 구절이 생각납니다. 배부름과 편안함을 제도적으로 멀리하겠다는 의도가 산뜻해서 말이죠. 말이 나온 김에 제 가물가물한 기억을 환기시켜 주실 겸, 수호자 계급은 배부름과 편안함을 지양해야 한다는 플라톤 선생의 의견을 다시 한 번 들려 주실 수 있는지요. 제 기억이 맞는다면 대단히 구체적으로 이와 관련된 말씀을 하셨던 것 같은데요.

**플라톤** 그렇습니다. 예를 들어 저는 「국가론」 3장에서 젊은이들은 제대로 된 교육을 받고 자라야 하기에 술에 취하는 일을 삼가야 한다고 적시하였습니다. 술에 취해서 자기가 어디에 있는지도 모른다는 것은 수호자에게 결코 있을 수 없는 일이기 때문이죠.

---

14 子曰 君子食無求飽 거無求安(자왈 군자식무구포 거무구안)

**공 자** 물론입니다. 가끔 기분 좋게 술을 마시는 것은 허용되지만 몸을 가누지 못할 정도로 취하는 것은 곤란합니다. 돌이켜 보니 「논어」에서는 남성들에게 가장 중요할 수도 있는 술에 대해 전혀 언급하지 않았군요. (웃음)

**플라톤** 그렇게 말씀하시니 소소한 것까지 신경 쓴 듯한 제가 오히려 송구스럽습니다. 기왕 말이 나온 김에 음식으로 의제를 확장시켜 보면, 저는 인간의 오감을 총체적으로 자극한다는 의미에서 음식을 매우 경계해야 한다고 주창하였습니다. 요리하는 소리, 먹는 소리와 관련된 청각에서부터 냄새와 관련된 후각은 물론, 외양을 즐기는 시각과 함께 요리를 만지고 먹기 위해 동원하는 미각과 촉각까지 모두 아우르고 있기 때문입니다.

**공 자** 듣고 보니 플라톤 선생의 말씀이 매우 설득적입니다.

**플라톤** 육신이 건강해야 영혼도 건강해질 수 있는 것이니까요.

**공 자** 지당한 말씀입니다. 계속하시지요.

**플라톤** 저는 건강한 육신이 체육을 통한 신체 단련과 함께 건강한 식단을 통해 조화롭게 추구되어야 한다고 보았습니다. 이에 따라 제 시대의 귀족 사회에서 유행했던 양념 요리, 코스 요리 같은 식문화는 모두 허례허식인 동시에 물자 낭비라고 보고 최소한의 양념과 식단으로만 식사가 이루어져야 한다고 생각했던 것입니다.

**공 자** 그야말로 혜안이십니다. 저는 소박한 밥상으로도 충분히 즐거울 수 있다는 사실을 강조한 반면, 플라톤 선생께서는 구체적인 예시와 함께 실질적인 대안까지 마련해 주셨군요.

**플라톤** 대안까지는 아니더라도 아테네인들이 숭배해 마지않는 호메로스의 위대한 시를 인용해 아테네인들의 잘못된 식문화에 경종을 울리고자 했던 것은 사실입니다. 호메로스는 자신의 시에서 원정 중인 영웅들의 연회에는 생선과 삶은 고기가 나오지 않으며 영웅들은 불만 이용해 요리를 한다고 묘사한 바 있습니다. 공자 선생께서도 잘 아시겠지만, 이름난 진미는 무절제한 폭식을 낳고 폭식은 비만으로 이어져 육신에 질병을 남기게 마련이죠. 단순한 음식으로 절제된 생활을 하는 가운데 시가와 체육으로 몸과 마음을 단련시킨다면 그것이 바로 이상향 속의 시민상이 아닐까 합니다.

**공 자** 그렇군요. 사실, 중국에서도 기아로 고통받는 백성들의 생활고와는 대조적으로 상류 사회, 지배 계급의 무절제한 폭식과 비만이 저의 가슴을 늘 아프게 하였습니다. 그리하여 저는 「논어」를 통해 절제하는 즐거움, 절약하는 미덕을 에둘러 강조함으로써 위정자들이 항상 백성들의 고초를 염두에 두어야 한다고 주창했던 것입니다.

**플라톤** 중국도 마찬가지였군요. 제가 살고 있는 아테네에서는 가장 많은 직업군 가운데 하나가 재판관과 의사인데 의사가 많다는 사실은 건강을 둘러싼 아테네의 사회적 문제가 결코 만만하지 않다는 것을 반증적으로 보여주고 있다 하겠습니다. 아테네 시민들 간의 잘잘못을 가려내는 재판관의 과다 역시, 바람직하지 않고요.

**공 자** 공감합니다. 재판관과 의사가 넘쳐나는 것은 소송인들과 병자들을 둘러싼 시장이 그만큼 크다는 것을 뜻하겠지요.

**플라톤** 네, 그런 의미에서 술이述而편이던가요? "거친 밥을 먹고 맹물 마시며 팔뚝 접어 베개 삼아도 즐거움은 그 가운데 있다네"라며 "의롭지 않은 부귀는 내게 뜬구름과 같나니"[15]라고 말씀해 주신 부분은 이상 국가의 지도자들이 평생 익히고 행해야 할 실천 규범이라는 생각입니다.

**공 자** 아무쪼록 말씀만 들어도 감격스러울 따름입니다. 개인적으로 저의 생각에 찬성해 주시는, 아니, 똑같은 목표 지점을 향해 걸어가고 계시는 플라톤 선생의 존재에 형용할 수 없는 감동을 느낍니다.

**플라톤** 저 역시, 공자 선생과 말씀을 나누면 나눌수록 놀랍도록 비슷한 그림을 그려 나가고 있는 우리 두 사람의 모습에서 표현 불가능한 전율을 느끼고 있습니다. 이제 우리의 대화가 종착역을 향하는 마당에 벌써부터 공자 선생과의 이별이 슬프고도 두려워지기 시작합니다.

**공 자** 저 역시 그러합니다. 하지만 만남이 있으면 헤어짐도 있게 마련. 그럴수록 마지막까지 최선을 다해 우리의 대화를 이어 나가도록 하지요.

**플라톤** 여부가 있겠습니까? 그럼, 이제 아침 식사를 하러 가시

---

15 子曰 飯疏食飮水(자왈 반소사음수) 曲肱而枕之(곡굉이침지) 樂亦在其中矣(낙역재기중의) 不義而富且貴(불의이부차귀), 於我如浮雲(어아지부운).

죠. 자칫하다가는 점심이 되겠네요.

**공 자** 그러시지요. 아침을 제대로 챙겨야 또 점심에 힘을 내서 우리의 토론을 왕성하게 전개하지 않겠습니까?

**플라톤** 그럼, 같이 일어날까요?

**공 자** 네.

九

# 이데아 vs 도道 VIIII

**플라톤** 식사를 마치니 속이 든든하네요. 공자 선생의 배려로 모처럼 양식을 먹었더니 더욱 기운이 솟는 듯합니다.

**공 자** 저 역시 플라톤 선생을 통해 양식의 새로운 맛을 알게 된 것 같습니다. 오늘처럼 간단하게 먹는다면 위에 부담도 덜 되고 건강도 챙길 수 있을 것 같습니다. 토스트라 불리는 밀가루 음식과 커피라는 음료의 궁합이 생각 외로 좋네요.

**플라톤** 그렇습니다. 저는 그렇게 간단하게 아침을 먹은 지 어언 30여 년이 된 것 같습니다만, 건강에 하등 지장이 없습니다. 그나저나 이제 공자 선생과의 대화가 막바지에 접어든 느낌입니다.

**공 자** 그래서 그런지 아쉬운 마음이 갈수록 커지고 있습니다.

道

한자어 '도'(道)는 쉬엄쉬엄 가거나 달린다는 의미의 책받침(辶)과 머리(首)로 이뤄져 있는 회의(會意)문자이다. 머리는 신체의 가장 중요한 부분이며 사고와 이성의 시발점이라는 것을 감안한다면 이성적인 사고를 계속 진행시켜 나가야 하는 것이 이른바 도의 회의적(會意的)인 의미인 것이다.

ιδέα

한편, '관념'이라는 뜻의 이데아(idea)는 '형태,' '보이는 것'을 의미하는 그리스어 'ιδέα'에서 유래했다. 이데아(관념)는 플라톤이 소피스트들의 상대주의를 논박하기 위해 제시한 개념으로, 감각 세계 너머에 있는 실재이자 모든 사물의 원형이다. 여기에서 주목할 점은 공자와 플라톤 사상에서 핵을 이루는 두 개념이 이성적 사유를 근간으로 하고 있다는 것이다. 공자의 도(道) 사상에서는 머리가, 플라톤의 이데아에서는 관념이 중추적인 역할을 수행하고 있기 때문이다.

플라톤 선생과 그동안 쌓은 정이 만만치 않은 것도 사실이지만 앞으로 플라톤 선생 같은 현자를 다시 만날 수 있을지도 의문입니다.

**플라톤** 저 역시 마찬가지입니다. 그렇기에 우리 두 사람 모두 끝까지 최선을 다해 대화에 임해야겠지요. 우리들의 이별 이후에 서로 간직한 대화록을 통해 상대방에 대한 그리움도 달래고 각자가 지향하는 철학과 학문의 완성도도 높였으면 하는 바람입니다.

**공 자** 그렇다면 이번엔 이데아와 도道에 대한 이야기를 시작해 보지요. 아마 우리가 공통적으로 나눌 수 있는 마지막 대화 주제가 아닐까 생각합니다. 물론, 개인적으로는 플라톤 선생의 철학 가운데에서 가장 궁금한 부분이 많은 대상이지만요.

**플라톤** 저 역시 마찬가지입니다. (웃음) 공자 선생의 도道에 대해 좀 더 깊이 알고 싶기 때문입니다. 실례가 되지 않는다면 먼저 공자 선생께 여쭤보겠습니다.

**공 자** 그러시지요.

**플라톤** 도道란 무엇인지 간단하게 알려주실 수 있는지요?

**공 자** 이거 언중유골言中有骨이라고 플라톤 선생의 요청 속에 뼈가 있는 것 같습니다. (웃음) 도道에 대한 간단한 설명을 원하신다니요.

**플라톤** 이크, 제가 너무 단도직입적으로 여쭤 보았나 봅니다.

**공 자** 아닙니다. 농담이었고요, 저 역시 나중에 이데아에 관해 플라톤 선생께 똑같이 여쭤보겠습니다. (웃음)

**플라톤** 어이쿠, 이거 큰일 났습니다. 되로 드리고 말로 받은 느낌입니다.

**공 자** 무슨 말씀을요. 저 역시 농담이었습니다. 그럼, 힘껏 설명해 보겠습니다.

**플라톤** 감사합니다.

**공 자** 사실, 제가 틈만 나면 언급했던 도道는 몇몇의 제자들에 의해서만 제대로 이해되었습니다. 하지만 플라톤 선생이라면 핵심만 건네드려도 충분히 이해하실 겁니다.

**플라톤** 어째 제가 이길 수 없는 게임을 제안한 듯한 느낌이 듭니다. (웃음)

**공 자** 아닙니다. 이는 진심입니다. 어쨌든 최선을 다해 제가 생각하고 주창해온 도道에 대해 말씀드려 보겠습니다. 아마 플라톤 선생께서 원하시는 설명은 학이學而편 2장 2절에 적혀 있는 문구일 것입니다. 비록, 제자인 유자有子의 입을 빌려 설명하고 있습니다만, 저는 여기에서 "군자란 근본에 힘을 써야 하느니, 근본이 서야 도道가 생기는 법, 효와 공손이 인仁의 근본이라고 할 터!"[1]라고 했습니다.

**플라톤** 저 역시 그 문장이 기억납니다. 「논어」를 펼치자마자 도道에 대해 설명하셨기에 눈여겨보았거든요. 저는 이데아를 「국가론」의 후반부에 배치했으니까요.

**공 자** 그렇습니다. 저는 도道를 행하는 존재가 군자이며 군자가 실천해야 할 도道는 인仁에서부터 나온다고 보았습니다. 더불어 도道를 만드는 인仁이란 부모에 대한 효도와 함께 타인에 대한 공손함이라 생각합니다. 그런 까닭에 제 도道는 사람과 사람 사이의 올바른 관계, 그리고 그중에서도 자신을 낳아준 부모로부터 출발해야 한다고 보았던 것입니다.

**플라톤** 잘 알겠습니다. 공자 선생의 말씀에 따르면 사회 구성원 모두가 자신의 부모를 공경하고 서로에 대한 공손함을 지닐 경우 도道가 널리 통용되겠군요.

---

1 君子務本 本立而道生(군자무본 본립이도생), 孝弟也者, 其爲仁之本與(효제야자, 기위인지본여)

공 자 그렇습니다.

플라톤 말씀을 들어보니, 공자 선생의 도道란 곧 인간의 '도리'道理를 뜻하는 것 같습니다. 참, 오늘은 화제가 화제이니만큼 공자 선생의 『논어』를 들고 왔습니다. 좀 더 자세히 그리고 정확하게 토론을 이어 나가고 싶은 바람에서입니다.

공 자 그러셨군요. 한데 어쩌지요? 저는 『국가론』을 미처 준비해 오지 못했는데요.

플라톤 만일 공자 선생께서 기억을 못하신다면 제가 도와드리도록 하겠습니다. 사실은 『논어』뿐만 아니라 여기에 『국가론』도 준비해 왔으니까요. (웃음) 더불어 저자인 저까지 『국가론』에서 기억하지 못하는 것이라면 그것이 뭐 그리 중요하겠습니까?

공 자 아이고, 이거 왜 이러십니까? 괜히 부끄러워지네요. 플라톤 선생의 철저한 준비성에 다시 한 번 감탄하는 동시에 또 상대방을 배려하는 인仁에 감사드립니다.

플라톤 (웃으며) 네. (자신의 손에 있던 『논어』를 들춰보며) 그럼, 여쭤보겠습니다. 공자 선생께서는 도道란 곧 인간의 도리이며 그 가운데 효와 공손이 핵심적인 개념을 형성하고 있다고 말씀하셨는데 그렇게 보면 학이學而편 6장에서 말씀하시는 것 역시, 공자 선생께서 추구하시는 도道의 구체적인 실천 지침들이 아닐까 합니다.

공 자 부끄럽습니다만, 학이學而편 6장의 내용이 잘 기억나지 않아서 그러는데 뭐라고 적혀 있는지요?

**플라톤** 해당 페이지를 손으로 훑으며 "선생님 말씀하시다. 자제들은 집에 들어오면 효도하고, 나가서는 공손하여야 한다. 행동과 말은 삼가 미쁘게 하고, 널리 대중을 아끼며 또 어진 이를 가까이 해야 한다. 남은 힘이 있다면 글을 배워야 할 터"[2]라고 하셨네요.

**공 자** 아, 이제 생각이 납니다. 그렇습니다. 읽어 주신 대로 학이學而편에 나오는 도道는 플라톤 선생께서 적시해 주신 바와 같이 사람과 사람 사이의 도리이며 가정家庭에서부터 출발합니다. 그리하여 가정에서 시작된 도리가 지역공동체를 거쳐, 사회 전체로 확산될 경우 만백성이 고대해 마지않는 태평성대太平聖代가 구현될 수 있지요. 물론, 그 정점에는 인간의 도리를 몸소 실천하는 군자로서의 군주가 의당 있게 마련입니다.

**플라톤** 아하, 그렇군요.

**공 자** 그런 관점에서 저는 태백泰伯편을 통해 "천하에 도道가 있으면 몸을 드러내고 만일 도道가 없으면 세상에서 물러나라"[3]고 권하였습니다. 이른바, 제 나름대로의 처세법이라고나 할까요?

**플라톤** 참으로 의미심장하고 재미있는 말씀입니다. (웃음)

**공 자** 그렇게 이해해 주시니 감사합니다. 이와 함께 "나라에

---

2 子曰 弟子入則孝(자왈 제자입즉효) 出則弟(출즉제), 謹而信(근이신) 汎愛衆(범애중) 而親仁(이친인) 行有餘力(행유여력) 則而學文(즉이학문).

3 13장. 天下有道則見(천하유도즉견), 無道則隱.(무도즉은).

도道가 있을 적엔 가난하고 천한 것이 부끄러움이요, 나라에 도道가 없을 적엔 넉넉하고 귀한 것이 부끄러움"[4] 이라는 부연 설명도 곁들였습니다. 다시 말씀드리면, 자녀가 부모를 공경하고 사회 구성원들이 서로를 배려하는 사회라면 공동체의 안녕과 발전을 위해 힘껏 일해야 마땅하지만 자식이 부모를 제대로 공경하지 않는 가운데 시민들 또한 공동체 의식을 지니지 않는 사회에서는 구태여 자신을 망쳐 가며 도리를 모르는 인간들과 한데 섞여 있을 필요가 없다는 것입니다. 그렇기에 인仁으로 충만한 가운데 사회적 약자에 대한 배려가 잘 행해지고 있는 공동체에서는 게으름 등으로 가난하고 천하게 사는 것도 부끄러우며, 약육강식만이 존재하는 정글 같은 사회에서 혼자 귀하게 잘 사는 것 또한 부끄럽다고 한 것이랍니다.

**플라톤** 대단하십니다. 가난과 부귀의 현존 상태에만 천착하는 것이 아니라 사회적 환경까지 입체적으로 고려해 자신을 끊임없이 성찰하도록 독려하셨군요.

**공 자** 그렇게 이해해 주시니 진정으로 감사드리는 바입니다. 사실, 플라톤 선생께서 적재적소에 긍정의 추임새를 넣어주실 때마다 제 가슴이 얼마나 시원해지는지 미처 모르실 겁니다.

4 邦有道 貧且賤焉, 恥也(방유도 빈차천언, 치야). 邦無道, 富且貴焉 恥也(방무도, 부차귀언 치야).

**플라톤** 그건 저 역시 마찬가지입니다. (웃음) 계속하시지요.

**공 자** 그리하여 저는 팔일八佾을 비롯해 이인里仁, 공야장公冶長 등에서 앞서 말씀드린 도道에 대한 정의와 설명을 반복적으로 언급하였습니다.

**플라톤** 외람되지 않는다면 간단히 부연 설명을 부탁드려도 될까요? 만일 기억이 나신다면 말입니다. 공자 선생 앞에서 제가 「논어」를 들추는 것이 비례非禮인 것 같아서요. (웃음)

**공 자** 그럴 리야 있겠습니까만 저 스스로 말할 수 있는 기회를 주시고자 배려하심을 잘 알고 있습니다. 여담입니다만, 지금 플라톤 선생께서 보여주신 것 같은 공손함이 도道를 구성하는 필요조건 가운데 하나랍니다. (웃음)

**플라톤** 그렇다면 저도 모르는 사이에 공자 선생의 도道를 행하기 위해 나름대로 노력하고 있는 셈이군요. (웃음)

**공 자** (역시 웃음) 농담 반 진담 반으로 그렇습니다. 다시, 본론으로 돌아와 말씀 드리자면 팔일八佾편 24장에서 언급하고 있는 "중국 땅에서 도道가 사라진 지 오래다"[5]라는 말이나 이인里仁 5장 1절에서 언급하고 있는 "부귀, 이것은 사람들이 다 바라는 것이지만 그 도道로써 얻은 것이 아니라면 누리지 말아라. 빈천, 이것은 사람들이 다 싫어하는 것이지만, 그 도道로써 얻은 것이 아니더라도 벗어

---

5 天下之無道也久矣(천하지무도야구의).

나려 말지니라,"[6] 그리고 공야장公冶長 15장에서 자산子産[7]을 두고 평하기를 "군자의 도道를 넷이나 갖추었네. 처신할 적엔 삼갔으며恭, 윗사람을 섬길 적엔 공경하였고敬, 백성을 구휼할 적엔 은혜로웠으며惠, 백성을 부릴 적에는 의로웠더니義"[8]와 같은 구절들은 도道를 인간의 도리로 인식하는 제 생각을 잘 드러내고 있지요.

**플라톤** 잘 알겠습니다. 계속하시지요.

**공 자** 그리하여 저는 마침내 이인里仁편에서 제자 증삼曾參에게 "내 도는 하나로 꿰느니라"[9]라며 말하기에 이르죠.

**플라톤** 기억납니다. 그러자 나중에 증삼曾參이 주위에 공자 선생의 도道를 설명해 주지 않던가요?

**공 자** 네. 증삼曾參—사실, 증삼은 그의 본명이기에 이제부터는 증자曾子라 부르겠습니다—은 제가 방을 나서자 제 도道를 묻는 주변에 "선생의 도道는 충서忠恕일 따름인 것"[10]이라고 부연 설명을 해 준답니다.

**플라톤** 충서忠恕라 함은…….

---

6 富與貴 是人之所欲也(부여귀 시인지소욕야), 不以其道得之(불이기도득지), 不處也(불처야). 貧與賤(빈여천), 是人之所惡也(시인지소오야), 不以其道得之(불이기도득지), 不去也(불거야).

7 춘추시대 정(鄭)나라의 대부. 집정 22년 동안 정나라를 강대국으로 만든 대정치가이다.

8 有君子之道四焉(유군자지도사언), 其行己也恭(기행이야공), 其事上也敬(기사상야경), 其養民也惠(기양민야혜), 其使民也義(기사민야의).

9 15장 1절. 子曰 參乎! 吾道一以貫之(자왈 삼호! 오도일이관지).

10 15장 2절. 子出, 門人問曰 何謂也?(자출, 문인문왈 하위야?) 曾子曰 夫子之道, 忠恕而已矣!(증자왈 부자지도, 충서이이의!).

**공 자** 네, 먼 훗날 송宋나라의 주자朱子라는 이가 제 충忠을 잘 설명해 주었는데요, 충忠이라 함은 자기 자신에게 남김 없이 성실함을 뜻합니다. 한자를 파해破解해 보면 마음의 중심을 잡는 것으로, 곧 어느 쪽으로도 기울어지거나 무너지지 않고 처음 마음먹은 대로 끝까지 자신의 길을 걸어가는 것을 의미합니다. 따라서 충忠이라 함은 오로지 한 길만 걸어가며 자기 자신에게 한 점 부끄럼 없기를 도모하는 윤리적인 조건을 전제로 하지요.

**플라톤** 쉬지 않고 똑바로 나아가는 상태가 이른바 충忠이군요. 하면, 서恕는 어떻습니까?

**공 자** 네, 서恕는 '용서하다,' '헤아려 동정하다,' '깨닫다,' '어질다' 등과 같은 의미들을 지니고 있습니다만, 저는 여기에서 '헤아려 동정하며 어질다'는 뜻을 취하고 싶습니다. 상대방을 공경하고 은혜를 베풀며 의를 지키는 일들이 결국에는 남의 처지를 헤아려 자신에게 어질듯이 타인에게 어질어야 하기 때문입니다.

**플라톤** 잘 알겠습니다. 이제야 비로소 도道에 관한 공자 선생의 생각을 잘 이해하겠습니다. 하면, 이 시점에서 다시 드는 궁금증이 있습니다.

**공 자** 말씀해 보시지요.

**플라톤** (「논어」를 뒤적이며) 제가 표시를 해 두었습니다만, 지금까지 설명해 주신 도道와는 조금 다른 개념의 도道인 것 같아서요. 아, 여기에 있네요. 이인里仁편 8장입니다만. '조문도 석사가의朝聞道 夕死可矣'라, '아침에 도를 들으면 저녁에 죽어도 좋다'는 말씀 말입니다.

**공 자** 역시, 플라톤 선생이십니다. (미소) 분명, 여기에서 제가 거론한 도道는 「논어」 전반에 걸쳐 주창한 도道와 조금 다릅니다. 구체적으로 말씀드리면 여기에서의 도道는 플라톤 선생께서 주창하신 이데아, 그리고 그 가운데에서도 특히 '좋음'善의 이데아—만일, 이데아에 대한 제 이해가 맞는다면—에 가까운 절대 진리로 보면 될 겁니다. 그런 의미에서 '조문도 석사가의朝聞道 夕死可矣'의 도道는 인간의 도道가 아닌 하늘의 도道, 즉 절대 진리를 향한 천도天道라 할 수 있겠지요.

**플라톤** 하늘의 도인 천도天道라……. 어감이 매우 좋습니다. (웃음)

**공 자** 감사합니다. 이제 도리로서의 도道에 관한 제 설명이 거의 끝난 것 같은데, 어떻습니까? 이번엔 천도天道와 유사하다고 여겨지는 이데아에 대해 플라톤 선생의 설명을 들어보면 어떨까요?

**플라톤** 이거 제가 질문을 드렸다가 자연스럽게 설명을 드리게 됐네요. 맞습니다. 먼저, 공자 선생께서 이인里仁편 8장을 통해 거론하신 도道는 제 이데아 개념과 거의 일치한다고 보면 됩니다. 간단하게 정리해서 말씀드리자면, 제가 생각하는 이데아란 감각기관에 의해 형성된 의견이 아니라 지성에 의해 인식되고 이해되는 절대 진리, 또는 절대 진실을 의미합니다.

**공 자** 그렇다면 제가 이인里仁편에서 언급했던 도道와 유사한 개념이군요.

**플라톤** 그렇습니다. 공자 선생께서도 「국가론」을 읽어 보셨기에 잘 아시겠지만 저의 가장 중요한 관심 가운데 하나는 이데아를 추구하고 지향하는 것입니다. 따라서 아침에 이데아를 찾는다면—물론 공자 선생께서는 듣는다고 표현하셨지만—저 역시 저녁에 죽어도 여한이 없겠습니다.

**공 자** 저는 이 주제—군이 저의 정의를 빌리자면 천도天道—에 대해 별로 말하지 않아 자공子貢이 저와의 대화에서 불평을 한 적이 있습니다. "선생님의 문장에 대한 말씀은 얻어 들을 수 있었지만, 본성과 자연天道에 대한 말씀은 얻어 들을 수 없었다"[11]는 아쉬움이 그것입니다. 그렇다면 저의 천도天道에 해당하는 플라톤 선생의 이데아에 관해 지금부터 듣고 싶습니다.

**플라톤** 한데 이데아에 관한 설명을 드리려면 군자에 대한 논의를 먼저 해야 할 것 같습니다.

**공 자** (다소 놀란 듯이) 호, 그래요. 이거 기대가 되는데요! 계속하시지요.

**플라톤** 저는 진실로 올바른 나라는 바로 올바른 사람들, 물론, 군자들에 의해 다스려지는 나라라고 「국가론」에서 설파하였습니다.

**공 자** 기억납니다. 계속하시지요.

---

11 公冶長(공야장) 12장. 子貢曰 夫子之文章, 家得而聞也(자공왈 부자지문장 가득이문야). 夫子之言性與天道, 不可得而聞也(부지지언성여천도, 불가득이문야).

플라톤 그리하여 저는 지혜를 갈구하는 군자가 나라를 다스리거나 군왕이 지혜를 사랑하는 경우, 이른바 올바른 사회, 정의로운 국가가 성립될 수 있다고 봅니다.

공 자 잘 알겠습니다. 하면, 저의 효孝와 제悌로 대표되는 인仁을 통해 도道를 닦는 이들이 군자일 터, 플라톤 선생에게는 어떤 이들이 철학을 사랑하는 자들로 정의될 수 있을까요? 아니 좀 더 원론적인 것에서부터 시작하자면 플라톤 선생께서 정의하시는 철학이란 무엇인지요?

플라톤 지금, 공자 선생께서 여쭤보신 것처럼 저 역시 똑같은 접근 방식으로 철학자들이란 진리—공자 선생의 시각에서 보자면 '조문도 석사가의'라고 언급하신 대상인 천도天道—를 희구하는 사람들이라고 정의하고자 합니다. 물론, 「국가론」에서는 "진리를 구경하기 좋아하는 사람들"[12]이라고 표현했습니다만…….

공 자 이거 점점 재미있어지는데요! 계속하시지요.

플라톤 저는 삼라만상의 본질을 꿰뚫어보며 그 본질—저는 실재實在라고 부르고 있습니다만—을 인식하는 이들과 본질을 제대로 인식하지 못한 채 제한된 지각이나 편견의 일종인 의견만을 지니고 있는 이들로 세인世人을 이분화해 구분 짓고 있습니다. 굳이 공자 선생의 말씀을 빌리자면 천도天道를 인식할 수 있는 능력자들—물론, 그들이

12 「국가론」, 380쪽.

바로 지혜를 사랑하는 철학자들입니다만—과 이 밖의 범인凡人들이라고나 할까요?

**공 자** 잘 알겠습니다. 다음 말씀을 듣고 싶습니다만…….

**플라톤** 네. 그리하여 아름다움을 예로 들 경우, 현자들은 지성을 기반으로 미美의 본모습을 인식하기에 실재實在 자체를 이해할 수 있는 반면, 그 밖의 사람들은 미美의 본모습을 인식하지 못한 채, 자신들의 오감五感과 함께 장소, 주변 상황 등에 따라 각기 다르게 적용되는 의견만을 가질 뿐입니다.

**공 자** 흠, 무척 재미있는 말씀을 해 주시는군요. 결국 사물이나 현상의 본질을 꿰뚫어 볼 수 있는 것은 이성과 지성에 기반한 인식이요, 그 밖의 것은 감각과 상황에 의존한 의견이란 말씀이군요.

**플라톤** 그렇습니다.

**공 자** 그렇다면 플라톤 선생의 「국가론」에서는 철인, 수호자, 상인, 시민, 노예 등과 같은 직업적, 신분적 분류 방식 이외에도 실재實在 인식에 대한 가능성이라는 기준을 놓고 볼 때, 철인과 비철인 등 두 그룹으로 사람들을 나눠 볼 수 있겠군요.

**플라톤** 아주 날카로운 지적입니다. 그런데 이와 관련해서는 공자 선생께서도 비슷한 말씀을 하신 것으로 기억합니다만…….

**공 자** 허, 그랬던가요? 죄송하지만 제 기억을 좀 일깨워주신다면……,

**플라톤** (「논어」를 뒤지며) 아, 여기 있네요. 옹야雍也편 19장이군요. "선생님 말씀하시다. 중등 수준 이상은 심오한 진리를 말해줄 수 있으나 그 아래에게는 말할 수 없더구나"[13]라는 구절입니다.

**공 자** 아, 그 문장을 말씀하시는군요. (웃음) 말씀을 듣고 보니 저 역시, 진리를 이해하는 이들과 그렇지 못한 이들로 구별 짓고 있지요. 오랜 교육 경험을 통해 제가 전해주는 경구와 격언들을 많은 이들이 제대로 이해하지 못하는 것을 보고 했던 말입니다. 사실 제 제자 가운데에서도 제 말 뜻을 이해하지 못하는 이가 있었으니까요.

**플라톤** 바로 그것입니다. 공자 선생께서 진리라고 표현해 주신 대상이 제게는 이른바, 삼라만상의 지고지순한 본모습, 즉 이데아니까요.

**공 자** 잘 알겠습니다. 그것이라면 저 역시 할 말이 있습니다. 이제 기억이 납니다만, 태백泰伯편에서 이렇게 말한 적이 있습니다. "백성들을 따르게 할 수는 있어도, ([따라야 하는] 까닭을) 알게 할 수는 없더구나"[14]라고 말이죠.

**플라톤** 저도 그 구절이 생각납니다. 공자 선생의 사회에서도 실재實在를 인식할 수 있는 철학자들과 달리, 일반인들은 그러한 능력을 지니지 못하고 있다는 사실을 확인했으

13 子曰 中人以上, 可以語上也(자왈 중인이상, 가이어상야), 中人以下, 不可以語上也(중인이하, 불가이어상야.)

14 9장. 民可使由之, 不可使知之(민가사유지, 불가사지지).

니까요.

**공 자** 계속하시지요

**플라톤** 이제 와서 말씀을 드립니다만, 그런 본모습을 인식할 수 있는 철학자들에 천착하게 된 이유로는 제가 살던 아테네의 상황을 언급하지 않을 수 없습니다.

**공 자** 이번에도 사회적 배경이 문제군요.

**플라톤** 그렇습니다. 당시 아테네에는 수많은 소피스트들이 세 치 혀를 통해 온갖 궤변을 늘어놓으며 대중을 현혹시킴으로써 부와 명예를 얻으려 노력했죠. 그렇기에 혹시 들어보신 적이 있는지 모르겠지만 '아킬레우스와 거북이'에 관한 제논의 역설[15] 같은 말장난들이 넘쳐 났습니다.

**공 자** 비록, '아킬레우스와 거북이'에 관한 제논의 역설이 무엇인지는 모르겠지만 플라톤 선생 시대의 사회와 그 당시의 궤변에 대해서는 오늘날 중국의 백가쟁명百家爭鳴[16] 처럼 충분히 짐작하겠습니다.

**플라톤** 역시, 공자 선생이십니다. 원래는 지혜로운 자를 뜻하는

---

15 그리스 최강의 전사인 아킬레우스와 거북이가 100m 달리기 시합을 한다는 설정 속에 아킬레우스는 1초에 10m를 가고 거북이는 1초에 1m를 간다고 가정한다. 더불어 아킬레우스가 거북이의 10m 뒤에서 동시에 목표 지점을 향해 달리기 시작하면 1초 뒤 아킬레우스가 10m 지점에 도달하는 순간, 거북이는 11m 지점에, 아킬레우스가 다시 0.1초 뒤에 11m 지점에 도착하면 거북이는 10cm를 가는 방식으로 11.1m 지점에, 다시 0.1초 뒤에는 11m 지점에서 아킬레우스가 10cm, 거북이는 11.1m 지점에서 1cm를 가는 방식으로 반복이 되면서 아킬레우스가 거북이를 영원히 따라잡지 못한다는 궤변이다.

16 춘추전국시대에 중국 대륙에 등장했던 다양한 학문과 철학의 분파가 토론하고 경쟁하는 모습. 공자의 유가(儒家)와 노자, 장자의 도가(道家)를 비롯해, 한비자와 순자의 법가(法家), 묵자의 묵가(墨家) 등이 이 시대의 대표적인 학파들이다.

소피스트들이 옳다고 증명한 사안을 그르다고 증명하는 방식으로 자신의 지적 능력을 뽐내자 아테네에서는 소피스트와 철학자들이란 쓸데없는 궤변이나 늘어놓으며 사회에는 하등의 도움도 되지 않는 자들이라는 인식이 널리 퍼지게 됩니다. 그런 소피스트들은 급기야 소크라테스 스승님을 말도 안 되는 궤변으로 사형시키면서 저를 비롯한 많은 지성인들에 의해 사회악으로 치부되기에 이르죠. 소피스트를 둘러싼 문제를 해결하지 않는 한, 아테네는 스스로에게 부여한 말의 유희와 방종 때문에 몰락하고 말 겁니다.

공 자 우리의 첫 만남에서도 언급된 적이 있습니다만, 「논어」 학이學而편의 "말이 번지르르하면 인仁이 드물다"[17]는 경구도 그와 같은 세기말적 현상을 경계한 구절이지요. 따라서, 저는 일생에 걸쳐 가급적 말을 줄이고 행동으로 먼저 모범을 보이는 길이 군자에 이르는 길이라고 누누이 강조해 왔습니다만…….

플라톤 바로 그것입니다. 공자 선생의 경우에는 말 줄이는 방식을 최선으로 택하시며 실천의 중요성을 강조하신 데 반해, 저는 변증술과 수사법, 논쟁이 일상화된 아테네에서 어떤 공격에도 흔들림 없는 동시에 소피스트들은 인식조차 할 수 없는 절대 진리를 찾아 나서게 된 겁니다. 사

17 3장. 巧言令色 鮮矣仁(교언영색 선의인).

정이 그러했기에 말을 줄이고 실천에 매진하라는 공자 선생의 말씀을 접했을 때 '아, 나는 왜 이 생각을 하지 못했을까?'라며 얼마나 놀랐는지 모릅니다. 사안의 핵심을 꿰뚫어보며 말이 넘치는 사회에서의 비례非禮와 불인不仁을 경계하셨으니까요.

**공 자** 언제나 좋은 말씀, 감사합니다. 하지만, 플라톤 선생의 말씀을 들어보면 아테네는 상당히 작은 사회이다 보니 도시 안을 오가다 아고라 같은 광장에서 대화 상대를 만나 다양한 논쟁을 벌이는 것이 일상화됐던 것 같습니다. 「국가론」을 보면 소크라테스 선생님—물론, 플라톤 선생의 현신現身이겠습니다만—께서 거상巨商의 집에 초청받거나 길을 지나가다 지인과 만나 논쟁을 벌이는 것이 지속적으로 행해졌으니까요. 짐작컨대, 플라톤 선생의 이데아와 실재에 관한 개념들은 아테네의 상황을 고려해 볼 때 최선의 학문적인 성과였을 겁니다.

**플라톤** 과연 공자 선생이십니다.

**공 자** 이거, 또 왜 이러십니까? 어쨌든 화제를 계속 이어나가자면 소피스트들과 차원이 다른 철학자들은 어떻게 만들어질 수 있으며 또 어떻게 이데아를 인식할 수 있을까요?

**플라톤** 아주 날카로운 질문입니다. 저는 이데아를 열망하는 이가 어려서부터 진리에 대한 탐구 정신이 매우 강하다고 보았습니다. 이 점에 있어서는 평생 호학好學을 덕으로 숭상하며 당신 스스로가 어려서부터 호학好學 해 오신 공

자 선생께서 잘 아시리라 믿습니다. (웃음)

공 자 (미소) 계속하시지요.

플라톤 (웃음) 네, 다시 한 번 말씀을 드리자면 이데아라 불리는 사물 또는 현상의 실재(본모습)는 세속적인 소피스트들로부터 진정한 철학자를 솎아 내기 위한 도구이자 기준이 됩니다.

공 자 아하, 그렇군요. 그야말로 진실된 학문과 거짓된 학문을 가르는 기준으로서 이데아를 내세우셨군요.

플라톤 그렇습니다. 공자 선생께서도 비슷한 말씀을 논하셨던 것으로 기억합니다. 태백泰伯편이던가요? "삼 년을 배운 다음, 벼슬에 뜻을 두지 않는 이를 얻기가 쉽지 않더구나"[18]라고 말씀하신 적이 있죠?

공 자 그렇습니다. 사실 교육을 행함에 있어 제가 지향했던 바는 위기지학爲己之學의 학문이었습니다. 재주를 기르는 학문이 아니라 덕성을 기르는 학문을 지향했던 것이죠. 하지만 조금 가르쳐보면 속세에 나가 성공하기 위한 도구로 학문을 사용하는 경우가 대부분이었기에 이에 대한 경계를 제자들에게 강조했던 것입니다.

플라톤 안타까운 사실은 호학好學으로의 길을 통한 군자와 철인의 양성이 아테네의 교육 시스템으로는 불가능에 가까웠다는 것입니다. 아니, 오히려 아테네의 교육 시스템은

18 12장. 子曰 三年學 不至於穀, 不易得也(자왈 삼년학 부지어곡 불이득야).

설익은 사이비 철학자들만을 대거 양산함으로써 오히려 아테네를 혼란에 빠뜨리는 체계였다는 데 더 큰 문제가 있었습니다.

**공 자** 오호. 그렇습니까? 좀 더 자세히 설명해 주시죠.

**플라톤** 네, 현재 아테네에서는 유년기를 갓 벗어난 젊은이들이 철학의 심오한 세계로 발을 들여놓았다가 취업과 결혼 등을 위해 인문학에 대한 정진을 멈춰야 하는 교육 체계를 지니고 있습니다. 훗날 나이가 들고 정치와 직업 일선에서 물러나게 될 때가 되어야 비로소 철학을 취미 활동처럼 접하려 하고 있지요.

**공 자** 그렇다면 플라톤 선생께서는 아테네 사회에 어떤 교육 시스템이 갖춰져야 이데아를 인지하는 철인이 등장할 수 있다고 보는지요?

**플라톤** 저는 지금 아테네에서 이뤄지고 있는 교육 시스템이 반대로 행해져야 한다고 봅니다. 예를 들어 교육을 받는 이들은 유년기 및 청소년기에 지속적으로 소양 교육을 받아야 하며 자신의 육신도 잘 보살펴야 합니다. 이에 따라 체육과 음악, 문학과 역사, 수학과 천문학 같은 교과목들이 고르게 교육 과정으로 제공되어야겠지요.

**공 자** 참으로 좋고도 기발한 발상입니다. 계속하시지요.

**플라톤** 그리하여 혼과 육신이 원숙해지기 시작하는 나이부터는 비로소 본격적인 철학 교육을 통해 자신의 혼을 단련시켜야 할 것입니다. 말하자면, 진정한 철학자를 양산하기 위해서는 교육 시스템이 청년기 이후의 젊은이들을 대상으로 행해져야 한다는 것입니다. 사실, 한국의 어느 지자智者가 이야기한 대로 "철학이란 딱 인생의 깊이만큼 이해되는 학문"이기에 청소년기보다는 오히려 청년기 및 장년기의 시민들을 대상으로 철학이 행해져야 진정한 철인을 육성할 수 있는 가능성이 더욱 높아질 겁니다.

**공 자** 좋고도 좋습니다. 계속하시지요.

**플라톤** 그러고 난 연후에 나이가 들어 정계 또는 자신의 직업 전선에서 물러서게 되면 철학적인 삶을 영위해 나가야 할 것입니다.

**공 자** 그야말로 제가 주창하는 평생 호학好學에의 길과 판박이로 닮았군요. 덧붙여 말씀 드리자면 유년 시절에는 소양 교육 및 신체 단련을, 청 · 장년기 이후부터는 철학을 공부해야 한다는 말씀이 무척 가슴에 와 닿습니다. 저는 윤리적인 삶의 중요성을 두루뭉실하게 논한 반면, 플라톤 선생은 마치 하나의 정교한 구조물을 세우듯 치밀하고도 조리 있게 논하십니다, 그려.

**플라톤** 여담입니다만 공자 선생의 호학好學에 대한 강조와 군자 및 천도天道에 대한 말씀 등을 통해 이데아가 「논어」 속에도 존재한다는 사실을 다시 한 번 확인할 수 있었습니다. (웃음)

**공 자** (역시 웃음) 저 역시 플라톤 선생을 통해 천도天道가 곧 이데아라는 사실과 함께 궁극적인 진리에의 염원이 공통적이라는 사실을 깨달았습니다.

그럼, 이번에는 이데아를 연마하는 철학자와 더불어 해당 철학자의 양육에 관한 교육 시스템을 좀 더 설명해 주시지 않겠습니까?

**플라톤** 잘 아시다시피 「국가론」적 입장에서 철학을 한다는 것은 삼라만상의 본모습인 실재를 인식하는 것입니다. 하지만 일반인을 포함해 소피스트들마저 제가 고안해 낸 실재實在에 대해, 그리고 그 실재實在를 인식하는 것에 대해 제대로 이해하지 못했던 까닭에 저는 비유를 하나 내놓았습니다.

**공 자** 그렇게 말씀해 주시니 비로소 생각이 납니다. 바로 '동굴의 비유'였죠?

**플라톤** 그렇습니다. 사람들이 실재實在란 무엇인가 무척 궁금해 하기에 나름대로 고심한 끝에 일반인들이 감각을 통해 받아들이는 세상이 사실은 허상虛像일 수도 있으며 그러한 허상이 아닌, 이른바 진상眞像이 바로 실재實在이고 또 이를 깨닫는 능력을 지닌 사람들이 철학자라는 내용이었죠.

**공 자** 저와 독자들을 위해 다시 한 번 '동굴의 비유'를 설명해 주시겠습니까?

**플라톤** 공자 선생께서는 사람의 오감五感이 완벽하지도 않으며 또 사람마다 조금씩 다를 수 있다는 사실을 잘 아실 겁니다.

**공 자** 물론입니다. 시각을 예로 들자면 시력이 2.0인 사람부터 0.1 이하의 사람은 물론, 색약이나 색맹, 심지어는 장님

도 있죠.

플라톤 그런 가운데 개개인이 지닐 수밖에 없는 선입견을 포함해 세월이 흐르면서 가미되는 기억력 감퇴나 취사선택적인 기억 등이 덧붙여지면 똑같은 현상을 자신조차 시간과 장소에 따라 다르게 인식하게 될 겁니다.

공 자 옳은 말씀입니다. 계속하시지요.

플라톤 '동굴의 비유'는 오감五感을 통해 인지하는 세상이 결국은 불완전하다는 인식 아래, 동굴의 한쪽 벽만을 응시하도록 결박된 사람들이 자신들의 뒤통수에서 모닥불을 통해 전달되는 영상과 함께 등 뒤에서 들려오는 소리들로 동굴 밖 세상을 인지한다는 가정을 담고 있습니다. 물론, 동굴에서 결박당한 사람들은 태어나서 한 번도 바깥세상을 구경한 적이 없는 이들이고요.

공 자 참으로 기발한 발상입니다.

플라톤 감사합니다. 그리하여 바깥세상을 경험한 사람이 동굴 밖의 실재와 진리에 관해 말한다 한들, 동굴 안의 사람들은 그 사실을 믿으려 하지도 않거니와 동굴 밖으로 자신들을 인도하기 위해 고군분투하는 이를 오히려 붙잡아서 죽이기까지 한다는 가정을 세운 겁니다.

공 자 혹시, 그 죽임을 당하는 자가 소크라테스 선생님이 아니신지요?

플라톤 역시, 공자 선생이십니다. 저는 그러한 상황을 은유적으로 '동굴의 비유'에서 표현하였지요.

공 자 잘 알겠습니다.

**플라톤** 물론 실재를 인식할 수 있는 사람은 갑자기 자신의 능력을 얻을 수 있는 것이 아니라 부단한 노력 끝에 탄생하는 것이라 보고, 이러한 능력을 배양하기 위해서는 먼저 예비 교육 단계에서 제가 제시하는 교과목들을 통해 기초적인 훈련을 충실히 쌓아야 한다고 생각합니다.

**공 자** 자기 스스로 결박을 풀고 바깥세상으로 나아가고자 하는 이는 플라톤 선생께서 언급하셨던 바와 같이 진리를 구경하고자 하는 이일 터이고 기초적인 훈련을 받으며 철인으로 만들어지는 과정 역시, 호학好學 속에 이뤄지겠군요.

**플라톤** 참으로 예리한 말씀입니다.

**공 자** 앞서서도 수차례에 걸쳐 말씀 드렸지만 플라톤 선생의 창발創發은 그 깊이와 크기를 도저히 짐작하지 못하겠습니다. 모르긴 해도, 지금 말씀해 주신 '동굴의 비유' 및 '동굴의 이데아'는 훗날, 소설가나 극작가들이 자신의 소설이나 연극 소재로 활용해 다양한 작품을 만들 수도 있겠다는 생각이 듭니다. 굳이 짧은 영어로 표현하자면, '원 소스 멀티 유스one source multi use'로 활용 가능하다고나 할까요? 예를 들어, 가상 세계에 살고 있는 이가 자신의 주변에서 벌어지는 현상에 의문을 품고 숱한 노력 끝에 진실된 세계로 옮겨 온다는 따위의 이야기도 얼마든지 가능하겠죠.[19]

**플라톤** 비록 지식이 짧아 말씀하시는 바를 정확하게 이해하기는 어렵지만 대강 짐작하겠습니다. 이쯤에서 실례가 되지 않는다면 아까 드리던 말씀을 계속 이어 나가고자 합니다.

**공 자** 앗, 본의 아니게 결례를 범하고 말았군요. 계속하시지요.

**플라톤** 괜찮습니다. (웃음) 그리하여 저는 앞서 말씀드린 바와 같이 시가와 체육을 포함해 수학도 중요한 교과목으로 취급해야 한다고 주장하였습니다.

**공 자** 다시 말씀을 끊어서 죄송합니다만, 시가와 체육은 「논어」에서도 간헐적으로 언급하고 있기에 이해가 갑니다. 한데 철인 양성을 위한 교육으로 어째서 수학이 중요한 역할을 해야 한다고 보는지 이 대목에서 여쭤보고 싶습니다.

**플라톤** 좋은 질문을 해 주셨습니다. 그럼 말씀드리지요. 개인적으로는 수학이 모든 기술과 지식의 교차점에 존재하고 있다고 믿고 있습니다만…….

**공 자** 조금 더 쉽고 간단하게 설명을 부탁드립니다.

**플라톤** 이젠 공자 선생께서 제게 부탁을 하시는군요. (웃음) 좋습니다. 쉽고 간단히 말씀드리자면 수학은 사물을 오감五感으로 인지하는 것 이외의 육감六感, 즉 사유를 동원하도록 유도한다는 것입니다. 인식을 위해 필요한 사유적 추론을 요구한다는 것이죠. 예를 들어, 1이라는 숫자는 실

---

19 미국의 할리우드 영화 가운데에서는 영화, '매트릭스,' '13층,' '다크 시티,' '토탈 리콜' 등이 가상 세계를 현실로 착각하며 가상 세계 속에서 고군분투하는 주인공들의 이야기를 다루고 있다. 이들 영화는 플라톤이 고안한 '동굴의 비유'를 시나리오에 접목하거나 응용한 작품들이라 할 수 있다.

생활에서 하나를 뜻할 뿐이지만, 수학에서는 0과 2 사이의 숫자이며 상황에 따라 큰 수로 인식되기도 하고 작은 수로 취급되기도 하죠. 소수점의 세계에서는 절대적으로 큰 수이지만 두 자리 수 이상의 세계에서는 아주 작은 수에 불과하죠. 이렇듯 주변 상황과 공식에 따라 끊임없는 추론을 동원하게 하는 수학은 인간이 궁극적인 진리에 다다르기 위한 지성과 이성을 쉼 없이 개발하도록 촉진합니다. 더불어 이런 수학은 온갖 도구의 발명에서부터 건축물의 건립은 물론, 음악적 아름다움의 완성에 이르기까지 실생활에서도 폭넓게 사용되기에 그야말로 온갖 기술과 지식, 지성과 사유의 원천이나 다름없지요.

**공　자** 이제야 이해가 갑니다. 그러고 보니 플라톤 선생께서는 이전에도 서양의 현자들 가운데 수학에 정통한 몇몇 철인들을 거론해 주셨죠?

**플라톤** 그렇습니다. 물론, 공자 선생께서 당신의 예를 들어 수학과 기하학의 교육이 철인 양성에 꼭 필요한 조건인가라는 반론을 펴신다면 저는 할 말이 없습니다. 이는 공자 선생께서 속해 있는 중국과 제가 몸담고 있는 아테네의 환경 차이가 워낙 크기 때문입니다. 아무래도 저희 사회에서는 우주의 생성 원리부터 세상을 구성하는 원소에 이르기까지 절대 진리와 정답을 찾아 나가는 과정이 가장 큰 관심사를 형성하는 반면, 중국에서는 주변인과의 관계 정립이 제일의 화두이니까요.

**공 자** 잘 알겠습니다. 계속하시지요.

**플라톤** 네, 자꾸 말이 길어지는 것 같아 이제부터는 아주 간단히 말씀드리겠습니다. 수학과 마찬가지로 기하학과 천문학, 마지막으로 변증술적 논법을 통해 추론적이고 합리적으로 사고하는 젊은이들을 육성함으로써 인간이 지니고 있는 지성적인 능력을 극대화시키는 것이 제 교육의 골자랍니다. 그리하여 저는 기억력 좋고 부지런하며 모든 면에서 열심인 사람이 바로 철학을 해야 할 젊은이라고 보고 이들을 '철학의 적자適子'라고 부르고 있습니다. 하지만 이러한 적자들을 골라내기 위해서는 유아적부터 신중하고 체계적인 교육을 제공하는 가운데 청소년기로 접어들면서 호학好學에의 싹을 보이는 젊은이들은 별도로 선발해 더욱 수준 높은 교육을 실시해야겠지요.

**공 자** 어려서부터 공부하는 것의 중요성은 저 역시 누누이 권장했던 바이기에 위정爲政편에서 이와 관련된 경구를 소개하였습니다.

**플라톤** 네, 기억납니다. 15세가 되면서 공부에 뜻을 세우셨기에 이 나이를 '지학志學'[20]이라고 부르신 공자 선생의 경험담 말씀이시죠?

20 4장. 子曰 吾十有吾而志于學(자왈 오십유오이지우학), 三十而立(삼십이립) 四十而不惑(사십이불혹) 五十而知天命(오십이지천명) 六十而耳順(육십이이순) 七十而從心所欲(칠십이종심소욕) 불유구(不踰矩).

**공 자** 기억하고 계셨군요.

**플라톤** 네, 저 역시 예비 교육을 통해 어린아이들이 철학자로서의 자질을 어느 정도 지니고 있는지 미리 구별해야 한다고 주장하였습니다. 물론, 어린아이들에게 제공되는 교과는 모두 놀이처럼 행해져야 하기에 아이들은 흥미를 지니고 공부하게 되며 이 과정에서 그들의 성정이 자연스럽게 드러나게 될 겁니다.

**공 자** 대단한 발상입니다. 오락과 같은 예비 놀이를 통해 어린아이들의 호학好學을 북돋을 뿐만 아니라 그 가운데에서 미래의 철인들을 파악하고자 하신 의도가 기발하군요.

**플라톤** 배움에 관심이 있는 이들은 여타 아이들과 달리 고등교육을 받게 되는 가운데 앞서 말씀드린 수학과 기하학, 변증술을 본격적으로 배우게 됩니다. 물론, 그 가운데에서 다시 재능을 보인 자들이 철인 후보자들로 선발되고요.

**공 자** 잘 알겠습니다. 모르긴 해도, 중국을 비롯한 동양 사회에서도 그 같은 교과 과정들을 체계적으로 도입한다면 필히 기대 이상의 성과가 나올 듯싶습니다.

**플라톤** 그렇게 말씀해 주시니 감사합니다.

**공 자** 그렇다면 그러한 교육 과정을 무사히 마칠 경우, 철인이 탄생하거나 아니면 철인에 가까운 젊은이를 얻게 되는 것인지요?

**플라톤** (웃음) 아직은 아닙니다. 제가 창안한 교육 방법을 모든 젊은이들이 받는다고 해서 그들 모두가 철인 후보자가 될 수 있는 것은 아니기 때문입니다. 이 점은 호학好學의 예를 들며 '평생 공부'의 중요성을 누누이 강조하신 공자 선생께서도 잘 아시리라 믿습니다.

**공 자** (웃음) 물론, 잘 알고 있습니다.

**플라톤** 더군다나 공자 선생께서도 "논리가 짜여 빈틈이 없는 이가 곧 군자답다는 것은 아니다"[21]라는 취지의 말씀을 하신 적도 있지 않습니까?

**공 자** 그렇습니다. 선진先進편에서였죠. 말본새만 번듯한 것이 군자의 필요충분조건은 아니기 때문입니다. 물론 여기에서의 말본새란 변증술적 논법이라기보다 소피스트들의 궤변을 일컫는 것이라 보면 되겠습니다.

**플라톤** 잘 알고 있습니다. 그러기에 선진편의 말씀을 인용한 것이고요.

**공 자** 양해해 주셔서 감사합니다.

**플라톤** 네, 그리하여 고등교육까지 무사히 마친 젊은이들은 오랜 세월 동안 사회 현장을 비롯해 필요하다면 전쟁터에서도 충분한 실무 경험을 쌓아야 합니다.

**공 자** 이해가 됩니다. 책상에서 배운 것과 사회에서 경험하는 현실 사이에는 엄연한 괴리가 존재하니까요. 저도 같은 맥락에서 견문을 넓히기 위해 "많이 듣고 그 잘된 것을 택하여 좇고, 많이 보고 (그 가운데 잘된 것을) 기억해 두는

---

21 子曰 論篤是與(자왈 논독시여) 君子者乎?(군자자호?) 色莊者乎?(색장자호?).

것이 앎의 버금"[22]이라고 선진편에서 말한 적이 있습니다. 대개 알지도 못하면서 함부로 짓는作 사람들이 중국 사회에서도 넘쳐 났기에 말이죠.

**플라톤** 아, 그 구절은 저도 기억이 납니다. 중국에서도 책상 밖 현실을 모른 채 탁상공론만으로 이러쿵저러쿵하는 이들이 많았군요. 아무튼, 공자 선생께서 확인해 주신 대로 풍부한 경험을 쌓으며 많은 것을 듣고 보는 가운데 잘된 것을 기억하고 좇게 되면 하늘의 명을 알게 되는 지천명知天命의 나이에—즉 50세가 되면—비로소 철인 후보자들은 '좋음의 이데아'에 대한 인식의 길로 들어설 수 있다고 생각합니다.

**공 자** 참으로 정교하고도 정교하십니다. 결국, 평생의 배움 속에 경륜을 충분히 쌓은 지천명에 이르러서야 한 명의 철인 통치자가 탄생하는 것으로 보는군요. 새삼 그러한 발상을 고안하고 체계화한 플라톤 선생께 다시 한 번 깊은 경의를 표합니다.

**플라톤** 이거 또 부끄럽게 왜 이러십니까? 우리 두 사람의 궁극적인 목표는 결국, 만백성의 편안함과 행복이 아니겠습니까? 더불어 그러한 태평성대를 이루기 위해서는 현자이자 군자인 통치자가 반드시 필요하기에 우리가 각자

---

22 述而(술이) 27장. 子曰 蓋有不知而作之者?(자왈 개유부지이작지자?) 我無是也(아무시야). 多聞, 擇其善者而從之(다문, 택기선자이종지), 多見而識之, 知之次也(다견이식지, 지지차야).

의 세계에서 나름대로 최선의 아이디어를 동원한 것이고요.

**공 자** 그렇습니다. 플라톤 선생께서 말씀해 주신 대로 이데아이자 천도天道는 이상 국가론을 둘러싼 도구일 뿐, 우리 두 사람의 궁극적인 목표는 백성이 편안함을 누릴 수 있는 이상 사회의 건설이죠.

**플라톤** 맞습니다. 그런데. 공자 선생과 말씀을 주고받다 보니 어느새 주변이 어둑해졌습니다. 생각해 보니 점심도 거른 채 토론에만 너무 몰두했던 것 같습니다.

**공 자** 그렇습니다. 그럼 저녁 식사라도 같이 하시지요. 아마 오늘의 저녁이 우리 두 사람의 마지막 식사가 될 듯합니다만…….

**플라톤** 아쉽지만 '만남이 있으면 헤어짐도 있는 법'이라는 고사성어를 떠올리며 이젠 정말 공자 선생과의 이별을 준비해야 할 듯합니다.

**공 자** 아, 회자정리會者定離란 사자성어를 말씀하시는군요. 그렇습니다. 만남이 있으면 헤어짐도 반드시 존재하기 마련이죠. 하면, 마지막 식사는 이역만리 아테네에서 아시아 대륙의 동쪽 끝까지 찾아오신 플라톤 선생을 대접하는 의미에서 제가 모시겠습니다.

**플라톤** 감사합니다. 그럼, 공자 선생의 접대를 기꺼이 받겠습니다.

十

# 헤어짐 X

(다음 날 아침)

**공 자** 드디어 이별의 시간이 다가오고야 말았군요. 잠은 잘 주무셨는지요?

**플라톤** 싱숭생숭해서 통 잠이 오지를 아니 하더군요. 공자 선생과 나눈 대화들을 곱씹어 보다 잠깐 눈을 붙였던 것 같은데 어느새 새가 우짖는 소리를 들으며 잠에서 깨었습니다.

**공 자** 저런, 그러셨군요. 저 역시 마찬가지입니다. 밤새 뒤치락거리며 지난 며칠간 플라톤 선생과 함께했던 시간들을 회상하니 쉽사리 잠자리에 들기가 어려웠습니다.

**플라톤** 회자정리會者定離라는 말처럼 이젠 정말로 헤어져야 할 때가 된 것 같습니다. 다행히 공자 선생께서 몸을 잘 챙기셨기에 앞으로도 건강 때문에 힘들 일은 없을 것 같습니다. 부디, 장수하시기 바랍니다.

**공 자** 플라톤 선생께서도 워낙 정정하셔서 천수天壽를 누리실 겁니다. 아무쪼록 구름같이 현명한 제자들을 양산하시어 선생의 뜻을 이어받은 철인 군주가 꼭 나왔으면 하는 바람입니다.

**플라톤** 공자 선생께서도 어질고 훌륭하며 호학好學하는 제자들을 많이 얻으시어 중국 땅에 태평성대를 위한 미래의 싹을 틔우셨으면 합니다.

**공 자** 그럼, 이제 우리의 대화를 속기한 대화록을 나눠 갖도록 하지요.

**플라톤** 네, 저는 이 대화록을 평생의 가보家寶로 소중히 간직하며 공자 선생을 뵙고 싶을 때마다 꺼내서 읽도록 하겠습니다.

**공 자** 저 역시, 마찬가지입니다. 플라톤 선생의 분신이라 간주하고 시간이 날 때마다 틈틈이 들여다보도록 하겠습니다. 참, 플라톤 선생께서는 아테네로 돌아가시면 어떤 일을 하실 생각인지요?

**플라톤** 네, 솔직히 말씀드리면 공자 선생과의 대화를 통해 집필에 관한 여러 영감을 얻었습니다. 하지만 그 가운데에서도 먼저 우주, 즉 천도天道에 대해 한번 다뤄보고자 합니다.

**공 자** 우주라고요? 조금 더 설명해 주실 수 있는지요…….

**플라톤** (미소) 아, 네. 공자 선생과의 대화를 통해 같은 지구 상에

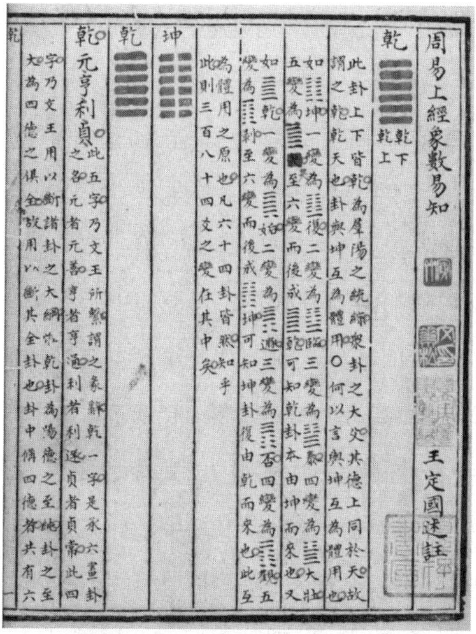

周易上經象數易知

王定國述註

동양에서 가장 오래된 동시에 가장 난해한 책으로 알려진 것이 주역(周易)이다. 사진은 1764년에 간행된 주역 풀이서로 일본의 어느 고서점 전문 사이트에 올라온 「필기주역본의」(筆記周易本義)라는 책이다. 공자는 주역을 지극히 진중하게 받들었고 주희는 주역을 역경(易經)이라 하여 경전으로 추앙하였다. 한편 플라톤 최후의 저서로 알려진 〈법률〉(nomoi)은 〈국가론〉과 달리 차안(此岸)에서 실현 가능한 차선책을 논하고 있는 것이 특징이다. 사진은 900년경에 만들어진 것으로 추정되고 있는 〈법률〉의 모습. (출처: 위키피디아 커먼스)

서도 전혀 다른 종류의 사상들이 다채롭게 펼쳐지는 것을 보고 우주론적인 관점에서의 절대 진리는 존재하는지 또 존재한다면 그것은 무엇일지에 대한 궁금증이 생겨서요.

공 자 알겠습니다. 그러니까 플라톤 선생께서는 지구뿐 아니라 전 우주적인 차원에서의 이데아를 찾으시려 하는군요.

플라톤 그렇습니다. 공자 선생과의 대화를 통해 제 학문적 관심 대상을 이제는 우주적 차원으로 넓히고자 합니다.

공 자 또 염두에 두고 계시는 다른 책들이 있는지요?

플라톤 굳이 말씀드리자면 「국가론」에서 주창했던 바를 좀 더 구체적으로 기술하는 동시에 비교 대상을 설정함으로써 보다 명확한 주장을 후대에 전하고 싶습니다.

공 자 오호. 그렇다면 혹시 이상적인 국가—물론 플라톤 선생의 구상대로라면 철인 통치가 이뤄지는 아테네이겠지만—와 비교할 만한 국가는 혹시 스파르타인가요?

플라톤 그렇지 않습니다. 사실, 「국가론」에서는 소크라테스 스승님의 입을 빌려 스파르타의 많은 장점들을 차용했었기에 스파르타를 비교 대상으로 제시하는 것은 적절치 않다고 봅니다. 대신, 아틀란티스라는 국가를 아테네의 비교 대상으로 제시해 보고자 합니다.

공 자 아틀란티스라고요?

플라톤 그렇습니다. 저희 그리스에서는 이와 관련해 전설처럼 내려오는 이야기가 있습니다. 참고로 말씀드리면 아틀란티스는 한때 찬란한 문명을 자랑하던 지중해 국가인데 천재지변으로 바닷속 한가운데 가라앉고 만 비운의 왕국입니다. 그런 아틀란티스가 「국가론」의 이상 국가와 달리 통치자들의 사유재산제를 허용하다 지배 계층의 탐욕으로 몰락한 이야기를 책으로 펴내 보고 싶습니다.

**공 자** 아주 재미있는 발상입니다. 역시, 플라톤 선생의 아이디어는 그 끝을 짐작하기가 참으로 어렵습니다.

**플라톤** 이거, 헤어지는 마당에 과찬을 들으니 부끄러워집니다. 하지만, 공자 선생과의 이별도 지체시키고 또 공자 선생의 호기심도 충족시킬 겸, 제 머릿속에서 구상하고 있는 책 한 권만 더 소개해 드리고자 합니다. 공자 선생 역시, 제 구상으로부터 영감을 얻으실지 모르니까요.

**공 자** 맞습니다. 얼마든지 말씀해 주시기 바랍니다. 플라톤 선생의 말씀처럼 마지막으로 건네주시는 이야기 한 마디 한 마디가 다 제겐 너무 소중합니다.

**플라톤** 제가 책으로 구상하고 있는 또 하나의 주제는 '법률'입니다.

**공 자** 법률이라…….

**플라톤** 공자 선생과의 대화를 통해 제 「국가론」이 아직은 많이 부족하다는 것을 느꼈습니다. 그래서 아름다운 나라를 세우기 위해 공동체가 직면하고 있는 문제들을 어떻게 다뤄야 할지에 대한 처방을 보다 구체적으로 제시해 보고자 합니다. 예를 들면, 토지 분할이라든가 재판관 선출이나 혼인 또는 출산, 군사훈련과 소송 및 재판 같은 문제들을 집중적으로 다뤄 보고 싶습니다. 이 밖에 종교 문제와 함께 재산권 소유 및 유산 등에 대한 이야기도 대화 형식으로 전개해 볼 생각입니다.

**공 자** 어이쿠, 이거 플라톤 선생의 지적 에너지는 도저히 당해 내지 못하겠습니다. 말씀만 들어도 벌써부터 대단한 대작이 줄지어 나올 것 같은 예감입니다.

**플라톤** 무슨 말씀을요. 이건 어디까지나 구상일 뿐 현재로선 더 이상 구체적으로 말씀드리기 송구스럽습니다. 더불어, 지금까지 언급한 주제의 이야기들이 과연 책으로 나올 수 있을지에 대해서도 의문이랍니다. 참, 공자 선생께서는 어떤 책을 구상하고 계시는지 여쭤봐도 될까요?

**공 자** 부끄럽지만 아직까지 구체적으로 머릿속에 떠올리고 있는 책은 없습니다. 따라서 이 점에 있어서는 플라톤 선생께 좀 더 배워야 할 것 같습니다.

**플라톤** 당치도 않으십니다.

**공 자** 굳이 말씀을 드리자면, 꼭 책을 펴낸다기보다는 주역周易을 다시 훑어보며 좀 더 깊이 있게 연구해 보고 싶습니다.

**플라톤** 주역이라고 하셨나요?

**공 자** 그렇습니다.

**플라톤** 조금 더 설명을 부탁드립니다.

**공 자** 간단히 말씀드리자면 주역은 길흉화복을 점치기 위한 책이라고 할 수 있습니다. 책 제목은 '주周'나라 시대의 '역易'이라는 의미를 지니고 있고요. 여기에서 '역'이란

'변역變易'의 준말로, '변역'이란 바뀌어 변한다는 뜻입니다.

플라톤 그렇다면 주나라 시대에 만들어진 역易은 바뀜에 관한 책이겠군요.

공 자 그렇습니다. 비단 정책의 바뀜뿐만이 아니라 삼라만상의 끊임없는 변화에 대해 논하고 있는 책이지요.

플라톤 오호, 그렇습니까?

공 자 네, 주역은 천지만물이 끊임없이 변화한다는 전제 아래, 인간과 자연 세계의 변화 원리를 설명하고 풀이하지요.

플라톤 그렇다면 그러한 삼라만상에 대한 변화를 언급한다는 것이 길흉화복의 예방과는 어떤 관계가 있는 것일까요?

공 자 좋은 질문입니다. 간단히 말씀드린다면 음양을 통해 조화를 이룸으로써 변화를 최대한 방지하거나 조화로운 가운데 음양의 동거를 계속 살핌으로써 현재의 상황을 보다 정확하게 이해하는 것이 주역을 통해 얻을 수 있는 1차적인 성과라 할 수 있습니다. 더불어 그런 1차적인 성과를 통해 향후 닥쳐올 수 있는 흉한 것은 피하고 현재의 길한 상태는 계속 유지해 나간다면 이는 길흉화복을 예방하는 것이 되겠지요. 양이나 음 가운데 한쪽이 지나치게 많으면 탈이 날 수밖에 없기에 계속해서 양쪽의 균형을 맞춰주려고 노력하는 것이 주역을 통해 얻을 수 있는 진리라고 보면 될 겁니다.

플라톤 공자 선생께서 다시 찬찬히 읽어보고 싶으시다면 주역의 그 깊이와 넓이가 대단할 것이기에 저로서는 그저 이름만 듣는 것으로 만족해야겠습니다. 그래도 간단한 소개 속에서 전해 주시는 말씀은 제가 추구하는 이데아와 일견 맞닿아 있다는 느낌입니다.

**공 자** 역시, 플라톤 선생이십니다. 사실, 개인적으로는 동양적 시각에서의 절대적 진리, 즉 이데아가 모두 주역에 담겨 있다는 생각입니다. 사안의 양 끝을 두드려 헤아리고자 하는 제 중용 사상 역시, 주역의 영향을 많이 받았고요.

**플라톤** 이거, 헤어지는 마당이 되어서야 가장 중요한 주제에 대한 말씀을 듣게 됐네요.

**공 자** 저런, 그렇게 되었나요?

**플라톤** 그래도 괜찮습니다. 주역에 관한 언급을 얻은 것만으로도 제 주장 전개에 좋은 도움이 될 것 같습니다. 오히려, 주역을 보면 동양적인 사고에 영향을 받을지도 모르니 차라리 모르는 채로 제 생각을 가다듬어 나가는 것이 훨씬 좋을 것이라고 봅니다.

**공 자** 플라톤 선생의 입장은 충분히 이해합니다. 과연 서양 철학의 태두이자 거성다우신 발상입니다. 그나저나 이제는 진짜로 헤어져야 할 시간이 다가온 것 같네요. 그럼, 헤어지는 마당에 마지막으로 덕담을 한 마디씩 주고받는 것은 어떨까요?

**플라톤** 좋은 생각입니다. 이야기를 꺼내신 김에 먼저 말씀해 주시지요.

**공 자** 그럼 사양 않고 말씀드리겠습니다. 플라톤 선생께서는 더도 말고 덜도 말고 지금과 같은 열정과 지성으로 계속

집필과 교육에 정진해 주십시오. 그러하시면 제가 감히 말씀드리건대 아테네, 아니 그리스 전체는 물론, 서양 철학사에 있어서도 형형하게 빛나는 횃불이 되실 겁니다.

**플라톤** 비록 알아주는 이가 많지는 않지만 공자 선생의 덕담에 천군만마를 얻고 갑니다. 아무쪼록 공자 선생의 격려 속에 평생 흔들리지 않고 공자 선생께서 바라 마지않는 선비, 더 나아가 군자가 되기 위해 최선의 길을 걸어가도록 노력하겠습니다. 그럼, 이제는 제가 말씀을 올리도록 하겠습니다.

**공 자** 네, 말씀해 주시지요.

**플라톤** 공자 선생께서는 지금처럼 인仁과 덕德, 의義와 신信, 예禮와 지智에 대한 길을 계속해서 실천해 주시기 바랍니다. 그리하면 비록 현재로서는 알아주는 이가 많지 않더라도 어느 순간부터 그 누구도 범접할 수 없는 크나큰 어른이자 성인이 되실 것입니다.

**공 자** (눈물을 글썽이며) 진심이 느껴지는 플라톤 선생의 말씀, 한평생 가슴에 아로새기도록 하겠습니다. 그럼, 다시 만날 수 있는 날을 기약하며 이젠 먼 길을 떠나시지요.

**플라톤** (빨갛게 충혈된 눈을 애써 감추며) 공자 선생께서도 이젠 고국으로 돌아가시지요. 지금 이 순간에도 중국에선 수많은 이들이 공자 선생의 말씀에 위안을 얻고 미래를 기약하며 괴롭고도 힘든 하루하루를 보내고 있을 터이니까요.

**공 자** 감사합니다. 저 역시, 진심으로 아테네를 포함해 그리스,

그리고 서양에 정의로운 정체政體가 우후죽순 들어서기를 고대합니다. 그럼, 안녕히 가시기 바랍니다.

**플라톤** 안녕히 가십시오.

## 참고 문헌


고우영(2008). 『열국지』 1~6. 자음과 모음.

고우영(2012). 『십팔사략』 1~10. 애니북스.

공자, 배병삼 주석(2002). 『한글 세대가 본 논어 1, 2』. 문학동네.

그레고리 베스헴 외, 최연순 옮김(2003). 『철학으로 반지의 제왕 읽기』. 이룸.

데이브 로빈슨 글, 주디 그로브스 그림, 오숙은 옮김(2001). 『하룻밤의 지식여행: 철학』. 김영사.

마이클 듀스, 메리 브라운 지음, 여은호, 박경우 옮김(2012). 『플라톤의 그림자』. 커뮤니케이션 북스.

맹자 지음, 박경환 옮김(2005). 『맹자』. 홍익출판사.

미야자키 마사카쓰 지음, 노은주 옮김(2005). 『지도로 보는 세계사』. 이다 미디어.

사마천 지음, 김원중 옮김(2011). 『사기열전』. 민음사.

시몬느 드 보부아르 지음, 이희영 옮김(2009). 『제2의 성』. 동서문화사.

신숙주 지음, 신용호 옮김(2004). 『해동제국기』. 범우사.

신영복(2004). 『강의 : 나의 동양 고전 독법』. 돌베개.

심훈(2012). 『일본을 보면 한국이 보인다』. 한울 아카데미.

아리스토텔레스 지음, 천병희 옮김(2002). 『시학』. 문예출판사.

플라톤 지음, 이환 편역(2006). 『국가론』. 돋을새김.

플라톤 지음, 박종현 옮김(2005). 『국가 · 정체』. 서광사.

플라톤 지음, 박병덕 옮김(2011). 『소크라테스의 변명』. 육문사.

리우스 & 친구들 지음, 김영국 옮김(1995). 『마오 쩌둥 : 무엇이 세계를 움직이는가?』. 이두 아이콘 총서.

허철(2014.1.25). 「부탄 정치마저 아름다운 곳」. 『시사 인』, 62~63쪽.

**공자, 플라톤을 만나다**

2015년 6월 15일 초판 인쇄
2015년 6월 20일 초판 발행

지은이 | 심훈
발행인 | 유제구
발행처 | 파워북
주　소 | 경기도 고양시 일산동구 호수로 358-25 동문굿모닝타워 2차 529호
전　화 | (02) 730-1412
팩　스 | (031) 908-1410
등　록 | 1997. 1. 1 제 300-1997-13

정　가　16,000원
ISBN　978-89-8160-247-5 (03110)

잘못된 책은 바꿔드립니다.